新媒体·新传播·新运营 系列丛书

New Media

微课版｜第2版

直 播
营销与运营

徐骏骅 赵建伟◎主编

王锦瑜◎副主编

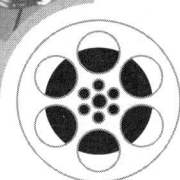

人民邮电出版社

北 京

图书在版编目（CIP）数据

直播营销与运营：微课版／徐骏骅，赵建伟主编
. -- 2版. -- 北京：人民邮电出版社，2024.1
（新媒体·新传播·新运营系列丛书）
ISBN 978-7-115-63155-8

Ⅰ. ①直… Ⅱ. ①徐… ②赵… Ⅲ. ①网络营销
Ⅳ. ①F713.365.2

中国国家版本馆CIP数据核字(2023)第220732号

内 容 提 要

在营销手段日新月异和市场竞争日趋激烈的环境下，直播营销可以有效扩大品牌影响力，提高品牌销售额，突破营销瓶颈。本书系统地介绍了直播营销与运营的策略和方法，共分为12章，主要内容包括认识直播营销、直播营销活动设计、直播团队人员配置、直播方案策划、商品选择与规划、直播间设计、直播话术、"引流"互动、数据分析，以及淘宝直播、抖音直播和视频号直播实战等。

本书内容新颖，注重实战，既可以作为电子商务、市场营销等相关专业的教材，也可以作为直播行业从业人员，以及对直播营销与运营感兴趣的广大读者的参考书。

◆ 主　　编　徐骏骅　赵建伟
　　副 主 编　王锦瑜
　　责任编辑　楼雪樵
　　责任印制　王　郁　彭志环

　　人民邮电出版社出版发行　　北京市丰台区成寿寺路 11 号
　　邮编　100164　电子邮件　315@ptpress.com.cn
　　网址　https://www.ptpress.com.cn
　　大厂回族自治县聚鑫印刷有限责任公司印刷

◆ 开本：787×1092　1/16
　　印张：14.25　　　　　　　　　2024 年 1 月第 2 版
　　字数：360 千字　　　　　　　2025 年 6 月河北第 6 次印刷

定价：49.80 元

读者服务热线：(010)81055256　印装质量热线：(010)81055316
反盗版热线：(010)81055315

直播营销是指通过互联网平台，使用直播技术进行商品线上展示、咨询答疑、导购销售的新型服务方式，也是当前品牌或商家的重要营销手段。在信息技术与人工智能的助推下，直播行业进一步消除了市场主体间的时空限制，实现了"人""货""场"三要素联动，迎来了新的发展契机。

党的二十大报告提出："加快发展数字经济，促进数字经济和实体经济深度融合，打造具有国际竞争力的数字产业集群。"直播作为数字经济的重要组成部分，是实体经济与数字经济融合发展进入快车道的具体表现。直播的出现无疑给电商带来了突破发展瓶颈的"风口"，利用直播进行营销推广可以充分发挥直播的营销价值。

当前，直播行业的发展日新月异。为了紧跟行业发展，更好地满足当前市场环境下读者对相关知识的需求，我们结合直播营销领域的新发展、新趋势，在保留上一版教材特色的基础上，对其进行了改版。本次改版主要修订的内容如下。

• 根据直播行业的发展变化，对上一版教材中比较陈旧的数据和案例进行了更新，内容更新颖，案例更丰富，能够体现当下直播营销与运营工作的特点。

• 新增了部分内容，包括数字经济、数字人直播、虚拟直播、视频号直播等，符合当前的市场环境，紧跟时代发展的步伐。

• 新增了"学习目标""课后习题"等板块，让读者能根据实际需求有针对性地进行学习，加深对知识和技能的理解与掌握，既有利于学生增长知识、培养发散思维，也便于教师开展素质教育，实现立德树人的教育目标，提高学生的综合素养。

与第1版教材相比，本版教材更注重理论与实践的结合，突出时代性、实用性和科学性，有利于教师的课堂教学和学生对知识的理解与掌握。

本书提供了丰富的立体化教学资源，包括微课视频、PPT 课件、教学大纲、教案、课程标准等，教师可以登录人邮教育社区（www.ryjiaoyu.com）搜索本书书名下载教学资源。

由于编者水平有限，书中难免存在不足之处，敬请广大读者批评指正。

编　者

2023 年 8 月

在互联网、电子商务迅猛发展的态势下，直播营销一出现便被推到了"风口"。如今，直播行业风生水起，很多商品在直播间一上线就售罄，动辄几千万元甚至上亿元的成交额让人们领略到直播的强大营销力。直播营销的"威力"并不是一日形成的，我们可以从以往的市场数据中看出直播营销的不俗表现。

2018年，淘宝直播平台带货总价值超过1000亿元，同比增长近400%，创造了一个千亿级的增量市场。2019年，仅"双十一"期间，淘宝就通过直播带动了200亿元的成交额，成交额上亿元的直播间也突破10个。2020年1月，"直播"一词的搜索量大幅增加，甚至超过了2019年"双十一"期间的水平，部分头部带货主播一个月直播的播放量接近10亿人次，远超其他主播。

对于平台而言，直播营销功能开始成为一种底层功能，除了淘宝直播、抖音、快手以外，京东、腾讯、拼多多、哔哩哔哩等平台都开放了直播功能。而对于品牌商而言，直播营销已经成为新媒体环境下一种重要的营销手段。事实上，已经有大量的品牌商通过直播的方式实现了销售额的快速增长。可以这样说，直播营销重新定义了商品的销售方式。

当前，直播营销已经是品牌营销的标配，而不是选配。直播营销让营销活动从"商品与人的对话"转变为"人与人的对话"。直播营销能够帮助企业和商家实现与消费者的实时互动，消费者对商品或品牌有任何疑问，都可以在直播间直接提出问题，获得即时解答与反馈。有时直播营销就是事件营销，其本身就具有广告效应和新闻效应，引爆性非常强。

作为新媒体时代的一种新的营销手段，直播引领了很大一部分流量，直播营销无疑给企业和商家带来了缓解经营压力和突破销量增长瓶颈的机会。无论是做渠道、做电商，还是直播创业，人们都需要了解直播营销，因为营销的能力几乎决定了变现的能力，并影响着企业或品牌的长远发展。

为了让读者快速掌握直播营销的方法、技巧并应用到实战中，本书从直播营销的形式、直播平台的类型，到直播营销方案策划、直播人员配置、直播话术、直播间设计、直播选品与规划，再到引流互动、数据分析，全方位、多角度地介绍了直播营销与运营从业人员必须掌握的各种知识和实战技能。此外，本书还分别从淘宝直播、抖音、快手和腾讯四大平台入手，介绍了这些直播平台的特点和生态特征，详细地讲解了实操过程，并对一些典型案例进行了深度解析。

本书主要具有以下特色。

● 紧跟时代、内容详尽：本书内容紧跟时代的发展，对直播营销的各个环节都进行了深度诠释，帮助读者全面提升直播营销与运营能力，解决直播营销中的痛点和难点。

● 案例主导、学以致用：本书列举了大量精彩的真实案例，并深入剖析了很多主播的直播技巧，读者可以从他们身上汲取丰富的经验，快速掌握直播营销与运营的精髓。

● 干货十足、即学即用：本书尽量避免空洞的理论讲解，而是将重点放在对实操技能的培养上。无论是刚接触直播营销行业的新手，还是直播营销行业中的"老手"，都能从本书中学到一定的实战经验和技巧，并应用到自己的工作中。

● 配套微课、提供资源：本书为最后的实操部分专门录制了微课视频，扫码即可跟随视频学习如何在平台开启一场直播。同时本书还配套了丰富的教学资源，包括PPT、教学大纲、教案等，读者可登录人邮教育社区（www.ryjiaoyu.com）下载。

尽管我们在编写过程中力求准确、完善，但书中难免有疏漏与不足之处，敬请广大读者批评指正。

编　者

2020 年 8 月

特别声明：本书引用的所有案例、图片均仅供教学使用，除本书所列内容外，主播其他个人言行不代表出版社立场。

目录
CONTENTS

第3章 人员配置：组建高效能直播团队 …………………… 26

第4章 直播方案策划：以直播脚本指引直播活动执行 …………… 47

第1章

直播营销：开启内容营销新时代

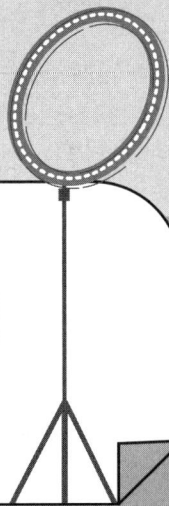

知识目标

➤ 了解直播及发展历程。

➤ 了解数字经济时代下直播的特点。

➤ 了解直播营销的优势和常见形式。

➤ 了解直播营销的产业链结构。

➤ 了解直播营销的合作模式和收益分配模式。

能力目标

➤ 能够分析直播营销产业链中的"人""货""场"。

➤ 能够对比传统电商模式和直播电商模式。

素养目标

➤ 深入贯彻新时代人才强国战略，立志成为直播行业高素质人才。

➤ 加快发展数字经济，促进数字经济和实体经济深度融合。

随着互联网红利的逐渐消失，以直播为载体的内容营销全面爆发，直播已经成为各个企业 / 品牌商开展营销活动的重要渠道。随着平台端对直播的持续加码、用户直播购物习惯的逐渐养成，直播营销产业链日渐成型，再加上 5G 技术的进一步普及和运用，直播营销呈现爆发式成长状态，成为内容营销的新潮流。

1.1　初识直播

在当前信息广泛传播的网络时代，静态的图文内容越来越难吸引用户的注意力，而直播以视频的形式向用户传递信息，其表现形式不仅立体化，还能实现实时互动，更容易吸引用户的注意力，所以直播获得了很多人的青睐。随着直播行业的蓬勃发展，企业/品牌商也纷纷运用直播来开展营销活动，实现销售渠道的开拓和销售额的提升。

1.1.1　认识直播

传统意义上的直播是指广播电视节目的后期合成与播出同时进行的播出方式，如以电视或广播平台为载体的体育比赛直播、文艺活动直播、新闻事件直播等。

随着互联网技术的发展，尤其是移动互联网速度的提升和智能手机的普及，基于互联网的直播形式出现了，即用户以某个直播平台为载体，利用摄像头记录某个事件的发生、发展，并在网络上实时呈现，其他用户在相应的直播平台上能直接观看并进行实时互动。当前人们所说的直播，多数情况下是基于互联网的直播。本书所讲的直播也是基于互联网的直播。

直播以互联网技术为依托，具有实时性强、互动性强、更具真实性的特点。现场直播结束后，直播活动举办方还可以为用户提供重播、点播服务，这样做有利于扩大直播的影响范围，最大限度地发挥直播的价值。

1.1.2　直播的崛起之路

直播行业的崛起是互联网时代的一种自然演进，直播在各个领域的应用已经证明其巨大的商业价值和社会影响力。随着技术的不断进步和内容的不断创新，直播行业在未来会有更大的发展空间，会给人们的生活带来更多的便利和乐趣。

直播行业的兴起可以归因于多个方面，主要有以下几点。

● **移动互联网的普及。** 随着智能手机和移动网络的发展，越来越多的人可以随时随地拿起手机观看直播。

● **社交媒体的流行。** 直播与社交媒体相结合，可以让用户通过直播与好友和粉丝互动，分享生活中的所见所闻。

● **低成本和高效益。** 与传统的视频制作和广告宣传方式相比，直播的制作成本较低，可以实现实时互动和即时反馈，满足年轻用户群体追求新鲜感和社交互动的需求。

直播行业的发展经历了以下几个阶段。

1. 探索发展期（2008～2014年）

21世纪伊始，计算机摄像头出现并应用于日常的计算机使用过程中，人们通过聊天室等多种形式进行视频对话，这种方式逐渐成为直播的雏形。

直播平台一开始出现的时候，PC端是主要的流量入口，常见的直播形式以秀场直播和游戏直播为主。9158开创秀场直播模式，YY、六间房等平台紧随其后，相继入局，形成规模。

2014年，AcFUN的直播栏目正式改名为"斗鱼TV"，定位于游戏垂直类直播；YY将游戏直播业务独立为虎牙直播。就这样，直播行业进入了流量红利期。

2. 流量红利期（2014～2016年）

随着智能手机的普及和移动互联网的发展，直播的流量入口逐渐从 PC 端过渡到移动端。直播由于不受设备和场景的限制，开始迅速发展。

随着直播功能的创新、直播平台和资本的入局，以及政策的支持，直播行业一度出现了"千播大战"的局面。

3. 商业变现期（2016～2020年）

在这个阶段，直播行业稳定发展，流量红利逐渐消退，政策监管趋于规范。直播电商和短视频的兴起逐渐成为直播行业重要的变现形式，直播的商业价值开始出现。

2016 年，当其他直播平台专注于游戏直播、娱乐直播时，蘑菇街把直播引入电商领域，上线了直播购物功能。同年，阿里巴巴推出淘宝直播，定位于消费类直播，涵盖的商品品类包括母婴、美妆等，用户可以边看边买。

短视频平台也纷纷加入直播带货行列，多渠道网络（Multi-Channel Network，MCN）机构等专业化服务商出现，电商直播行业开始专业化。

4. 深度渗透期（2020年至今）

线下商家线上化需求的日益强烈，促使直播行业获得了更快的发展。从直播平台来看，多个直播平台开发直播功能，开放直播流量入口，出台直播扶持政策；从直播品类来看，教育、房地产、汽车等以线下为主体的行业开始试水线上直播；从直播主体来看，主播群体更加多元化，不仅有直播达人，还有越来越多的名人、关键意见领袖（Key Opinion Leader，KOL）、企业首席执行官和地方政府领导加入直播领域，电商直播俨然成为一片红海。

具体来说，直播行业未来的发展特征如下。

- **内容资源**：需要内容的公信力作为背书，所以需要知名人士、综艺节目、大型活动运营经验等直播资源。
- **内容制作**：内容边界更宽泛，对内容创新性和话题度提出了更高的要求。
- **直播技术**：对高清拍摄和传输方式有更高的要求，需要出品方拥有胜任复杂场景转播、展现的能力。
- **直播变现**：直播不再是简单的带货模式，需要对接合适的品牌客户，并具有相关的营销经验积累。

1.1.3　数字经济与直播

国家自 2012 年起，就鼓励发展云计算、移动互联网等新兴业态，近年来鼓励发展数字经济，鼓励企业上云，并将其列为国家重点战略。除此之外，政策鼓励发展与直播相关的底层技术，互联网营销师得到官方职业认证，直播行业规范陆续出台等，都有利于直播行业的长远健康发展。

数字经济的高速发展为数字化转型服务商的快速发展创造了有利环境。这些数字化转型服务商可以借助直播工具帮助企业实现对用户数据的留存与分析，助力企业客户实现数字化转型。

数字技术的核心优势是可以连接供需双方，在将产品推向消费者的同时，也可以发现消费者的新需求，帮助企业更高效地实现消费升级，这一过程可称为"消费创新"。通过消费创新，数字化平台就可以实现供需匹配的高水平动态平衡，既激发消费者的消费动力，又利用大数据了解消费者的新兴消费需求。在这种模式的带动下，数字化平台实现了消费和产业的互联网连接，助力国内经济循环畅通，而直播成为数字化时代的重要表达方式。

1. 直播传播效率高

在数字化时代，直播凭借生动、直观的特点，可以有效地挖掘消费者的潜在消费需求，提高产品的传播效率。如今，越来越多的中小企业开始通过直播扩展宣传渠道，展现自身品牌特点。一些传统国货在互联网高速发展的过程中快速革新产品特性、产品理念和运营模式，成为受到热捧的"国潮新品"。

2. 直播技术迭代快

直播以信息技术为载体，而互联网每时每刻都在变化，所以直播技术也要紧跟时代发展。对于企业来说，更好地满足消费升级需求有利于其未来的长远发展，所以企业要跟上潮流，充分利用新的直播技术，如增强现实（Augmented Reality）技术、虚拟现实（Virtual Reality）技术，以满足消费者多样化和个性化的需求。

3. 直播"以人为本"

目前，新消费市场出现了消费分层现象。与过去以产品为本、以功能为主体的单一消费不同，如今是以人为本、以场景为驱动的新型消费，功能创新和产品细分成为核心要求，直播正好切中这一核心要求。

不仅在生产与消费方面，在用户的表达方面，直播也发挥了很大的作用。在新时代背景下，人们的创造力十分旺盛，而直播可以更好地进入垂直类领域，让每个人成为生活中的主角。直播平台能尽可能地满足用户的具体细分兴趣需求，给予用户一定的流量倾斜，让用户享受到数字红利。

1.2 初识直播营销

直播作为一种全新的内容表现形式，在丰富互联网内容表现形式的同时，也为企业/品牌商带来了一种新的营销方式——直播营销。所谓直播营销，是指企业/品牌商以直播平台为载体，以达到扩大品牌影响力和提高商品销量为目的的营销活动。

艾瑞咨询发布的调研报告显示，观看直播的用户普遍对直播过程中的营销行为持正面态度，有一半以上的用户在面对喜欢的主播推荐的商品时会增加购买概率，其偏好的广告类型以主播直播时插入口播、主播亲自推荐、定制礼物和冠名口令红包等较为创新的软广告为主。这表明用户对直播营销的态度在很大程度上会受到其关注和喜欢的主播的影响，专业、有亲和力的主播在直播带货时会有更大的优势。

1.2.1 直播营销的优势

作为数字经济形态之一的直播，为企业/品牌商带来了新的营销机会。作为一种新兴的网络营销手段，直播营销具有以下3个优势。

1. 即时互动性

传统的营销方式通常是企业/品牌商发布营销信息，用户被动地接收信息。在这个过程中，企业/品牌商无法立刻了解用户对营销信息的接受情况和态度。而直播具有即时互动性，在直播过程中，企业/品牌商在向用户呈现营销信息的同时，用户也可以针对营销信息进行讨论和互动，参与直播活动。这样既有利于增强用户的参与感，又可以活跃直播间的气氛。针对某些话题，意向用户、围观用户和企业/品牌商三方之间甚至可以形成强烈的互动，从而真正实现企业/品牌商与用户之间、用户与用户之间的深度联系，实现营销效果最大化。

2. 场景真实性

在营销活动中，真实、高质量的商品是企业/品牌商赢得用户信任的第一步。在传统的营销方式中，无论是图文式广告，还是视频类广告，虽然都制作精良，极具吸引力，但有些用户往往会质疑其真实性，因为它们都是提前制作好的成品，在制作过程中经过了大量人为的剪辑和美化。而通过直播的形式，企业/品牌商不仅可以展示商品的生产环境、生产过程，让用户了解商品真实的制作过程，获得用户的信任，还可以对商品进行试吃、试玩、试用，让用户直观地了解商品的使用效果，从而刺激用户的购买欲。

3. 营销效果直观性

用户在线下购买商品时，容易受到外部环境的影响。而在直播活动中，主播对商品的现场展示和介绍，以及直播间内很多用户争相下单的氛围，很容易刺激其他用户直接购买商品。在直播过程中，直播运营团队可以看到直播间的实时数据，了解直播间内商品的售卖情况，及时掌握直播活动的营销效果。

1.2.2　直播营销的常见形式

直播营销具有场景真实的特点。为了吸引用户观看直播，直播运营团队需要根据实际情况选择比较具有看点的直播营销形式。具体来说，常见的直播营销形式有以下几种。

1. 商品分享式直播

商品分享式直播就是主播在直播间里向用户分享和推荐商品，或者用户先在直播间的评论区留言，告诉主播自己需要的商品，然后主播按照用户的需求推荐并讲解。整个直播的内容就是主播讲解并展示商品，如图1-1所示。

2. 产地直销式直播

产地直销式直播是指主播在商品的原产地、生产车间等场景进行直播，直接向用户展示商品真实的生产环境、生产过程，从而吸引用户购买，如图1-2所示。

3. 基地走播式直播

基地走播式直播是指主播到直播基地进行直播。很多直播基地是由专业的直播机构建立的，能够为主播提供直播间、商品等服务。直播基地通常用于直播机构自身旗下的主播开展直播，或租给外界主播、商家进行直播。在供应链比较完善的基地，主播可以根据自身需求在基地挑选商品，并在基地提供的直播场地中直播，如图1-3所示。

直播基地搭建的直播间和配置的直播设备大多比较高档，所以直播画面及效果比较理想。此外，直播基地的商品会在淘宝店铺或天猫店铺上架，主播在基地选好商品后，在直播时将商品链接导入自己的直播间即可。因为这些商品都是经过主播仔细筛选的，所以比较符合主播直播间用户的需求。而且基地提供的商品款式一般非常丰富，主播不用担心直播间会缺少直播商品的问题。

一般情况下，在基地进行直播的主播把商品销售出去后，基地运营方会从中抽取一部分提成作为基地服务费。

图1-1 商品分享式直播

图1-2 产地直销式直播

4. 现场制作并体验式直播

现场制作并体验式直播是指主播在直播间里对商品进行加工、制作，向用户展示商品经过加工后的真实状态。食品、小型家电、3C商品（对计算机类、通信类和消费类电子商品的统称，也称"信息家电"，如计算机、平板电脑、手机或数字音频播放器等）可以采取这种直播营销形式。

尤其对于一些可加工的食品来说，主播可以在直播时加入烹饪食品的过程，如图1-4所示。这样既能向用户展示食品的加工方法，提高用户对食品的信任度，又能丰富直播内容，提高直播的吸引力。

图1-3 基地走播式直播

图1-4 现场制作并体验式直播

5. 促销式直播

促销式直播是指主播与企业／品牌商合作，在直播中通过各种促销方式向用户推荐商品，吸引用户购买的直播方式。促销式直播的氛围紧张、刺激，价格优惠程度高或商品稀缺性强，能吸引用户积极参与。

6. 教学培训式直播

教学培训式直播是指主播以授课的方式在直播中分享一些有价值的知识或技巧，如提升英语口语能力的技巧、化妆技巧、甜点制作技巧、运动健身技巧等。主播可以在分享知识或技巧的过程中推广一些商品，如图1-5所示。这样不仅能让用户通过观看直播学到某些知识或技能，也能让用户感受到主播的专业性，提高用户对主播推荐商品的信任度。

7. 才艺表演式直播

才艺表演式直播是指主播直播表演舞蹈、脱口秀、魔术等才艺，并在表演才艺的过程中使用某种商品，从而达到推广商品的目的。才艺表演式直播适用于推广在表演才艺时会使用的工具类商品，如表演才艺时穿的服装、鞋或使用的乐器等。

为了达到良好的直播效果，在这种直播形式中，主播不能只是自顾自地表演，还要与用户进行互动，这样才能增强直播的吸引力，让缺少语言交流的表演不显得无聊。

8. 开箱测评式直播

开箱测评式直播是指主播边拆箱边介绍箱子里面的商品。在这类直播中，主播需要在开箱后诚实、客观地描述商品的特点和使用体验，让用户真实、全面地了解商品的功能、性能等，从而达到推广商品的目的。图1-6所示为某主播在直播间对某款洗地机进行测评。

图1-5　教学培训式直播

图1-6　开箱测评式直播

9. 访谈式直播

访谈式直播是指围绕某个主题，主播与嘉宾通过互动交谈的方式阐述自己的观点，从而实现营销推广的目的。

10. 海淘现场式直播

海淘现场式直播是指主播在国外商场、免税店直播，用户通过观看直播选购商品。这种营销形式，容易让用户产生自己仿佛在国外商场购物的感觉。商品的标价也一目了然，有利于提升用户对商品的信任度。

11. 展示日常式直播

在直播营销中，直播吃饭、购物等日常生活可以作为宣传个人形象的内容。同样，企业也可以通过直播企业的日常活动进行品牌宣传。企业的日常活动包括企业研发新品的过程、企业生产商品的过程、企业领导开会的情景，以及企业员工的工作环境、工作状态等。对于企业中的从业人员来说，这些事情稀松平常，但对于直播间里的用户来说，这些事情却属于企业运营中的"机密"，对他们有着非常大的吸引力，因此展示企业的日常活动也是一种吸引用户注意力的直播营销方式。

1.2.3 直播营销的产业链解析

直播营销省去了传统营销活动中的营销信息投放、触达、转化等中间环节，是对传统营销模式的颠覆，也使企业/品牌商与主播、用户之间的关系更加紧密。企业/品牌商通过直播带动商品销量，用户通过直播购买到物美价廉的商品，主播通过直播实现商业变现，营销产业链中环节的设置、人员的参与和利益的分配已悄然发生变化。

1. 直播营销产业链结构

直播营销是对"人""货""场"的重新排列组合。供应链方、MCN机构、主播、直播平台等纷纷加入直播领域，带来了直播营销产业链的重构。

（1）以电商直播平台为基础的直播营销产业链

以淘宝网、京东商城为代表的电商平台发展相对成熟，并在电商生态中增加直播模块，形成了以电商直播平台为基础的直播营销产业链，如图1-7所示。在这条产业链中，上游为工厂、品牌商、批发商、经销商等供应链方，中游为电商直播平台、MCN机构和达人主播，下游为用户。

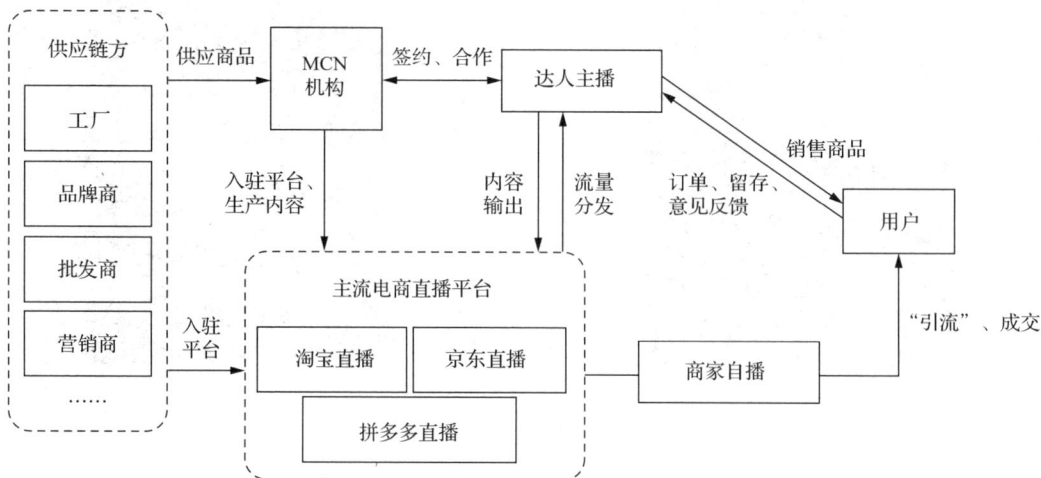

图1-7 以电商直播平台为基础的直播营销产业链

在这种产业链中，直播方式分为商家自播和达人直播，其中，商家自播是指由商家的导购人员或领导等内部人员进行直播，达人直播是指由达人主播进行直播。达人主播通常与MCN机构合作，通过MCN机构与供应链方对接；MCN机构为达人主播提供孵化、培训、推广、供应链管理等服务，并与达人主播分成。当然，也有少数达人主播会直接与供应链方对接，与供应链方进行销售分成。

（2）以短视频平台为基础的直播营销产业链

以抖音、快手等为代表的短视频平台在直播领域也取得了较大的发展，形成了以短视频平台为基础的直播营销产业链，如图1-8所示。在这个产业链中，抖音、快手等短视频平台承担着为电商平台导流和为商品提供展示场景的任务，而商品下单、支付、物流等环节则由电商平台来完成。

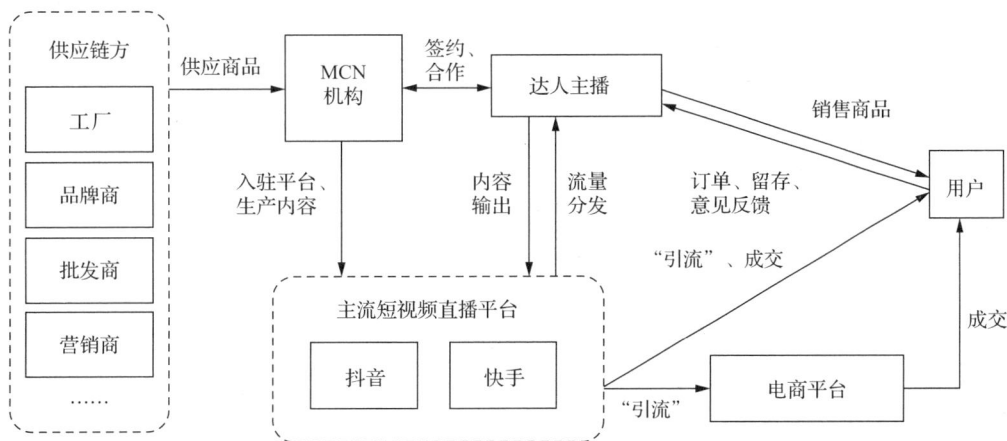

图1-8 以短视频平台为基础的直播营销产业链

在这种产业链中，主播会与MCN机构合作，或由MCN机构孵化主播，并为主播提供一系列的服务。当然，也有部分头部主播不会依附MCN机构，而是直接与上游供应链方对接，并从中获得分成。

2. 直播营销产业链中收益分成的分配流程

在直播营销产业链中，视频直播平台、电商平台、MCN机构和主播之间采取的是合作分成的模式。对于从抖音、快手等短视频平台导流至淘宝平台成交的直播营销，最终的收益由淘宝联盟、视频直播平台、MCN机构按照一定的比例进行分配。其中，MCN机构获得的收益再由MCN机构和主播之间按照一定的比例进行二次分配。

3. 直播营销产业链中的"人""货""场"分析

直播营销的实质就是"内容＋电商"，它升级了"人""货""场"的关系，营销效率更高。

（1）人

直播营销增加了主播的角色，主播成为连接商品与用户的桥梁，是新消费场景下的核心角色和流量入口。主播凭借独特的个人魅力吸引用户，积累私域流量，然后使用专业的销售能力（如选品、商品介绍能力等），让用户下单，从而实现流量变现。

直播营销改变了用户的消费习惯，让用户从主动搜索商品转变为直接购买主播推荐的商品。通过直播互动的方式，主播可以对商品进行全面的介绍，用户能够更直观、清楚地了解商品的优缺点，并在观看直播的过程中做出购买决策。

（2）货

随着直播营销的不断发展，直播商品品类不断丰富，涵盖快消品、美妆、服饰、汽车、珠宝、3C商品、房产等多个品类。其中，复购率高、客单价低、利润率高的品类成为直播营销的主流。

从经济效益的角度来看，美妆和服饰具有利润率高、客单价高、成交量高的特点，因此容易成为直播营销的主流品类。

从专业化程度的角度来看，在快消品品类中，由于不同品牌的商品差异较小，用户购买此类商品更多是受品牌效应的驱动。此外，这类商品由于专业化程度较低，不需要主播对商品进行专业讲解，所以也成了直播营销中的热门品类之一。

汽车、珠宝、3C商品等专业性较强的商品品类，对主播的专业化程度要求较高，主播需要与用户进行专业的双向交流，才能推动用户更快地做出购买决策。因此，在直播中销售这些品类的商品时，主播对它们认识得越深刻，对它们的介绍越专业，越容易促成用户购买。

（3）场

直播营销升级了购物场景。直播营销的购物场景由直播平台、直播间构成，用户在直播间即可完成对商品的选择和下单购买，这大大提升了用户的购物体验。

与线下购物场景和传统电商平台的购物场景相比，直播营销的购物场景具有以下优势。

优势一：体验感良好。在直播间里，主播通过对商品进行详细介绍，并现场展示商品的使用效果，使用户可以更加直观地了解商品。此外，用户还可以与主播进行实时的信息交流与互动，根据自己的需求有针对性地了解商品的信息。

优势二：降低用户出行成本。用户可以随时随地观看直播，足不出户即可购买到自己心仪的商品，从而降低了出行购物的交通成本。通过观看直播购买商品，用户不仅能获得主播陪伴购物的体验，还能获得娱乐享受。

优势三：价格优势。在很多直播间，商品销售采取的是用户直连制造商（Customer to Manufacturer，C2M）模式、主播直接对接品牌商/工厂的模式，这就减少了商品的流通环节，省去了商品在流通环节产生的溢价，从而让商品获得了较强的价格优势。

1.2.4　直播营销的合作模式

从企业/品牌商与主播的合作模式的角度来看，直播营销分为专场包场和整合拼场两种模式。两种模式的特点如表1-1所示。

表1-1　直播营销的合作模式及特点

模式名称	说明	特点
专场包场	整场直播都是介绍某个企业或某个品牌的商品	对企业/品牌商来说，费用较高，但产生的营销效果显著
整合拼场	在同一场直播中，多个企业或品牌的商品由主播按照一定的顺序进行直播推广	对企业/品牌商来说，费用较低，如果主播选得好，可以产生非常好的营销效果

1.2.5　直播营销的收益分配模式

直播营销的收益分配模式主要有两种，即纯佣金模式和"佣金+坑位费"模式。

1. 纯佣金模式

纯佣金模式是指企业/品牌商根据直播商品的最终销售额，按照事先约定好的分成比例向主播支付佣金。例如，主播在直播中为企业/品牌商卖出了最终销售额为100万元的商品，事先约定的分成比例为20%，那么企业/品牌商则需要向主播支付20万元的佣金。

在直播行业中，主播的级别不同，直播的商品不同，分成比例也会有所不同。

2. "佣金＋坑位费"模式

"佣金＋坑位费"模式是指企业/品牌商不仅要向主播支付固定的商品上架费，还需要根据商品的最终销售额按照约定好的分成比例向主播支付佣金。

企业/品牌商的商品要想出现在主播的直播间里，需要向主播支付一定的商品上架费，也就是所谓的坑位费。坑位费只是保证企业/品牌商的商品能够出现在主播的直播间里，至于商品能不能卖出去及能卖出去多少，主播是不负责的。

坑位费会根据商品出现顺序和主播级别的不同而有所不同。如果是整合拼场直播，同一场直播中会出现多个企业/品牌商的商品，那么主播通常会按照商品在直播间中出现的顺序收取坑位费。一般来说，商品出现的顺序越靠前，坑位费越高。

此外，头部主播的坑位费通常较高，这是因为头部主播的人气较高，曝光量较高，在一定程度上能够保证商品的出单量。即使用户没有在主播的直播间里购买某企业/品牌商的商品，但主播的高人气、高曝光量，也能为企业/品牌商打响知名度，提升该企业或品牌的影响力。

1.2.6　直播电商模式与传统电商模式的对比

直播为传统电商赋予了新的发展动能：淘宝网、京东商城、拼多多等电商平台纷纷增加直播模块，探索电商内容化，通过直播为电商平台导流；抖音、快手等短视频平台增加电商模块，探索内容电商化，通过直播实现流量变现。

直播电商模式兼具销售与营销的功能，主播作为导购在直播中销售商品的同时，也具有品牌营销、内容"种草"（"种草"是指一个人把一件事物分享、推荐给另一个人，让另一个人喜欢这件事物的行为）的功能，主播能为用户讲解商品功能、介绍品牌价值，从而让用户加深对品牌的了解，并将普通用户转化为品牌的忠实用户。

与传统电商模式相比，直播电商模式在多个维度上都具有显著的优势。传统电商模式与直播电商模式的对比如表1-2所示。

表1-2　传统电商模式与直播电商模式的对比

对比内容	传统电商模式	直播电商模式
商品与用户的关系	人找货	货找人
消费路径	用户—商品	用户—主播—商品
用户消费方式	用户主动搜索商品为主	主播向用户推荐商品为主
用户消费需求	刚性需求为主	通过主播、商品、消费场景打造内容营销，能够激发用户潜在的消费需求

续表

对比内容	传统电商模式	直播电商模式
用户消费心理	对商品有刚性需求，消费是为了满足物质需求	有些用户对商品存在需求，购买它们是为了满足物质需求；有些用户对商品并不存在需求，购买它们是为了满足自己的好奇心
影响用户做出消费决策的因素	商品的价格、质量、品牌等	商品的价格、质量、品牌等；主播营销话术的刺激
消费体验反馈	客服连接：缺少情感联系	主播连接：主播可以与用户进行互动，建立情感联系
商品呈现形式	依靠图片、文字、短视频等形式展示商品，但图片、文字和短视频往往是经过后期处理的，其中的商品展示与实物可能存在一定的差距	通过实时视频全方位地展示商品，让用户直观地了解商品的外观；通过主播的讲解，让用户详细地了解商品的性能
社交属性	社交属性弱，商家主要通过商品详情页向用户展示商品信息，用户被动地接收这些信息。此外，用户通常只能通过商品评论或客服两个渠道了解商品，交流的形式比较单一，信息反馈也不够及时	社交属性强，主播和用户可以进行双向互动，主播向用户全方位地讲解商品，用户也可以实时向主播提出问题，要求主播当场为其解答；用户与用户之间也可以进行在线交流，信息反馈及时
用户购物体验感	用户根据自己的主观判断选购商品	用户可以通过在评论区留言、参与直播间抢红包等方式参与直播，在购物过程中获得更多的参与感和互动感
交易花费的时间成本	由于商家和用户的信息不对称，用户在购买商品前需要花费较多的时间搜集商品信息，并对信息进行评判，然后才能做出购买决策，在交易过程中花费的时间成本较高	主播具备较强的选品能力，进入直播间的商品都是经过主播严格筛选的，用户只需花费较少的时间从多个品牌中筛选适合自己的商品；主播在开直播前会对商品进行全面的了解，从而能够为用户详细地介绍商品功能和优势。因此，主播专业的选品能力和商品讲解能力能够帮助用户降低购物决策所花费的时间成本

课后习题

一、填空题

1. 2016 年，阿里巴巴推出淘宝直播，定位于 _____ 直播。

2. 通过 _____，数字化平台就可以实现供需匹配的高水平动态平衡。

3. 在以短视频平台为基础的直播营销产业链中，主播会与 _____ 机构合作。

4. 企业 / 品牌商的商品要想出现在主播的直播间，需要向主播支付一定的商品上架费，也就是所谓的 _____。

5. 关于商品与用户的关系，传统电商模式是 _____，直播电商模式是 _____。

二、选择题

1. 直播行业的商业变现期是（　　　）。

A. 2008～2013 年　　　　　　　　B. 2014～2015 年

C. 2016～2019 年　　　　　　　　D. 2020 年至今

2. （　　　）的品类成为直播营销的主流。

A. 复购率高、客单价低、利润率高

B. 复购率低、客单价高、利润率高

C. 复购率高、客单价低、利润率低

D. 复购率低、客单价低、利润率高

3. 在直播营销时，对主播的专业化程度要求较低的品类是（　　　）。

A. 汽车　　　　　　B. 珠宝　　　　　　C. 快消品　　　　　　D. 3C 商品

三、简答题

1. 简述直播营销的优势。

2. 简述直播营销的收益分配模式。

第2章

直播营销活动设计：构建清晰的直播营销思路

知识目标

➢ 了解明确直播营销目标的 SMART 原则。

➢ 掌握直播方案的主要内容。

➢ 了解直播活动的宣传平台、宣传形式和宣传频率。

➢ 掌握室内直播场地和室外直播场地的基本要求。

➢ 了解直播设备和直播辅助设备。

➢ 了解直播活动二次传播的传播形式。

➢ 了解直播营销复盘。

能力目标

➢ 能够进行直播活动宣传。

➢ 学会选择直播场地和直播设备。

➢ 能够执行直播营销活动。

素养目标

➢ 执行直播营销活动时要求真务实，一切从实际出发。

➢ 在直播营销中坚持系统观念，建立系统思维。

直播营销活动并非一场简单的小型活动。在直播营销活动开始前，直播运营团队要对直播营销活动的整体流程进行规划和设计，以保障直播营销活动顺畅进行，确保直播营销活动的有效性。

2.1　使用SMART原则明确直播营销目标

对于企业／品牌商来说，直播是一种营销手段，因此直播不能只进行简单的才艺表演或话题分享，而要围绕企业／品牌商的营销目标来展开，否则直播只能是"闭门造车"，无法给企业／品牌商带来实际的效益。

企业／品牌商可以运用 SMART 原则（见图 2-1）制定直播营销目标，尽量让营销目标科学化、明确化、规范化。

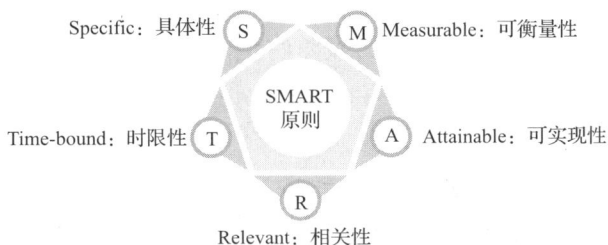

图2-1　SMART原则

1. 具体性（S）

具体性是指营销目标要切中特定的指标，并用具体的语言将其清楚地表达出来，不能笼统、不清晰。例如，"借助此次直播营销提高品牌影响力"就不是一个具体的目标，而"借助此次直播营销提高品牌官方微信公众号的粉丝数量"就是一个具体的目标。

2. 可衡量性（M）

可衡量性是指营销目标应该是数量化的或行为化的，应该有一组明确的数据作为衡量目标是否达到的标准。例如，"利用此次直播营销提高店铺的日销售额"就不是一个可衡量的目标，而"利用此次直播营销让店铺的日销售额达到 50 万元"则是一个可衡量的目标。

3. 可实现性（A）

可实现性是指营销目标要客观，是通过付出努力能完成的。例如，企业／品牌商开展的上一场直播吸引了 5 万人观看，于是企业／品牌商将此次直播要吸引的观看人数设定为 100 万，就很不切实际，难以实现；将要吸引的观看人数设定为 7 万或 10 万，则相对合理，是可能实现的。

4. 相关性（R）

相关性是指营销目标要与企业／品牌商设定的其他营销目标有一定的关联。例如，很多企业／品牌商会在电商平台运营网店，企业／品牌商将某次直播营销的目标设定为"网店首页 24 小时内的访问量提高 80%"，这个目标是符合相关性要求的；企业／品牌商将某次直播营销的目标设定为"将商品的生产合格率由 91% 提高至 96%"，则这个目标是不符合相关性要求的，因为直播活动无法帮助商品的生产方提升合格率。

5. 时限性（T）

时限性是指营销目标的达成要有时间限制，这样的目标才有督促作用，避免目标的实现被拖延。例如，"借助直播营销让新品销量突破 10 万件"，这个目标是缺乏时限的；而"直播结束后 24 小时内新品销量突破 10 万件"，这个目标则是符合时限性要求的。

2.2 撰写直播方案将抽象思路具体化

开展直播营销要有完整的营销思路，但仅靠营销思路是无法实现营销目的的。直播运营团队需要将抽象的思路转换成具象的文字表达，用方案的形式呈现出来，并将其传达给参与直播的所有人员，以保证直播活动的顺利进行。

直播方案一般用于直播运营团队的内部沟通，目的是让参与直播的人员熟悉直播活动的流程和分工。直播方案要简明扼要，直达主题。通常来说，直播方案的主要内容如表 2-1 所示。

表 2-1　直播方案的主要内容

直播方案要点	说明
直播目标	明确直播需要实现的目标、期望吸引的用户人数等
直播简介	对直播的整体思路进行简要描述，包括直播的形式、直播平台、直播特点、直播主题等
人员分工	对直播运营团队中的人员进行分组，并明确每个人员的职责
时间节点	明确直播中各个时间节点，包括直播前期筹备的时间点、宣传预热的时间点、直播开始的时间点、直播结束的时间点等
预算	说明整场直播活动的预算情况，包括直播中各个环节的预算，以合理控制预算

2.3 做好直播活动宣传

为了达到良好的营销效果，在直播活动开始前，直播运营团队要对直播活动进行宣传。与泛娱乐类直播不同，带有营销性质的直播追求的并不是简单的"在线观看人数"，而是"目标用户在线观看人数"。

例如，对于一场推广母婴用品的直播，从营销的角度来讲，直播运营团队应吸引婴幼儿的父母、祖父母等进入直播间，而如果直播运营团队因追求直播的在线观看人数而吸引了很多大学生来观看直播，这对实现直播营销目标是没有价值的。因此，直播宣传要有针对性，尽可能多地吸引目标用户来观看。具体来说，直播运营团队在设计直播活动宣传时，可以从宣传平台、宣传形式和宣传频率等 3 个方面入手。

2.3.1　选择合适的宣传平台

不同的用户喜欢在不同的平台浏览信息，直播运营团队需要分析目标用户群体的上网行为习惯，选择在目标用户群体经常出现或活跃的平台发布直播宣传信息，尽可能多地为直播吸引目标用户。

适合的宣传平台主要有以下几种。

1. 微博

微博是一个基于用户关系进行信息分享、传播及获取的社交平台。用户可以通过 PC 端和移动端等多种终端接入，以文字、图片、视频等多媒体形式实现信息的即时分享、传播和互动。2023 年 5 月 25 日，微博发布 2023 年第一季度财报。财报显示截至 2023 年第一季度末，微博月活跃用户人数达到 5.93 亿，日活跃用户人数达到 2.55 亿。

基于如此庞大的用户人数，微博一直是一个很重要的宣传引流渠道。主播可以在直播前发布相关话题的直播间预告、直播间预热抽奖等方式为直播吸引关注，也可以将直播间的普通用户转化为私域粉丝，沉淀社交资产。

不仅如此，微博还是主播与粉丝进行沟通的重要桥梁。主播一方面通过分享日常生活，持续和粉丝沟通交流，构建自我形象，打造人设，把微博作为运营粉丝的阵地；另一方面，主播可以在微博上搜集粉丝评论和反馈，了解粉丝的真实需求，以便在直播间满足粉丝的需求，加强情感链接，提升粉丝黏性。

2. 微信

微信是腾讯公司在 2011 年推出的一款为智能终端提供即时通信服务的免费应用程序。随着微信的不断迭代，用户可以使用该平台快速发送语音、视频、图片和文字，也可以使用社交服务"微信朋友圈"、媒体分发服务"微信公众平台"等传播信息。

微信朋友圈是微信平台的一个社交功能，于 2012 年 4 月上线。目前，用户可以通过微信朋友圈发布文字、图片与视频，也可以通过其他软件将文章、音乐和视频分享到微信朋友圈，分享的信息可以获得好友的点赞、评论等。主播可以在直播前在微信朋友圈发布直播预告，公布直播的具体信息，与粉丝互动，接收粉丝反馈等。

微信公众平台又称微信公众号，用户或商家可以在该平台实现特定群体的文字、图片、语音、视频的全方位沟通和互动。微信公众号现在已经成为个人或企业信息展示、发布和在线沟通的平台。用户关注主播的微信公众号后，可以接收主播发布的直播预告信息，信息的触达性较强。

3. 短视频平台

短视频平台是一个重要的内容流量入口。当前观看短视频的用户数量十分庞大，主播可以在短视频平台发布关于直播的信息，吸引感兴趣的用户或粉丝在特定时间观看直播。同时，很多短视频平台具备直播功能，如抖音、快手等。在短视频平台直播时，主播可以在直播前进行付费引流，让用户刷到预热短视频后点击头像直接进入直播间，从而提高直播预热效果。

2.3.2　选择合适的宣传形式

选择合适的宣传形式是指直播运营团队要选择符合宣传媒体平台特性的信息展现形式来推送宣传信息。例如，在微博平台上，直播运营团队可以采用"文字＋图片"的形式（见图 2-2）或者"文字＋短视频"的形式（见图 2-3）宣传直播活动；在微信群、微信朋友圈、微信公众号中，直播运营团队可以通过推送九宫格图、创意信息长图（见图 2-4）来宣传直播活动；在抖音、快手等平台上，直播运营团队可以通过短视频宣传直播活动。

图2-2 "文字+图片"式宣传　　图2-3 "文字+短视频"式宣传　　图2-4 创意信息长图

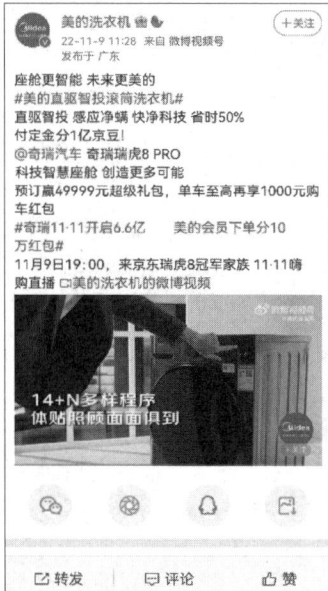

2.3.3 选择合适的宣传频率

在新媒体时代，用户在浏览信息时自主选择的余地较大，即可以根据自己的喜好来选择自己需要的信息。因此，如果直播运营团队过于频繁地向用户发送直播活动宣传信息，很可能会引起他们的反感，导致其屏蔽相关信息。为了避免出现这种情况，直播运营团队可以在用户能够承受的最大宣传频率的基础上设计多轮宣传。

如果用户能够承受两天一次的宣传频率，直播运营团队就可以在直播活动开始前的第6天、第4天、第2天，以及直播活动当天分别向用户推送直播活动宣传信息，以达到良好的宣传效果。

2.4　筹备直播活动硬件

为了确保直播顺利进行，在开始直播前，直播运营团队需要筹备必要的硬件，包括选择直播场地、选择直播设备、选择直播辅助设备等。

2.4.1 选择直播场地

直播营销的活动场地分为室外场地和室内场地。常见的室外场地有公园、商场、广场、景区、游乐场、商品生产基地等，常见的室内场地有店铺、办公室、咖啡馆、发布会场地等。直播运营团队要根据直播营销活动策划的需要选择合适的直播场地，优先选择用户购买与使用商品频率较高的场所，以拉近与用户之间的距离。直播间对直播场地的基本要求，可以分别从室内和室外两个场景进行介绍。

1. 室内直播场地的基本要求

（1）隔音效果良好，能够有效避免杂音的干扰。

（2）有较好的吸音效果，能够避免在直播中产生回音。

（3）室内光线效果好，能够有效提升主播和商品的美观度，降低商品的色差，提高直播画面的视觉效果。

（4）室内空间充足，面积一般为10～40平方米。需要展示一些体积较大的商品如钢琴、冰箱、电视机等时，要注意空间的深度，确保能够完整地展示商品，直播画面美观。

（5）需要使用顶光灯时，则要考虑室内的高度，将层高控制在2.3～2.5米，给顶光灯留下足够的空间，避免顶光灯因位置过低而入镜，影响画面的美观度。

（6）为了避免直播画面过于凌乱，在直播时不能让所有的商品同时入镜。因此，在直播商品较多的情况下，直播间要留出足够的空间放置备播商品。此外，有些直播间会配置桌椅、黑板、花卉等道具，也要为这些道具预留空间。

（7）有些直播中除了主播外还会有副播、助理等人员，也要为这些人员预留出工作空间。

常见的室内直播场地如图2-5所示。

2. 室外直播场地的基本要求

室外场地比较适合直播体积较大的商品，或者需要展示货源采购现场的商品，如图2-6所示。例如，在果园采摘农产品、在码头挑选海鲜或多人共同直播等。选择室外场地作为直播间时，需要考虑以下因素。

（1）室外的天气状况。一方面要做好应对下雨、刮风等天气的防范措施；另一方面要设计室内备用方案，避免出现直播因遭遇极端天气而延期的情况。另外，如果选择在傍晚或夜间直播，还需要配置补光灯。

（2）室外场地不宜过大。因为在直播过程中主播不仅要介绍各类商品，还要回应用户提出的一些问题，所以室外场地不宜过大。否则，主播就容易把时间浪费在行走上。

（3）直播对画面美观度要求较高的室外婚纱照拍摄之类的内容时，要保证室外场地的美观，且场地中不能出现杂乱的人流、车流等。

图2-5 室内直播场地

图2-6 室外直播场地

2.4.2 选择直播设备

在直播筹备阶段，直播运营团队要将直播时会使用到的手机、网络、支架、话筒、声卡、灯光等设备调试好，以免影响直播活动的顺利进行。

1．手机

直播运营团队要选择配置高、性能好的智能手机，一般来说可以选择当季的新品手机或者旗舰手机。目前手机拍摄的清晰度、亮度和显色都逐渐刷新纪录，而且性能强劲，没有延迟或卡顿的感觉，手机存储量可达 1TB，即使多任务同时进行也能顺畅直播。

通常情况下，直播需要两部手机，一部手机用来拍摄与直播，另一部手机由助理操作，用于协助主播管理直播间。

2．网络

网络有一定的带宽和稳定性，才能保证直播的流畅性，因此直播运营团队要选择高速、稳定的网络设备，以保证直播的质量。

如果在室内直播，要选择性能较强的路由器和网络信号放大器，宜选用有线网络，因为使用网线可以提高网络速度和稳定性。如果在室外直播，可以考虑配置手机流量卡或随身 Wi-Fi。随身 Wi-Fi 的资费比手机流量卡便宜，如果使用流量的设备较多，宜优先选择随身 Wi-Fi。

如果直播地点是在网络信号不是很好的地方，随身 Wi-Fi 也无法满足需求，就要使用更专业的设备——4G/5G 多卡聚合路由器。

3．支架

支架可以保证直播设备的稳定性，进而提升直播画面的稳定性。支架的形式非常多，有多个机位一体的，也有独立的；有落地的，也有台式的。直播运营团队选择支架时，既要结合自身需要，又要重点考虑支架的可伸缩性、可扩展性和稳定性，同时占地要小。

4．话筒

话筒有电容话筒、动圈话筒等类型。在直播领域，大部分主播使用电容话筒。电容话筒的优点是频率范围宽，音色细腻，录下的声音很丰富，还可以减少杂音与爆音，但缺点是对环境要求高。为了保证音质，可以选择大振膜的电容话筒。直播运营团队在选择电容话筒时，要考虑品牌、价格与性能等多种因素。

5．声卡

为了保证声音效果，直播运营团队要选购一款高质量的声卡。声卡可以提供丰富的高音质伴奏，提供各种各样的特效声音，丰富直播间的场景，活跃直播间的气氛，也可以美化和放大人声效果，让主播的声音清晰、洪亮，还具有一键降噪功能，可以弱化周围的环境噪声，优先拾取距离话筒最近的声音，保证主播的声音质感，提高观众的听觉体验。

6．灯光设备

直播运营团队要准备一套完整的灯光设备，包括环境灯、主灯、补光灯、辅助背景灯等，以调节直播环境中的光线效果。环境灯可以保证整个直播间的亮度，一般为顶光灯或 LED 灯；主灯可以保证主播和商品均匀受光，使其看起来更柔和；补光灯可以修饰主播的肤色；辅助背景灯可以装饰和烘托气氛。

2.4.3 选择直播辅助设备

直播辅助设备包括直播商品、直播活动宣传物料、直播中需要用到的辅助道具等。

直播商品作为直播营销活动的主角，在直播开始前就应当准备好，以便主播在直播过程中能够快速地找到并进行展示。

直播活动宣传物料包括直播宣传海报、直播宣传贴纸等各种能够在直播镜头中出现的宣传物料。

辅助道具包括商品照片、做趣味实验要用到的工具、计算器等。巧妙地使用辅助道具能够帮助主播更好地展示商品，让用户理解直播内容和商品特性。

2.5 执行直播营销活动

做好直播前的一系列筹备工作后，接下来就是正式执行直播营销活动。直播营销活动的执行可以进一步拆解为直播开场、直播过程和直播收尾 3 个环节，各个环节的操作要点如表 2-2 所示。

表 2-2 直播营销活动执行环节的操作要点

执行环节	操作要点
直播开场	通过开场互动让用户了解本场直播的主题、内容等，使用户对本场直播产生兴趣，并停留在直播间
直播过程	借助营销话术、发红包、发优惠券、才艺表演等方式，进一步激发用户对本场直播的兴趣，让用户长时间停留在直播间，并产生购买行为
直播收尾	向用户表示感谢，并预告下场直播的内容，引导用户关注直播间，将普通用户转化为直播间的忠实粉丝；引导用户在其他媒体平台上分享本场直播或者本场直播中推荐的商品

2.6 对直播活动进行二次传播

直播结束并不意味着整个直播工作的结束。在直播结束后，直播运营团队可以将直播活动的视频进行二次加工，并在抖音、快手、微信、微博等平台上进行二次传播，最大限度地放大直播效果。

为了保证直播活动二次传播的有效性和目的性，直播运营团队可以按照以下步骤设计直播活动的二次传播计划。

第一步是明确目标，如提高品牌知名度、提高品牌美誉度、提高商品销量等。直播活动二次传播的目标要与企业/品牌商制定的整体市场营销目标匹配。

第二步是选择传播形式。常见的传播形式有视频、软文两种，直播运营团队可以选择其中一种，也可以将两种形式组合起来。

第三步是选择合适的媒体平台。如果是视频形式的信息，可以发布在抖音、快手、秒拍、视频号、腾讯、爱奇艺、微博等平台上；如果是软文形式的信息，可以发布在微信公众号、知乎、小红书、虎嗅网等平台上。

本节重点讲解直播活动二次传播的传播形式。

2.6.1 直播视频传播

在直播结束后，通过视频的形式分享直播活动的现场情况是直播活动二次传播的有效方式之一。直播活动二次传播视频的制作包括录制直播画面、直播画面浓缩摘要和直播片段截取3种方式。

① 录制直播画面

直播运营团队可以将直播画面全程录制下来，也就是说，直播运营团队一边做实时画面的直播，一边录制。这样直播完成后，就可以直接用录制的文件来制作直播回放视频，让错过实时直播的用户通过观看直播回放视频来获取直播内容。图2-7所示为某手机品牌在淘宝直播上发布的直播回放视频。

图2-7　某手机品牌淘宝直播回放视频

直播运营团队在制作直播回放视频时，可以为其添加片头、片尾、名称、主要参与人员等信息，以增强直播回放视频的吸引力。

② 直播画面浓缩摘要

直播画面浓缩摘要的制作逻辑与电视新闻的制作逻辑基本相同，即直播运营团队将直播画面录制下来后，删除那些没有价值的画面，将关键的直播画面制成视频，并为视频画面添加旁白或解说。例如，一场新品发布会直播结束后，直播运营团队将现场直播画面制成浓缩摘要式视频，并为视频配上解说："×月×日14：00，××公司直播了新款手机发布会。发布会上，公司产品经理详细介绍了新款手机的性能（插入产品经理介绍新款手机性能的画面），随后公司邀请了知名人士××现场体验手机的各项功能（插入直播中知名人士体验手机功能的画面）……"

③ 直播片段截取

直播运营团队也可以从直播中截取有趣、温暖、有意义的片段，将其制成视频发布到网上。衣选集团官方授权号"衣选（好物精选）"在抖音短视频中分享"衣哥"在抖音直播中的精彩片段，如图2-8所示。

图2-8 "衣哥"直播精彩片段

2.6.2 直播软文传播

直播软文传播是将直播活动的细节撰写成软文并发布到相关媒体平台上，用图文描述的形式向用户分享直播内容。直播运营团队撰写直播软文时，可以从分享行业资讯、提炼观点、分享主播经历、分享体验和分享直播心得等角度切入。

① 分享行业资讯

对于严肃主题的直播，直播运营团队可以通过撰写行业资讯类软文对直播活动进行二次传播。在行业资讯类软文中插入直播画面或直播视频片段，可以吸引更多的业内人士关注或回看直播。

② 提炼观点

提炼观点是指将直播活动的核心内容，如新品的主要功能、企业未来的发展方向、产品未来的研发方向等提炼出来，并撰写成软文。

③ 分享主播经历

主播可以用第一人称撰写一篇类似日记、工作日志的软文，在软文中回顾直播过程。与用第三人称撰写的文章相比，用第一人称撰写的文章更有温度，也更容易拉近主播与用户的心理距离，所以采取这种方式来推广直播更容易引起用户的阅读兴趣。

④ 分享体验

分享体验就是从用户的角度出发，撰写一篇描述观看直播的体验或感受的软文。这种推广软文由于不是从直播运营团队的角度来写的，而是从用户的角度来写的，体现的是用户的亲身感受，所以更具吸引力和说服力。

⑤分享直播心得

分享直播心得就是直播运营团队从操盘者的角度来撰写一篇分享直播幕后故事的软文。软文的主题可以是"如何策划一场直播""直播宣传引流三部曲"等，如图2-9所示。

图2-9　分享直播心得

2.7 通过复盘总结直播经验

复盘本来是一个围棋术语，指的是对弈结束后，双方棋手复演该盘棋的记录，以检查自己在对局中招法的优劣与得失。在直播营销中，复盘就是直播运营团队在直播结束后对本次直播进行回顾，评判直播营销的效果，总结直播的经验教训，为后续直播提供参考。

对效果超出预期的直播活动，直播运营团队要分析直播各个环节的成功之处，为后续直播积累成功经验；对效果未达预期的直播活动，直播运营团队也要总结此次直播的失误，并寻找改善方式，以避免在后续的直播中再次出现相同或类似的失误。

直播营销复盘包括直播间数据分析和直播经验总结两个部分，其中直播间数据分析主要是利用直播中形成的客观数据对直播进行复盘，体现的是直播的客观效果；直播经验总结主要是从主观层面对直播过程进行分析与总结，分析的内容包括直播流程设计、团队协作效率、主播现场表现等，直播运营团队通过自我总结、团队讨论等方式对这些无法通过客观数据表现的内容进行分析，并将其整理成经验手册，为后续开展直播活动提供有效的参考。

课后习题

一、填空题

1. SMART 原则包括 _____ 、 _____ 、 _____ 、 _____ 和 _____ 。

2. _____ 一般用于直播运营团队的内部沟通，目的是让参与直播的人员熟悉直播活动的流程和分工。

3. 在直播领域，大部分主播使用 _____ 话筒，其优点是频率范围广，音色细腻，录下的声音很丰富，还可以减少杂音与爆音。

4. 撰写直播软文时，分享主播经历是主播用 _____ 撰写一篇类似日记、工作日志的软文，在软文中回顾直播过程；分享体验是从 _____ 的角度出发，撰写一篇描述观看直播的体验或感受的软文。

5. 直播营销复盘包括 _____ 和 _____ 两个部分。

二、选择题

1. 关于室内直播场地的要求，下列说法不正确的是（ ）。
A. 有较好的吸音效果，能够避免回音
B. 做好应对下雨、刮风等天气的防范措施
C. 为副播、助理预留出工作空间
D. 光线效果要好

2. 下列不属于直播辅助设备的是（ ）。
A. 直播商品 　　　　　　　　　　B. 直播活动宣传物料
C. 灯光设备 　　　　　　　　　　D. 直播辅助道具

3. 在对直播活动进行二次传播时，适合传播软文形式信息的平台是（ ）。
A. 微信公众号 　　B. 抖音 　　　　C. 快手 　　　　D. 微博

三、简答题

1. 简述室外直播场地的基本要求。
2. 简述直播营销活动执行环节的操作要点。

第3章

人员配置：组建
高效能直播团队

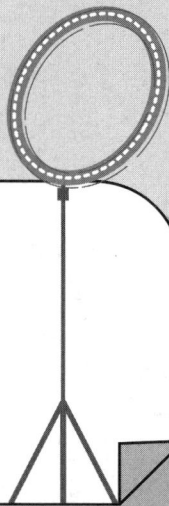

知识目标

➢ 了解直播团队的组织架构。

➢ 了解不同层级直播团队人员组成及其职责。

➢ 了解数字人主播的优点。

➢ 掌握主播人设打造策略。

➢ 掌握商家选择主播的策略。

➢ 掌握主播助理的类型、必备技能和工作内容。

能力目标

➢ 能够根据实际需要组建不同层级的直播团队。

➢ 能够根据需要打造具有自身调性的主播人设。

➢ 能够协助商家选择合适的主播。

➢ 能够根据主播需求培养直播助理。

素养目标

➢ 树立数字强国理念，以数字直播、虚拟直播带动新型数字经济的发展。

➢ 培养形象管理能力、语言表达能力、灵活应变能力和良好的心理素质。

随着新媒体技术的飞速发展，直播行业日益火热。在直播生态区域即将饱和的状态下，做直播仅靠单枪匹马、单打独斗已经很难突出重围，所以组建自己的直播团队非常重要。本章从直播团队组织架构、直播团队组建、主播人设打造策略、商家直播选择主播的策略，以及主播助理的培养来阐述如何组建一个高效能的直播团队。

3.1 直播团队组织架构

当前直播的风头越来越强劲，电商直播迎来红利期。对于有志于做直播的个人、商家或MCN机构来说，现在是很好的入场时机，越来越多的领域正在涌向直播行业。无论是个人还是商家、组织机构，都在推动直播行业向专业化、规范化的方向发展。

3.1.1 个人直播团队

作为整个电商直播组织架构中的一环，个人直播团队虽然势单力薄，但也是不可缺少的一部分。在商家直播、MCN机构直播和供应链直播发展起来前，个人直播就已经迈入市场，可以说个人直播是电商直播发展的源头。近几年，直播行业发展迅速，竞争激烈，很多主播纷纷加入商家直播或MCN机构直播等平台，个人直播团队难以为继。不过，仍然有大量怀抱创业梦想的人组建个人直播团队。

一场好的直播并不是主播一个人就能完成的，而是需要团队成员的默契配合。前期的直播策划、脚本撰写，直播过程中的人员协调配合、主播良好演绎综合起来才能达到完美的效果。图3-1所示为个人直播团队组织架构。

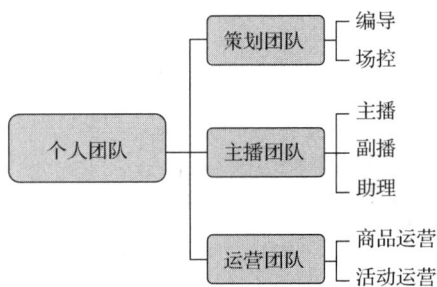

图3-1 个人直播团队组织架构

1. 策划团队

策划团队的主要工作内容包含确定直播主题、策划直播活动、规划直播脚本和直播中的福利。团队成员要根据主题确定商品、开播时间、直播持续时长，还要针对不同的用户群体属性制定不同的福利方案。

策划团队包括编导和场控，其主要职责如下。

● **编导**：负责策划直播活动，撰写直播脚本等。

● **场控**：负责直播间的中控台，协调商品的上架、下架，发送优惠信息、红包公告，进行抽奖送礼，根据直播间要求随时更改商品价格，以及控制直播间节奏等。

2. 主播团队

主播团队是直播的最终执行方，其工作内容是展示商品、与用户互动。除了直播，主播团队还要做复盘、信息反馈，以优化和提升直播效果。主播团队一般包括主播、副播和助理，其主要职责如下。

● **主播**：负责正常直播，熟悉商品信息，介绍并展示商品，与用户互动，介绍活动，复盘直播内容等。

● **副播**：协助主播直播，与主播配合，说明直播间规则，介绍促销活动，补充商品卖点，引导用户关注等。

● **助理**：配合直播间的所有现场工作，包括灯光设备的调试，商品的摆放等，有时也承担副播的职责。

3. 运营团队

运营团队一般包括商品运营和活动运营，主要负责直播的正常运营，其主要职责如下。
- **商品运营**：负责提供商品，挖掘商品卖点，培训商品知识，优化商品等。
- **活动运营**：负责搜集活动信息，策划活动文案，执行活动计划等。

3.1.2 商家直播团队

电商直播的浪潮来势迅猛，站在直播的风口上，有经验的商家，尤其是对互联网、电商、新媒体比较熟悉的商家，纷纷开始构建自营直播团队。图3-2为商家直播团队组织架构。

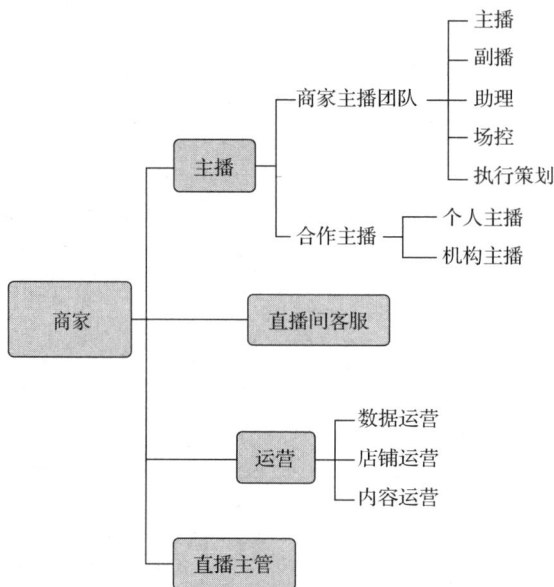

图3-2 商家直播团队组织架构

1. 主播

商家既可以自建主播团队，也可以根据自己的需要选择合作主播。

（1）商家主播团队包括主播、副播、助理、场控和执行策划。选择主播时，商家要寻找与企业特点匹配，形象、气质与品牌形象契合，并且熟悉企业文化和商品信息，塑造的直播人设与商品的目标用户群体需求匹配的主播。

（2）合作主播包括个人主播和机构主播。

- **个人主播**：负责一些活动型直播、品牌塑造型直播等。
- **机构主播**：其作用与个人主播差不多，但是商家可以通过机构推荐选择比较成熟和匹配品牌形象的主播。

2. 直播间客服

直播间客服主要负责直播间的互动答疑，在直播间里配合主播直播，以及商品售后发货问题等。

3. 运营

运营包括数据运营、店铺运营和内容运营，其主要职责如下。

● **数据运营**：负责直播数据检测，分析优化方案等。
● **店铺运营**：负责配合与直播相关店铺的运营工作等。
● **内容运营**：负责直播前后的内容宣传、"造势"与运营等。

4. 直播主管

直播主管主要负责主播的日常管理、招聘、培训、心理辅导等。

🔍 3.1.3　MCN机构直播团队

MCN 机构在组建直播团队时，要做的工作有筛选或孵化直播达人，发现并运营优质内容，帮助直播达人获取流量和粉丝，进行粉丝管理、平台资源对接、活动运营、商业化变现等系列工作。MCN 机构直播团队组织架构包括直播业务、"淘 Live&PGC"业务和直播商家业务，如图 3-3 所示。

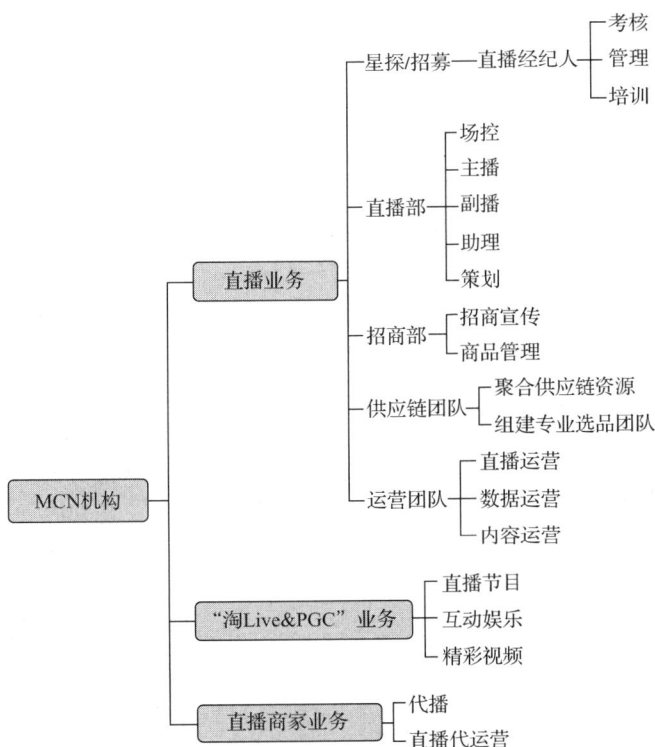

图3-3　MCN机构直播团队组织架构

1. 直播业务

直播业务的组织架构主要包括星探/招募、直播部、招商部、供应链团队、运营团队等。各组织架构的具体人员和工作内容如表 3-1 所示。

表3-1　直播业务组织架构的具体人员和工作内容

直播业务组织架构	具体人员和工作内容
星探/招募	主要是直播经纪人，负责主播的招聘、考核、管理、培训等
直播部	场控：实时关注直播间粉丝反馈和产品数据反馈，控制主播直播节奏，活跃直播间气氛 主播：介绍产品，引导用户购买，与用户互动，复盘总结 副播：协助主播介绍产品，及时与粉丝沟通，活跃直播间气氛 助理：根据主播的节奏及时更新产品链接或者发放优惠券，同时帮助主播做产品信息补充，为用户演示领券或下单方式 策划：制订直播策略和计划，策划直播内容、营销推广活动，组织直播，监测并分析数据，维护与合作伙伴的关系
招商部	招商宣传：负责与商家合作、商品招商等 商品管理：负责商品的筛选、更新、管理等
供应链团队	聚合供应链资源：保持高频率带货形势下的货源稳定和价格优势 组建专业选品团队：严格筛选商品，保证商品质量
运营团队	直播运营：负责与各项直播业务运营相关的工作 数据运营：负责直播数据收集、分析，优化直播方案等 内容运营：负责直播前后的内容宣传、"造势"、运营等

2. "淘Live&PGC"业务

"淘 Live&PGC"业务主要包括直播节目、互动娱乐和精彩视频。

淘宝直播专业生产内容（Professionally Generated Content，PGC）栏目需要具有专业领域视频直播制作能力的机构，为用户传播其感兴趣、有价值且与电商有关联的直播视频内容。

要想入驻 PGC 栏目，需要具备相应的资质条件：企业必须为独立法人，有固定的办公场地和一般纳税人资质；企业注册时间要大于 1 年，且从事广告、自媒体、电视、电影制作等相关业务 1 年以上，企业注册资金不少于 100 万元。

对于需要开通"淘 Live&PGC"的业务模块，MCN 机构提交申请、通过审核并缴纳保证金以后，即可开启 MCN 机构直播。

淘宝平台会对 MCN 机构运营指标进行考核，要求机构入驻 90 天后开始考核，机构旗下绑定主播中每个月月活跃账号数不少于 2 个；连续 180 天内，机构旗下绑定主播中活跃账号数不少于 1 个。其中，活跃账号指 1 个自然月内账号的有效开播天数不少于 4 天的直播账号；有效开播指账号当天总直播时长不少于 4 小时，且其中至少有一场直播时长不少于 30 分钟。

《淘宝直播管理规则》要求，机构因发布低质量直播内容的录播、挂机、多开等违规情况而受到处罚的直播场次，不纳入总直播时长计算范围。

对于每月考核中与运营指标不符的机构，淘宝平台会予以警告；连续 3 次考核不达标，淘宝平台将视情况予以清退。

3. 直播商家业务

直播商家业务主要包括代播、直播代运营，其具体服务如下。

- **代播**：为商家提供主播、直播间等一系列直播服务。
- **直播代运营**：为商家提供直播及一切相关业务的一条龙服务。

3.1.4　供应链基地直播团队

在 MCN 机构培养主播帮助商家卖货的初期，货源只能依托商家寄样。在孵化新主播的过程中，MCN 机构发现仅仅依靠招商已经无法满足直播间对货品的需求，再加上行业发展越来越迅猛，主播成长得越来越快，同时用户也提高了对商品的要求，于是诞生了直播基地、直播产业带、线下市场、设计师直播基地等，如图 3-4 所示。

直播行业下半场拼的一定是产品供应链效率。每个供应链都要明确自身所具备的能力，瞄准自身所在的市场，打造自己的核心竞争力，进行精细化运营。规模小的供应链可以"小而美"，与 MCN 机构捆绑，进行长期运营；规模大的供应链可以做超级供应链，从而抢占更大的市场。

图3-4　供应链基地直播团队

1. 直播基地

现在市面上的直播基地运营主体主要有以下两类。

（1）流量平台自建

京东、淘宝、快手等平台在全国建有直播基地，其中又包括自建自营、委托第三方运营和合作运营等不同的运营方式。

（2）MCN 机构建设

MCN 机构也希望延展链条，所以很多 MCN 机构开始打造自己的直播基地。

除了以上两类运营主体，具有产业运营经验的园区、孵化器、联合办公场地、批发市场等也可以利用自身拥有的空间供应链试水运营直播基地。

直播基地为主播和 MCN 机构提供了便利，并至少提供了 3 种价值，即空间价值、流量价值和供应链价值。直播基地的集聚效应也提高了 MCN 机构的议价能力。

2. 直播产业带

直播产业带的组织架构是"货源厂家（一级供应商）+ 直播团队 + 其他"，从源头上降低了成本，减少了流程。

直播产业带拥有大量商家和相对成熟的管理体系，这让商品的品质和售后服务相对有保障。线上直播和线下的产业带供应链相结合，极大地提高了从生产端到零售端的效率。对于主播来说，产业带的优势是有效解决了商品供给问题；而对于产业带中的商家来说，主播背后的庞大用户群体也打消了其在产品销售方面的顾虑。

3. 线下市场

线下市场的组织架构是"二、三级供应商 + 直播团队 + 其他"。这是一种以一、二级批发与流通市场、专业品类市场、百货大厦等线下实际正常经营的实体市场为货源的供应链。

4. 设计师直播基地

设计师直播基地是指以设计师为核心和出发点形成的特色小众化供应链。这类直播基地的人员配备和普通直播基地相差无几，只是商品的来源更高端，相关成本也更高。

设计师直播基地的运营模式是供应链直播基地和设计师品牌合作，或者签约设计师进行设计打版，让合作的工厂生产样品，寄给主播后邀请其进行直播宣传。其优点是商品的款式更新较快，毛利率较高，主播愿意合作，而且由于款式上具备优势，再加上存货不多，库存积压不会太多。当然，这类直播基地也有不足，那就是签约设计师的成本较高，这要求电商团队必须准确判断市场的流行趋势，同时对主播有较强的把控能力。

3.2 直播团队的组建

无论是个人还是商家，要想真正做好直播带货，组建直播团队是非常必要的。根据直播工作岗位设置、工作内容、工作流程等要素，个人或商家可以组建不同层级的直播团队。

3.2.1 低配版直播团队

如果预算不高，那么可以组建低配版直播团队。根据工作职能，该类团队至少需要设置1名主播、1名运营，其人员职能分工如表3-2所示。

这种职能分工方式对运营要求比较高，运营必须是全能型人才，懂技术、会策划、能控场、懂商务、会销售、能运营，在直播过程中集运营、策划、场控、助理等身份于一身，能够自如地转换角色。

表3-2　低配版直播团队人员职能分工

运营（1人）职能				主播（1人）职能
营销任务分解； 货品组成； 品类规划； 结构规划； 陈列规划； 直播间数据运营	商品权益活动； 直播间权重活动； 粉丝分层活动； 排位竞制活动； 流量资源策划	商品脚本； 活动脚本； 关注话术脚本； 控评话术脚本； 封面场景策划； 下单角标设计； 妆容、服饰、道具等	直播设备调试； 直播软件调试； 保障直播视觉效果； 发券、配合表演； 后台回复； 数据即时登记反馈	熟悉商品脚本； 熟悉活动脚本； 运用话术； 做好复盘； 控制直播节奏； 总结情绪、表情、声音等

设置一名主播的缺点在于直播团队无法实现连续直播，而且主播流失、生病等情况会影响直播的正常进行。

3.2.2 标配版直播团队

企业或商家选择直播带货，一般会按一场直播的完整流程所产生的职能需求组建标配版直播团队。表3-3所示为标配版直播团队人员职能分工。

表3-3 标配版直播团队人员职能分工

运营（1人）职能	策划（1人）职能		场控（1人）职能	主播（1人）职能
营销任务分解； 货品组成； 品类规划； 结构规划； 陈列规划； 直播间数据运营	商品权益活动； 直播间权重活动； 粉丝分层活动； 排位赛制活动； 流量资源策划	商品脚本； 活动脚本； 关注话术脚本； 控评话术脚本； 封面场景策划； 下单角标设计； 妆容、服饰、道具等	直播设备调试； 直播软件调试； 保障直播视觉效果； 发券、配合表演； 后台回复； 数据即时登记反馈	熟悉商品脚本； 熟悉活动脚本； 话术运用； 做好复盘； 控制直播节奏； 总结情绪、表情、 声音等

标配版直播团队的核心岗位是主播，其他人员都围绕主播来工作。当然，如果条件允许，还可以为主播配置助理，协助配合主播完成直播间的所有活动。这种团队配置的人数基本为4～5人。

3.2.3 升级版直播团队

随着直播营销业务规模的扩大，企业或商家可以适当壮大直播团队，将其改造为升级版直播团队。升级版直播团队人员更多，分工更细化，工作流程也更优化，其人员职能分工如表3-4所示。

表3-4 升级版直播团队人员职能分工

人员		职能
主播 团队 （3人）	主播	开播前熟悉直播流程、商品信息，以及直播脚本内容； 介绍、展示商品，与用户互动，活跃直播间气氛，介绍直播间福利； 直播结束后，做好复盘，总结话术、情绪、表情、声音等的使用效果
	副播	协助主播介绍商品、直播间福利，主播有事时担任临时主播
	助理	准备直播商品、使用道具等； 配合主播工作，做主播的模特、互动对象，完成画外音互动等
策划 （1人）		规划直播内容，如确定直播主题、准备直播商品、做好直播前的预热宣传、规划好开播时间段、做好直播间外部导流和内部用户留存等
编导 （1人）		编写商品脚本、活动脚本、关注话术脚本、控评话术脚本，做好封面场景策划、下单角标设计、妆容服饰道具等
场控 （1人）		做好直播设备如摄像头、灯光等相关软硬件的调试； 负责直播中控台的后台操作，包括直播推送、商品上架，监测直播实时数据等； 接收并传达信息（若直播运营有需要传达的信息，场控在接到信息后要传达给主播和副播，由他们告诉用户）
运营 （2人）		营销任务分解、货品组成、品类规划、结构规划、陈列规划、直播间数据运营、活动宣传推广、粉丝管理等
店长导购 （2人）		辅助主播介绍商品特点，强调商品卖点，为用户"种草"商品，同时协助主播与用户互动
拍摄剪辑 （1人）		负责视频拍摄、剪辑（直播花絮、主播短视频，以及商品的相关信息），辅助直播工作
客服 （2人）		配合主播与用户进行在线互动和答疑； 修改商品价格，上线优惠链接，转化订单，解决发货、售后等问题

3.2.4 数字人主播

近年来，直播行业迈入快速发展期，成为当下非常火热的一种营销方式，各行各业都可以通过直播来展示产品、服务和内容，吸引用户的注意力和兴趣。不过，直播也面临诸多挑战和问题，如直播间搭建初期的成本投入较大，主播运营难度大、稳定性差等。但是，随着人工智能（Artificial Intelligence，AI）技术被广泛运用，数字人直播迭代传统直播模式，以高质量、低成本、互动性更强的直播形式优化用户体验，这成为数字时代直播的主要趋势，为直播行业带来了新的增长动力。

数字人主播需要定制，画面越精致、口音越自然、与真人的相似度越高，收费就越高。买家一般只需提供一个可以克隆的人物形象、一段时长为 3 ～ 5 分钟的出镜视频素材、一段日常直播时用的话术音频，等待几天就可以拿到一款定制数字人主播。

数字人直播以数字人主播为基础。与真人主播相比，数字人主播具有以下优点。

（1）工作时长多

真人主播的工作时长基本是固定的，而数字人主播可以实现全天候直播，即连续 24 小时不间断直播。不知疲倦的数字人主播可以充分帮助企业降低成本、提高效率，在市场竞争中占据优势。另外，数字人主播可以在几分钟内快速生成口播视频，帮助企业进行营销宣传。

（2）成本较低

企业使用数字人主播进行直播时，只需一台计算机就可以完成直播工作，可以省下真人主播和运营团队的薪资、购买与维护设备的成本，以及租赁和搭建直播场地的费用等，极大地降低了企业的试错成本。另外，一个数字人主播形象可以同时用于多个直播间，在矩阵搭建方面更有优势。

（3）直播形式较为灵活

数字人主播可以根据商家或用户的需求灵活调整直播风格和内容，选择不同的服饰和直播间背景，使直播更具个性和特色。另外，数字人主播可以实时采集用户的互动问题和评论，并即时给予回应，增强用户的体验。

（4）可控性较高

数字人主播的直播话术可以提前设置，不会出现真人主播可能会出现的失误，而且数字人主播是企业的数字资产，没有违规、离职等风险，有利于稳定品牌形象。

当然，数字人主播与真人主播相比也有一些缺点，如表现能力和情感表达能力相较于真人主播还有一定的差距。此外，数字人主播无法像真人主播一样具备独立思考的能力。

因此，很多企业目前只将数字人主播作为真人主播的补充，利用数字人主播增加闲时流量，延长直播时长；在黄金时段或重大节日促销节点，仍然选择真人主播进行直播。

适合使用数字人主播的直播间主要有两种：第一种是"重讲解，轻展示"的直播间，商品品类主要有零食、百货等；第二种是"用户冲着品牌而非主播购买"的直播间，商品品类主要有旅游景区门票、品牌茶饮等。不管哪个主播直播，用户想要的都是低价和优惠。

成功地搭建一个数字人直播团队，需要以下人员。

● 编导：整个直播的策划者，要有足够的想象力和执行力，能撰写出精彩的直播脚本，能合理安排数字人主播的出场时间和直播内容。

● 技术人员：数字人直播的幕后英雄，需要应对各种突发事件，还要有一定的服务器和网络技术知识。

随着数字人直播技术的升级和完善，未来数字人主播会更加逼真，能够实现更加自然、流畅的动作和表情，还能进行更加智能的交互和创作。而且随着数字人生产技术的不断提升，人们可以更加轻松地创建自己想要的数字人形象。因此，未来数字人主播在品牌营销和商业变现领域的前景十分广阔，值得重视和期待。

3.3 主播人设打造策略

主播人设的打造对直播带货而言具有决定性的作用。主播不断输出专业内容，在内容中展现自己的风格，逐渐形成个性化标签，久而久之就会形成人物知识产权（Intellectual Property，IP），用户会特别信任主播及其所说的话，愿意购买主播推荐的商品。

3.3.1 培养主播直播的基本能力

在直播行业中，主播是重要的人才资源，具有高素质主播的直播间往往能获得很好的直播效果。

在直播中，主播是商家或企业联系用户的重要环节，主播的各种表现在很大程度上决定了直播能否吸引用户的注意。主播的基本能力是影响直播成果的关键因素，所以培养主播的基本能力至关重要。主播直播的基本能力如图3-5所示。

图3-5　主播直播的基本能力

1. 形象管理能力

形象管理主要是指主播的仪容仪表管理，以及所选的商品要与自身形象气质相契合。其主要体现在以下3个方面。

（1）精致的妆容

"爱美之心，人皆有之。"人人都喜欢美好的事物，主播当然要把自己美好的一面展现给用户。精致的妆容既是对自己的尊重，也是对用户的尊重，更容易获得用户的关注。

（2）整洁、得体的着装

大方、得体是对主播形象的基本要求。主播的穿着要整洁、得体，以简洁、自然、大方为原则，契合直播主题，争取与直播内容、直播环境、用户群体等层面保持一致，可以突出自身优势但不可触及法律底线。主播切忌为引人注目而穿得过于夸张，或者过于暴露，否则只会适得其反，导致直播失败，甚至被封禁账号。

（3）所选商品符合主播形象

主播应根据自身专业水平或自身性格特征来选择与自己形象气质相契合的商品。例如，活泼可爱型主播可以推荐有创意、好玩、新奇的商品，这样更能吸引"90后""00后"等目标群体；成熟稳重型主播可以推荐性价比高、有实用价值的商品，或者推荐知识教育类商品，为用户提供价值，这样有助于赢得目标用户群体的信任。

2. 语言表达能力

主播要想获得用户的认可和支持，除了保持良好的形象，还需要具有良好的语言表达能力，说话要具有亲和力、感染力，并且尽量打造自己的语言特色，用语言来调动直播间的气氛。

（1）语言幽默化

幽默永不过时，是吸引用户的一大法宝。幽默的语言不仅能在直播中起到"润滑剂"的作用，还能彰显主播的睿智、内涵与修养。

（2）语言要有亲和力

亲和力是一种助力人与人之间沟通交流的能力。直播行业中的知名主播大多具有很强的亲和力，在直播中能热情地对待每一位用户，就像真诚地对待自己的朋友一样。

（3）积极互动，有效沟通

主播与用户互动时要真情实感，对用户说的话进行逻辑分析，探究用户的真实意图。运用语言表达进行有效的沟通，可以避免引起用户的质疑或反感，避免造成用户流失。

（4）表达内容丰富

要想满足庞大的直播用户群体的需要，直播内容必须丰富，因此主播要具有内容创作能力，且内容要有内涵和趣味。主播可以运用自己的专业知识从多方面阐述商品的优势，传递商品的价值，从而赢得用户的信任与追随，最终引导用户完成交易。

3. 良好的心理素质

无论做任何事情，人们都要保持自信、乐观的心态。如果不自信，就会有各种顾虑，产生恐慌。直播不是彩排，主播必须有强大的心理承受能力，面对用户负面、消极的声音时能够理智、冷静地处理。主播在受到各方面的压力与挫折时，要能快速调整自己的心态，善于疏导自己的情绪，及时反省。

在直播最开始的阶段，观看人数可能会比较少，这时主播更需要努力坚持，不要轻言放弃，要有专业的直播精神，尽职尽责地完成每一场直播，从而不断积累经验，快速成长。

4. 灵活的应变能力

主播也是一种特殊形式的销售人员，不仅要会推荐商品，还要能快速解答用户的问题，当然，这需要成长和学习的过程。即使准备工作做得再充分，直播过程中也难免会发生突发状况，这时就需要主播具有一定的灵活应变能力，保持冷静，沉稳、机智地处理，这样才有利于提升用户的信赖感。

例如，某主播首次在京东平台上直播售书，刚一开播就出现了各种意外情况，先是10多分钟没有声音，只有画面，接着又出现几分钟黑屏，只有声音。但是该主播反应迅速，没有声音时，就和团队成员上演哑剧小品，表演的内容是"领导训斥工作没做到位的员工，员工想尽办法求放过"，幽默的演绎吸引了更多的用户；出现黑屏时，主播又让团队里擅长唱歌的人一边唱歌一边与用户互动，成功地挽救了"翻车现场"。这种灵活应变能力是优秀主播必备的基本能力，能够使主播在遇到危机时化险为夷，很好地掌控直播现场的节奏。

3.3.2　主播直播带货必备的专业能力

主播要想成功地通过直播带货，除了具备以上基本能力，还必须具备直播带货必备的专业能力，如图3-6所示。

1. 商品讲解能力

优秀的主播一定是销售高手。对于销售者来说，了解商品的专业知识且能透彻地讲解商品信息是一种基本能力。

主播要熟练掌握商品的基础知识，全面了解商品的信息，清楚商品的卖点，讲解商品时能够突出商品亮点，灵活运用专业词汇为品牌背书，并延伸话题，将商品带入各种应用场景，从而提升用户的信任度。

图3-6　主播直播带货必备的专业能力

例如，主播如果要推荐一款面膜，就要熟知面膜的主要功能、正确的使用方法，不同肤质对面膜功能的不同需求，以及这款面膜与其他同类商品的差异等方面的专业知识，再通过互动给予专业性的解答，解决用户提出的问题，塑造专业性较强的主播形象，提升用户的信任度，引导用户做出购买决策。

2. 商品带货能力

由于承担着销售者的角色，主播必须提升带货能力。当然，主播带货能力的提高不是一蹴而就的，而是循序渐进的，需要经过不断的学习、复盘和总结来积累经验。主播带货能力的提高主要分为 3 个阶段，如图 3-7 所示。

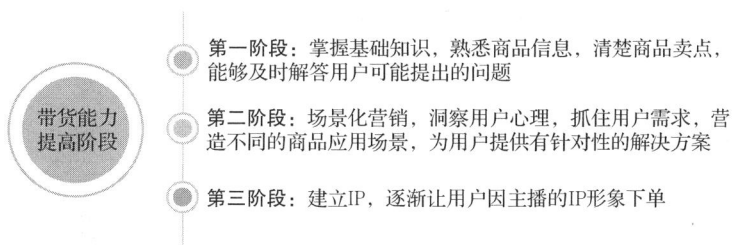

图3-7　主播带货能力提高的3个主要阶段

3. 直播控场能力

直播控场的目的是根据直播流程，在从冷启动到人气增长再到人气稳定的过程中，把控好直播间的氛围，控制住直播的节奏，引导用户互动，进而促成用户下单。

主播的直播控场能力主要体现在以下几个方面。

（1）营造直播间的氛围

主播要擅长营造直播间的氛围，知道在什么情况下要活跃气氛，调动用户的积极性。例如，主动引导用户刷屏、点赞；当转粉率较低时积极引导用户关注自己。营造直播间的氛围可以使用户沉浸其中，提升用户的观看体验，延长用户的停留时长，从而带动直播带货的节奏，诱发用户的从众心理，促成其下单。

（2）上架与讲解商品

直播前要做好商品排序，根据现场营销效果随时调整商品上架顺序或循环上架商品。单品上架时间一般为 10 分钟，效果不好可以立即切换商品，效果好可以适当延长上架时间。例如，主播可以根据实际情况用"引流"款商品来增加互动和流量，还可以根据互动氛围、在线人数随时插入利润款商品。

（3）打消用户的顾虑

主播可以通过延伸话题来营造商品的应用场景，提供解决方案，强调价格优势，打消用户在价格上的疑虑；用权威背书，打消用户对商品质量的顾虑，提升用户对品牌的认可度。

（4）与助理密切配合

主播在讲解商品时，要与助理密切配合，共同吸引用户的注意力，"种草"商品，引导用户下单，同时及时解决弹幕中用户提出的问题。另外，助理要做好辅助工作，控制直播节奏，及时处理不友好用户。

（5）与用户互动

主播与用户互动的方法如下。

● **多用问句**：问句可以激发用户的交流欲望，活跃直播间的互动气氛，也可以让主播进一步了解用户对商品的需求，如"你们想不想要？喜不喜欢？"

● **进行商品比价**：例如，与淘宝店铺、实体店及其他主播的直播间做对比，凸显自己直播间商品的价格优势。

● **推出粉丝专享特价款**：设置只有主播的粉丝才有机会购买的专享特价款商品，这能在一定程度上为用户关注主播提供心理动力。

● **实时改价**：将商品原价挂出或不设置价格，或者设定一个比较夸张的价格，与粉丝就价格进行互动，等商品上架时临时改价。

● **主推款送赠品**：例如，有的主播会定制一些印有自己头像或名字的抱枕、手机壳等物品专门送给购买主推款商品的粉丝。

● **邀好友，承诺赠送福利**：直播间的人气不高时，主播可以请求直播间里的用户邀请好友前来观看直播，并承诺直播间观看人数达到多少时会向用户赠送福利，如优惠券等。

3.3.3 构建主播自身调性

直播内容决定了直播的大方向和基调，但就主播而言，还需要形成自己的风格，让用户形成对主播的整体认知。每个主播都有独特性，独特性决定了整体调性，而调性是建立在用户认知的基础上的。

优秀的主播要构建明确、富有个性的调性，以便圈定特定的目标用户群体，形成共同的话题，吸引用户积极参与话题讨论，并在用户心中留下深刻的印象。

主播的调性对直播的效果起重要作用，也是直播营销的关键。主播与用户分享特定的内容，塑造自己有吸引力的亮点，从而吸引有共同兴趣爱好、共同价值观的用户群体。但是，直播内容对于直播营销来说有一定的局限性，直播内容没有特定的指向性和规律性，因此要想吸引住用户，主播就要形成自己的调性，用自己的人格魅力来吸引用户。

主播要构建自身调性，培养独特的直播风格，用个性化的直播方式来调动用户的听觉、视觉、感觉等。在构建自身调性时，主播可以从以下 6 个方面入手，如表 3-5 所示。

表 3-5 构建主播自身调性的方法

方面	方法
直播方式	从幽默式、表演式、严肃式等直播方式中，选择适合自己的直播方式
镜头感	对着镜子培养自己的镜头感，努力给用户营造面对面交流的感受
情感	建立情感桥梁，让用户表达自己的观点、看法和想法，以达到情感共鸣
情绪	用饱满的情绪介绍商品，模仿、学习各种表情，带给用户愉悦的体验
语速、语调	语速加快，为平时的 1.5 倍；语调高低起伏、自然切换
音量	音量稍大，清晰地传达信息，用热情感染用户

3.3.4 打造主播人设

主播是直播的灵魂，优秀的主播自带流量，鲜明的人设是直播带货的先决条件。人设就是对人物的设定，主播通过人设可以让自己的定位更加鲜明、立体，让用户通过一个关键词或一句话就能记住自己。塑造人设对直播营销有非常重要的作用，首先主播可以通过人设展示自己的与众不同；其次，人设可以让用户对主播产生深刻的印象，迅速拉近主播与用户之间的距离；最后，人设有助于让用户在看完直播后还想见到主播，提升用户的关注欲望，这对于增加直播间的流量来说至关重要。

主播在打造人设时，要着重考虑以下几点。

1. 挖掘自身闪光点

在塑造人设时，主播要以自身特点为出发点，适当放大自己的闪光点，在镜头下展现自己的真实特征，以吸引和感染用户。人设一定要真实，切忌一味追求完美的人设而脱离实际。

主播在打造人设时，可以选取自己的一两个闪光点，也可以通过自己的身份引发用户的共鸣，这样更有利于用户记忆和识别。例如，身材很好的人，可以做服装主播；会化妆、肤色好的人可以做美妆主播；"宝妈"群体适合推荐婴幼儿用品，如玩具、绘本、食品等。

2. 提高自身辨识度

当直播市场渐入饱和状态时，差异化就是制胜的法宝。因此，主播要明确自己的人设定位，找到切合自己特点的专属标签。例如，快手平台上某美妆主播曾经是商务礼仪老师，熟知化妆技巧又积累了丰富的美妆护肤经验的他在直播时宣称"直播不开美颜"，那么"拥有丰富的美妆护肤经验""直播不开美颜"就是他打造的具有很高辨识度的人设。

3. 形成风格化的话术

形成颇具个人特色的直播话术有利于为直播营销赢得更多成功的机会。提高直播话术的方法是多听、多练、多总结，主播要学会解构其他主播直播话术的逻辑，分析其切入话题的方式，如说话时的动作、语气、节奏甚至眼神等，从中汲取经验，从而不断提高自己直播时的语言表达能力。

4. 强化IP在用户心中的印象

要想让更多的用户记住自己，首先要获得用户的信任，引发他们的共鸣。信任来源于专业，之前学过的专业或从事的职业都是很好的背书。共鸣来源于经历、爱好、情感和观点，把这些话题适当地穿插到直播中，更能体现主播的人格魅力，同时也让人设更加立体、饱满。需要注意的是，人设一旦设立，就不要随意改变，更不能胡乱跟风追热点，而要长久坚持，通过持续产出与人设高度一致的内容，不断强化用户对主播IP的印象，继而不断提升用户的黏性。

5. 选对商品，强化人设

选对商品对于主播来说也尤为重要，合适的商品对于人设的塑造具有强化作用。主播要选择符合自身定位、契合自身人设的商品，并且愿意把其分享给用户，这样做能够为人设的打造锦上添花。

6. 了解目标用户群体，调整人设标签

主播在进行人物设定时，要充分考虑人设面向的主要用户群体，通过对目标用户群体的调研，明确用户画像，继而从目标用户的视角重新审视人设的标签，去掉目标用户偏好较少甚至排斥的标签，这样可以使主播的人设对特定用户群体产生充分的吸引力，并不断提高黏性。

3.3.5 明确主播人设定位

主播人设的定位可以从 5 个维度进行明确，如表 3-6 所示。

表 3-6 人设定位的 5 个维度

人设定位的维度	说明
我是谁	确定身份，如发起人、创始人、传播者、联合创始人等 确定形象，使形象具有辨识度 直播间的名字要与主题呼应，信息明确
面对谁	用户群体的地域、年龄、性格、偏好、收入状况、消费能力
提供什么	突出自己的核心竞争力，如推荐的商品质优价廉
在什么地方	电商类，如淘宝、京东、拼多多等 短视频类，如抖音、快手等 线下类，如供应链基地、实体店等
解决什么问题	解决用户痛点需求 提供品质好货

例如，一位销售经验丰富的美妆店员想尝试直播销售美妆产品，可以根据以上 5 个维度来明确人设定位。

（1）我是谁：我是一名美妆店员，销售经验丰富，热情诚恳，个人形象落落大方，平时喜欢使用口红，让自己更有精神和活力。

（2）面对谁：面对的是追求改善气色、喜欢时尚的年轻女性用户。

（3）提供什么：提供美妆店内的招牌美妆产品。它们价格不高，是店内的畅销款。

（4）在什么地方：在美妆店内通过直播将推荐的产品放在各大电商平台上进行销售，同时线下的美妆店也同步销售。

（5）解决什么问题：满足年轻女性群体对美的追求。

围绕用户对美妆产品的核心诉求是追求美这个问题，打造一个接地气、擅长让自己变美的主播，全心全意为用户寻找更适合她们的美妆产品。这一人设定位要传达给用户的理念是："爱自己，就要自己好看。"因此，直播间的口号可以是"寻找最美的你"。

3.3.6 "帮传带"，打造主播品牌"连锁店"

很多超级主播拥有大量的粉丝和巨大的影响力。为了形成流量复利，利用自己的影响力，主播团队要不断培养新主播，形成主播品牌"连锁店"，通过"传帮带"培养主播带货家族。壮大的家族式主播团队可以产生强大的粉丝效应，为带货价值持续增长提供保障。

3.4 商家直播选择主播的策略

有些商家在选择主播时会很盲目，认为只要主播人气高，带货能力就肯定不会差。其实，他们忽略了一个重要问题，即高流量不等于高转化。商家在选择主播时，可以遵循一定的规律，使用一定的策略。

3.4.1 明确主播的类型

对于商家来说，主播主要分为3类，如图3-8所示。

1. 商家主播

商家主播是指由商家负责人亲自上阵，担任主播。一般来说，电商直播行业的中小玩家会选择这种方式。

这类主播的优点在于，商家负责人对自身店铺的经营状况和商品特性有更深入的了解，所以在介绍商品时会更全面，而且会对直播投入大量的精力；其缺点在于，商家负责人的精力和时间有限，直播能力也是因人而异，参差不齐。因此，商家主播在刚直播时要多学习同行的直播方式与经验。

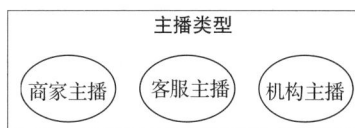

图3-8 主播类型

2. 客服主播

客服主播是指由外在条件和表述能力较好的客服或员工担任主播。有经营团队的商家一般会用这种主播。

这类主播的优点在于多人可以相互替换，进行持续直播、多时段直播，以获得更多的流量；其缺点在于客服的性质决定了其专业度，他们对平台的把控和对商品特点的了解程度还不够深，在直播时容易出错。因此，商家要对客服主播进行专业培训，并建立相应的考核制度，以增强客服主播对商品知识和用户需求的把控。

3. 机构主播

机构主播是指商家结合自身能力，请专业直播机构或直播达人担任主播。这类主播的优点在于拥有专业的直播知识和技能，直播时间充裕，可以很好地占据热门直播时间段；其缺点在于对商品和商家缺乏足够的了解，在挖掘商家需求上存在一定的难度，且需要商家投入较高的成本。

机构主播适合有一定基础的商家。商家在机构主播撰写直播脚本的过程中要多参与，尤其要将对商品卖点的描述尽可能详细地传达给机构主播。在直播过程中，商家也要及时提醒机构主播，而不能放任其随意直播。

3.4.2 多渠道搜集主播资源

商家可以从多个渠道搜集主播资源，寻找合适的主播。搜集主播资源的渠道有以下几种。

1. 渠道供应公司

渠道供应公司做的是渠道外包和渠道营销策划，拥有非常丰富的线上和线下资源，包括拥有大量的主播资源，且这些主播是渠道供应商筛选过的，流量真实性较高。

2. 直播间

商家在直播间看到中意的主播后，可以通过私信等方式联系主播，表达合作意向。主播看到私信后，如果感兴趣就会在下播后与商家沟通合作事宜。

3. 主播所在的MCN机构

商家也可以通过联系主播所在的 MCN 机构来与主播取得联系。MCN 机构可以帮助作为货源方的商家链接带货主播，这种方式一方面能够让商家找到合适的带货主播，另一方面能够让MCN机构拥有更好的货源，从而使自身获得更长久的发展。

4. 电商平台

商家可以在电商平台提供的营销工具上设置直播商品推广计划，主播觉得商品佣金合适且符合自身定位就会直接去推广。商家只需查看后台数据，根据情况结算佣金。

3.4.3 考虑主播匹配度

寻找主播的关键是选择适合商品属性的主播。商家不明确自己的诉求、不清楚主播擅长的商品或主播的互动能力，都会导致主播对商品或品牌的推荐宣传不到位，进而影响商品的销量，所以考虑主播的匹配度非常重要。

1. 明确自己的诉求

商家挑选主播时，可以借助一些数据查询工具查询主播的直播数据，如电商直播分析平台灰豚数据，如图3-9所示。

图3-9 灰豚数据

商家通过直播数据查询工具可以查看主播的粉丝数量、平常的直播频率、直播时间、点赞数、评论数等，还可以进行实时查询，在主播直播时查看同一时段、同一领域的大盘流量，以此来判断主播在行业内的影响力。当然，商家也可以通过榜单排名来查看主播的实力。

商家要明确自己的诉求，根据诉求来确定数据要求，不要盲目追求商品销量或直播间人数，因为有些商家追求的是品牌商品曝光，推广新品;有些商家追求的是商品销量，库存清仓，快速回笼资金;还有些商家追求的是品销合一，既要求一定数量的曝光，也要求有一部分的转化。

2．了解主播擅长推荐的商品

商家除了要了解主播的流量数据和直播数据，还要了解主播的用户画像和带货数据，择优录用主播。例如，商家可以通过数据分析平台"蝉妈妈"的数据大屏查看主播的直播数据，如图 3-10 所示，了解带货主播的"涨粉"量、累计观看人次、商品数、总销量、独立访客（Unique Visitor，UV）价值和用户画像，进而掌握主播的专业带货能力。

图3-10　在"蝉妈妈"平台查看某主播的直播数据

3．了解主播的互动能力

商家可以通过观看主播的直播或直播视频回放了解直播间的粉丝互动率和直播氛围，也可以通过数据分析平台查看直播数据分析。

总之，商家在寻找主播时要特别慎重，前期需要做充足的准备和数据调研，从多个方面对查询的数据进行综合分析，了解并掌握主播的真实情况，找到真正适合自身商品属性的主播——既要有人气、能力，又要熟悉商品，还能满足商家的诉求。

3.5 主播助理的培养

直播绝不是一场单人"脱口秀"，其考验的是主播和助理的配合默契度。现在大多数直播间都有助理，助理和主播都是不可或缺的存在。没有助理，主播很难兼顾介绍商品和运营直播间。

3.5.1 主播助理的类型

根据工作性质，主播助理可以分为前场助理和后台助理，前场助理又有出镜、不出镜或很少出镜两种，如表 3-7 所示。

表 3-7　主播助理的类型及工作职责

助理类型		工作职责
前场助理	出镜	主要充当主播的模特，试穿衣服，试用商品，帮助主播补充介绍商品信息，回答用户提出的问题，向用户演示领取优惠券的方式或下单流程等，调动直播间的气氛，把控直播的节奏，在主播有事时临时充当主播的角色
	不出镜或很少出镜	在场外通过画外音或文字的形式对主播提到的商品或优惠信息做出补充，配合主播完成直播
后台助理		负责配合直播间的所有现场工作，如调试灯光设备，摆放商品，修改商品价格，上线优惠链接，转化订单，解决发货、售后等问题

有些前场助理经常在直播间里出镜，在主播短暂离开期间代替主播展示商品，而且积累了自己的用户群和粉丝。这类助理属于达人直播的助理，由于与某个固定主播长期合作，在直播间几乎相当于半个主播。

一般商家的直播更加流程化和标准化，其直播模式是 1 个主播 +1 个助理，助理很少出镜，更多时间在场外通过画外音与主播互动，辅助直播营销。

3.5.2　主播助理的必备技能

一个优秀的主播助理需要掌握 4 个必备技能，如表 3-8 所示。

表 3-8　主播助理的必备技能

必备技能	技能说明
广告传媒能力	懂得如何吸引更多的粉丝，使直播间人气更高，如设计一张足够吸引粉丝的直播封面，策划一场有利于"吸粉"的直播活动等
团队沟通协作能力	必须与主播保持紧密、良好的沟通，即使主播只用了一个眼神或动作，自己也能马上明白主播的意图，达到"心有灵犀"的默契程度
商品销售能力	需要了解直播商品的基本行业知识、所有的商品信息和卖点，如某款衣服的受众对象是谁，怎样挖掘用户的痛点，提供解决用户需求的方案等
直播引流与运营能力	需要了解直播平台的推荐机制和直播间的运营技巧，研究如何通过提高直播间浮现权来尽可能多地获取自然流量，也要深度了解直播的技巧和需要避开的点，从而得到更优质的商业流量

3.5.3　主播助理的工作内容

无论是前场助理还是后台助理，直播助理的工作都必须从开播前开始，为直播的顺利开展做好充分的准备。例如，充分了解本次直播的所有商品，与主播一起制定直播策略，熟悉发放优惠券的方式、时间点及商品链接、下单流程等，并提前确认直播场地和灯光布置等。主播助理的具体工作内容如表 3-9 所示。

表 3-9 主播助理的具体工作内容

主播助理工作	工作内容
直播的准备工作	协助团队成员选品，提前了解商品信息，摆放备播商品，确认直播场地，调试直播设备等
掌控直播节奏	活跃直播间气氛，帮助主播掌控直播节奏，如提醒主播直播活动的时间点等，提示用户关注主播，及时回答主播未顾及的用户提出的问题等
运用促单道具	根据活动策划，适时使用计算器、秒表、道具板等道具辅助主播促成用户下单，顺利完成直播营销
应对突发状况	主播离席时及时补位，维持直播间的热度；直播时出现声音、画面不正常时，及时检查维护；直播出现问题（如商品链接、价格、优惠券、红包与主播宣传不符等）时，灵活应对
配合主播	全方位配合主播，如主播问商品库存还有多少时，助理可以合理地根据直播间人数汇报库存；配合主播试用商品，强调试用商品后的效果，促成用户下单

助理与主播的配合需要掌握好分寸，配合太少无法起到辅助直播的作用，配合得过于频繁可能会引起用户的反感。助理要了解主播的个性特征和直播节奏，这样才能提高配合的默契程度。当然，这种恰到好处的配合并不是立刻就会形成的，而是需要经过长时间的团队磨合逐渐形成的。

课后习题

一、填空题

1. 个人直播团队的组织架构包括 _____ 团队、_____ 团队和运营团队。

2. 对于商家来说，主播可以分为三类，即 _____、_____ 和 _____。

3. 商家可以从多个渠道搜集主播资源，寻找合适的主播，主要渠道包括 _____、直播间、主播所在的 MCN 机构、_____。

二、选择题

1. 标配版直播团队配置的人数一般是（　　　）。

A. 1～2 人　　　　　　　　　　B. 4～5 人

C. 6～7 人　　　　　　　　　　D. 10～12 人

2. 与真人主播相比，数字人主播具备的优点不包括（　　　）。

A. 工作时长固定　　　　　　　　B. 成本较低

C. 直播形式较为灵活　　　　　　D. 可控性较高

3. 下列属于主播直播的基本能力的是（　　　）。

A. 形象管理能力　　　　　　　　B. 商品讲解能力

C. 商品带货能力　　　　　　　　D. 直播控场能力

4. 下列不属于前场助理的工作职责的是（   ）。

A. 充当主播的模特
B. 利用画外音补充商品信息
C. 向用户演示下单流程
D. 修改商品价格，解决售后问题

三、简答题

1. 简述主播直播的控场能力体现在哪些方面。
2. 主播在打造自身人设时，需要重点考虑哪些方面？

第4章

直播方案策划：以直播脚本指引直播活动执行

知识目标

➢ 掌握直播营销活动流程的规划方法。

➢ 掌握各种直播活动脚本的设计方法。

➢ 了解虚拟场景直播和虚拟数字人直播。

能力目标

➢ 能够规划"过款式"和"循环式"直播流程。

➢ 能够设计直播前准备工作策划脚本。

➢ 能够设计单品脚本和整场直播活动脚本。

素养目标

➢ 坚持科技是第一生产力、创新是第一动力。

➢ 提升统筹规划能力，高效执行直播营销活动。

做直播时，最容易犯的错是开播前才发现没有整理好直播的素材和活动内容，因此提前写好直播脚本可以帮助主播清楚地梳理直播细节和直播流程，让整场直播的内容有条不紊，并控制好直播的节奏。

4.1 直播营销活动流程规划

直播营销活动的持续时间比较长，所以在直播前要做好直播营销活动的流程规划。合理的直播营销活动流程规划可以帮助主播更好地把控直播节奏，保障直播的顺利进行。

4.1.1 "过款式"流程

所谓"过款式"流程，是指在直播中按照一定的顺序一款一款地讲解直播间里的商品。由于一场直播持续的时间较长，直播期间会不断有用户离开直播间，也会不断有新用户进入直播间。因此，在直播结束前20分钟左右，主播可以将本场直播中的所有商品再快速地过一遍，这样不仅可以让新进入直播间的用户了解本场直播中的各款商品，还可以形成一些订单，提高本场直播的成交额。

表4-1所示为一场时长为2小时的"过款式"直播流程。

表4-1 "过款式"直播流程

时间安排	直播内容
20:00～20:10	热场互动
20:10～20:30	介绍本场直播第1款商品
20:30～20:50	介绍本场直播第2款商品
20:50～21:00	与用户互动
21:00～21:20	介绍本场直播第3款商品
21:20～21:40	介绍本场直播第4款商品
21:40～22:00	再次将本场直播中所有商品快速地介绍一遍

4.1.2 "循环式"流程

"循环式"流程就是在直播中循环介绍直播间中的商品。假如在一场直播中主播要推荐4款商品，那么，主播可以以30～40分钟为一个周期，将4款商品在一场130分钟的直播里循环3～4遍。表4-2所示为一场时长为130分钟的"循环式"直播流程。

表4-2 "循环式"直播流程

时间安排	直播内容
20:00～20:10	热场互动
20:10～20:40	介绍本场直播中的3款主推款商品
20:40～20:50	介绍本场直播中的1款"宠粉款"商品
20:50～21:20	介绍本场直播中的3款主推款商品（第一次循环）
21:20～21:30	介绍本场直播中的1款"宠粉款"商品（第一次循环）
21:30～22:00	介绍本场直播中的3款主推款商品（第二次循环）
22:00～22:10	介绍本场直播中的1款"宠粉款"商品（第二次循环）

4.2 直播活动脚本设计

影响一场直播的决定性因素是主播的内容输出。直播的内容有特色，才能更容易地吸引到他人。那么，如何打造一场成功的直播呢？设计优质的直播脚本是关键因素之一。

4.2.1 直播脚本的作用

直播脚本的作用就是为整场直播做出全局性谋划。一份清晰、详细、可执行的直播脚本是直播顺利进行，并取得良好效果的有力保障。具体来说，直播脚本的作用主要体现在以下3个方面。

1. 提高直播筹备工作的效率

在直播前，直播运营团队需要做好充足的直播规划，不能临近开播才去考虑直播主题如何设置、直播场景如何搭建、相关优惠活动如何设置、直播人员如何配置等问题，这样容易出现人员职责不清、相关细节考虑不周等问题。在开播前制作直播脚本，能够帮助参与直播的人员了解直播流程，明确每个人的职责，让每个人各司其职，从而保证直播筹备工作有条不紊地展开。

2. 帮助主播梳理直播流程

直播脚本能够帮助主播了解本场直播的主要内容，梳理直播流程，让主播清楚地知道在某个时间点应该做什么、说什么，以及哪些事项还没有完成等，避免主播在直播中出现无话可说、活动规则解释不清楚等情况。一份详细的直播脚本甚至在主播话术上都有技术性的提示，能够帮助主播保持语言上的吸引力，游刃有余地与粉丝进行互动。

3. 控制直播预算

鉴于直播预算有限，中小卖家可以在直播脚本中提前设计好自己能够承受的优惠券面额、红包金额、赠品支出等，从而控制直播预算。

4.2.2 直播前准备工作策划脚本的设计

一场优质的直播是需要提前策划的，直播运营团队可以通过撰写直播前准备工作策划脚本来规划直播前的准备工作。直播前准备工作策划脚本有利于提高直播的效率，降低直播中出现错误的概率。以淘宝直播为例，直播运营团队可以参考表4-3来设计直播前准备工作策划脚本。

表4-3 直播前准备工作策划脚本

时间	工作内容	具体说明
直播前16～20天	选品	选择要上直播的商品，并提交直播商品的链接、折扣价
	确定主播人选	确定是由品牌方提供主播，还是由直播运营团队提供主播
	确定直播方式	确定是用手机进行直播，还是用相机进行直播

时间	工作内容	具体说明
直播前 8～15天	确定直播间活动	确定直播间的互动活动类型和实施方案
直播前 6～7天	寄送样品	品牌方如果是自己提供主播、自己做直播，则无须寄送样品；品牌方如果是请达人主播或专业的MCN机构做直播，则需要向达人主播或MCN机构寄送样品
直播前5天	准备创建直播间所需的相关材料	准备直播间封面图：封面图要符合直播平台的相关要求 准备直播标题：标题不要过长，要具有吸引力 准备直播内容简介：用1～2段文字简要概括本场直播的主要内容，要重点突出直播中的利益点，如抽奖、直播专享优惠等 准备直播间商品链接：直播时要不断地在直播间发布商品链接，让用户点击链接购买商品
直播前 1～4天	直播宣传预热	采取多种方式，通过淘宝关注页、微博、微信等渠道对直播进行充分宣传

4.2.3 直播中单品脚本的设计

单品脚本就是针对单个商品的脚本。在一场直播中，主播会向用户推荐多款商品。主播必须对每款商品的特点和营销手段有清晰的了解，才能更好地将商品的亮点和优惠活动传达给用户，刺激用户产生购买欲。因此，为了帮助主播明确商品卖点，熟知每款商品的福利，直播运营团队应为直播中的每款商品都准备一个对应的直播脚本。

直播运营团队可以将单品脚本设计成表格形式，将品牌介绍、商品卖点、直播利益点、直播时的注意事项等内容都呈现在表格中，这样既便于主播全方位地了解直播商品，也能有效地避免人员在对接过程中产生疑惑或不清楚的地方。

表4-4所示为某品牌一款电冰箱的单品脚本。

表4-4　某品牌一款电冰箱的单品脚本

项目	商品宣传点	具体内容
品牌介绍	品牌理念	××冰箱以"智能生活,智造未来"为品牌理念,致力于为消费者提供更智能、更便捷、更健康、更环保的生活体验
商品卖点	三门三温	三门精细储鲜,食材储存不串味。上门为冷藏室,可储藏果蔬、熟食、鸡蛋等;中门为软冷冻室,可储藏海鲜、肉类等;下门为冷冻室,可储藏海鲜、肉类和冰激凌等
	用电量少	每天的电费低至4角,为您的生活精打细算
	容量大	218升大容量,满足三口之家一周所需,囤鲜无压力,营养不流失,让您每天都吃新鲜菜
	制冷技术强	风冷技术,告别手动除霜,制冷快速均匀,不直吹食物,避免食物风干,让您享受无霜鲜生活
	智能控温	感知外部温度变化,自动调节制冷系统,智能电子控温,搭载独立的感温探头,双重精准控温,保温效果更好

续表

项目	商品宣传点	具体内容
直播 利益点	"6·18"特惠提 前享	今天在直播间内购买此款电冰箱享受"6·18"同价，下单时备注主播名称 即可
直播时的注意事项		直播间界面显示"关注店铺"卡片； 引导用户分享直播间、点赞等； 引导用户加入粉丝群

对于商家来说，开展直播营销的目的一般是激发用户的兴趣，促使用户即时成交，所以会在直播中突出场景化。为了实现这一目的，商家可以采用一种特殊的单品脚本，即列阵式脚本单元。

列阵式脚本单元是指一个脚本单元的时长为 5～10 分钟，其中包括货品介绍 3～5 分钟、介绍活动卖点 2～3 分钟、与用户互动 3～4 分钟。这三项组成了一个单品的列阵式脚本单元，而整场直播都以这个单元循环进行。

例如，一场直播包含 30 个单品，就需要撰写 30 个列阵式脚本单元的脚本，使它们随意组合，如货品 A 对应活动 B，对应用户互动方式 C，以此来实现有效控制直播间节奏和现场氛围的目的。

列阵式脚本单元的特点如下。

● 节奏把握难度低。在传统的直播脚本中，主播如果在直播过程中临时改变商品的上架顺序，难度非常大；按照列阵式脚本单元进行直播，主播可以随着直播间的状态快速调整商品的上架顺序，把控好直播的节奏。

● 激活直播后台的推流能力。列阵式脚本单元的节奏很紧凑，每 5～10 分钟就有一次福利活动／互动，可以激活直播间的各项指标，进而达成推流。

● 主题明确。按照列阵式脚本单元进行直播，可以减少铺垫，明确主题，增加话术中的信息量，从而延长用户在直播间的停留时间。

● 减轻主播压力。主播把控 10 分钟的现场节奏后，就可按照既定的节奏进行讲解。这是把整场直播化整为零的做法，可以极大地减轻主播控场的压力。

列阵式脚本单元的结构包括本场活动卖点介绍、商品介绍、用户互动等。由于直播间的用户流动性比较大，很多新进来的用户没办法知道主播前面说的话，所以主播要在直播过程中反复强调本场活动的卖点，宜每隔 5～8 分钟介绍一次。在介绍商品时，主播要清晰地表达出商品的卖点。例如，商品的款式新颖，就要把这个卖点放大。列阵式脚本单元还要介绍商品的利益点，可以是优惠后的价格，也可以是商品本身的价值。

下面以一个玩具商家的直播为例，介绍列阵式脚本单元的内容结构，如表 4-5 所示。

表 4-5 列阵式脚本单元的内容结构

时间	内容	话术	活动
20:00～20:03	介绍本场活动 卖点	大家好，这次直播的主题是"为毛绒玩具找搭档"，即把颜色搭配和谐的玩具放在一起，让它们成为好朋友。镜头前的朋友可以带着孩子一起参与，提高孩子的审美意识和色彩鉴别能力。而且我家的毛绒玩具外观可爱，深受孩子们的喜欢，不知道大家准备好了没有？准备好了请发送"准备好了"，本场活动可是有福利的哦！我们会从参与活动的粉丝中抽选 10 位，赠送价格 198 元的毛绒玩具	免费送 10 个单价为198 元的毛绒玩具

续表

时间	内容	话术	活动
20:03 ～ 20:08	介绍商品	哇，为毛绒玩具找朋友的游戏已经结束了。现在我来给大家介绍一下手里的这款毛绒玩具。它除了外形可爱、颜色多样，还可以发光，灯光可以调成闪动模式，十分漂亮。而且这款毛绒玩具带有AI对话功能。有了这个玩具，孩子相当于有了一个玩伴	请用户在弹幕中发表对玩具的看法
20:08 ～ 20:10	与用户互动，运用话术促成下单	刚才在互动时我们已经送出去一个单价为198元的毛绒玩具，还有想要的吗？想要的在评论区打个"1"，主播马上开始抽奖	设置福利，引导用户发送数字"1"，从而提升直播间的活跃度

4.2.4 整场直播活动脚本设计

一场直播通常会持续几个小时。在这几个小时里，主播先讲什么、在什么时间互动、在什么时间推荐商品、在什么时间送福利等，都需要提前规划好。因此，直播运营团队还需要提前准备好整场直播活动的脚本。

整场直播活动的脚本是对整场直播活动的内容与流程的规划与安排，重点是规划直播活动中的玩法和节奏。通常来说，整场直播活动的脚本应该包括表4-6所示的几个要点。

表4-6　整场直播活动脚本的要点

直播脚本要点	具体说明
直播主题	从用户需求出发，明确直播的主题，避免直播内容没有营养。直播主题是吸引用户的亮点。如果没有直播主题，用户的停留时间不会太长，流动性会很大。需要注意的是，直播主题不要只突出"便宜"，因为"便宜"只是直播中的福利，而非主题。直播的主题应该能为大家提供一些有价值的信息
直播目标	明确直播要实现何种目标，是积累用户、提升用户进店率，还是宣传新品等
主播介绍	介绍主播、副播的名称和身份等
直播时间	明确直播的开始、结束时间。一场直播的时长不要小于2小时，应在固定的时间段开播，这样有利于用户养成观看直播的习惯。主播在选择直播时间时要找准目标用户群体，在目标用户群体的集中闲暇时段开播，而不是一定要在下班或晚饭后开播
注意事项	说明直播中需要注意的事项
人员安排	明确参与直播人员的职责。例如，主播负责引导关注、讲解商品、解释活动规则；前场助理负责互动、回复问题、发放优惠信息等；后台助理负责修改商品价格、与用户沟通转化订单等
直播流程细节	直播的流程细节要非常具体，能够详细说明开场预热、商品讲解、优惠信息、用户互动等各个环节的具体内容、操作方式等问题，如在什么时间讲解第一款商品、具体讲解多长时间，在什么时间抽奖等。应尽可能把时间都规划好，并按照规划来执行。但是，直播并不是一成不变的，直播脚本确定的流程细节也有可能在实际直播时发生变动，因此主播要在掌控大体流程的基础上根据用户的需求调整直播的节奏

优秀的整场直播活动脚本要考虑到细枝末节，让主播从上播到下播都有条不紊，让每个参与人员、道具都得到充分调配。表4-7所示为整场直播活动的脚本。

表4-7 整场直播活动的脚本

直播活动概述			
直播主题	夏季护肤小课堂		
直播目标	"吸粉"目标：吸引10万用户观看 销售目标：直播中推荐的3款新品的总销量突破10万件		
主播、副播	主播：×× （品牌主理人、时尚博主） 副播：××		
直播时间	2023年6月16日 20:00～22:30		
注意事项	合理把控商品讲解节奏； 放大对商品功能的讲解； 注意回复用户的问题，多与用户进行互动，避免直播冷场		

直播流程			
时间段	流程安排	人员分工		
		主播	副播	后台/客服
20:00～20:10	开场预热	暖场互动，介绍开场截屏抽奖规则，引导用户关注直播间	演示参与截屏抽奖的方法；回复用户的问题	向粉丝群推送开播通知；收集中奖信息
20:10～20:20	活动剧透	剧透今日新款商品、主推款商品，以及直播间优惠力度	补充主播遗漏的内容	向粉丝群推送本场直播活动
20:20～20:40	商品讲解	分享夏季护肤注意事项，并讲解、试用第一款商品	配合主播演示商品的使用方法，展示商品的使用效果；引导用户下单	在直播间添加商品链接；回复用户关于订单的问题
20:40～20:50	互动	为用户答疑解惑，与用户进行互动	引导用户参与互动	收集互动信息
20:50～21:10	商品讲解	分享夏季护肤补水的技巧，并讲解、试用第二款商品	配合主播演示商品使用方法，展示商品的使用效果，引导用户下单	在直播间添加商品链接；回复用户关于订单的问题
21:10～21:15	福利赠送	向用户介绍抽奖规则，引导用户参与抽奖、下单	演示参与抽奖的方法	收集抽奖信息

续表

直播流程				
时间段	流程安排	人员分工		
		主播	副播	后台/客服
21:15～21:40	商品讲解	讲解、试用第三款商品	配合主播演示商品使用方法，展示商品的使用效果；引导用户下单	在直播间添加商品链接；回复用户关于订单的问题
21:40～22:20	商品返场	对3款商品进行返场讲解	配合主播讲解商品；回复用户的问题	回复用户关于订单的问题
22:20～22:30	直播预告	预告下一场直播的时间、福利、商品等	引导用户关注直播间	回复用户关于订单的问题

4.3 虚拟直播策划

在直播行业的带动下，虚拟制作技术不断发展，虚拟直播及数字人行业也迎来高速发展，虚拟IP层出不穷，为线上直播带来了新的展现形式，可以呈现出多变的场景。高质量虚拟直播的打造，不仅与技术、软件和硬件设备有关，也与内容创意有关，从前期的营销策划到直播过程的推流分发，再到后期的复盘传播，每一个细节都需要进行精细的打磨。

4.3.1 虚拟场景直播

随着虚拟技术的不断发展，虚拟场景直播正在成为品牌的营销新阵地。虚拟场景直播打造的直播内容不仅可以将品牌的传播力度最大化，还可以打造符合商品调性的各种创意虚拟场景，给用户带来强烈的视觉冲击，使线上虚拟体验空间和线下消费场景连接起来，以达成高效转化。

虚拟场景直播除了在创意内容制作上有巨大的优势，还有抖音、快手、淘宝等平台的流量加持，这些平台都发布了对虚拟场景直播的运营扶持计划，迅速支撑起了品牌布局虚拟场景直播的增长曲线。虚拟场景直播在市场上的火爆，得益于技术、模式和场景的合作。在"网世代"文化下，个性、炫酷的虚拟场景在年轻用户群体中拥有巨大的吸引力。

搭建虚拟场景直播需要用到以下技术。

（1）VR技术

虚拟直播背景需要用到VR技术。只需一款软件、一台计算机、一台相机和一块尺寸为3米×6米的绿幕，就可以实现直播背景任意切换。VR技术可以实现360°的全景拍摄效果，让用户全方位地观看直播画面，获得更直观的视觉体验，打破空间与距离的界限。

（2）AR 技术

虚拟直播背景还需要使用 AR 技术，即在计算机中将虚拟与现实画面相结合，在直播时交替使用这些画面。将虚拟的物体放在真实的空间内，可以打造虚拟 IP，让它们在直播间与用户互动，吸引用户观看直播，提高直播间内的留存率。

（3）MR 技术

MR 技术是指混合现实技术，既包括 VR 技术，也包括 AR 技术，也是一半现实一半虚拟影像，但传统 AR 技术运用棱镜光学原理折射现实影像，视角比 VR 技术的视角小，清晰度也较差。为了解决清晰度和视角的问题，新型的 MR 技术应运而生。MR 技术搭配无延迟的直播技术，可以让用户体验虚拟与真实结合在一起的直播效果，有更真实的参与感。

（4）虚拟直播系统

企业可以使用虚拟直播系统，这是一种集虚拟制片技术、虚拟场景合成和导播台于一体的三维实时渲染直播系统。通过使用该系统，运营人员无须学习复杂的制片技术，就能轻松达到影视级别的直播画面效果。在开播前调试内置虚拟机位，一键实时运动，循环组合运镜，实现无人值守直播，仅需主播一人就能完成整场直播。

利用三维建模技术，运营人员可以完成大型舞台的搭建和炫酷的开场动画，无须搭建实景场景，并且在系统中可以一键切换不同场景，实现实景场地和虚拟画面的结合，为直播打造全新的场景。

为了打造高质量的虚拟场景直播，策划者可按照以下步骤进行全盘考虑与规划。

1. 创意策划，打造个性化的虚拟直播间

策划者要根据活动目的来策划主题，制定个性化的 3D 虚拟直播解决方案。在前期策划过程中，3D 场景的设计和 AR 特效的制作是完善内容的重要环节。3D 场景和 AR 特效不只是背景，而要与直播内容、人物互相融合，人物影调和场景虚拟灯光也要无缝契合，给用户带来沉浸式的直播体验。

在进行 3D 虚拟建模时，真人主播要站在绿幕前说话，运营人员要用摄像机拍摄高清视频画面，并将其实时传输到计算机，通过绿幕抠像功能将画面中的真人主播进行清晰完整的抠像，然后与个性化的 3D 效果场景素材自动渲染合成虚拟直播间。

2. 直播保障，专业团队全程服务

为了确保整场虚拟直播有高清的画面效果，直播稳定、不卡顿，整个虚拟直播过程都要有专业的直播保障，涉及前期演播室租赁、绿幕搭建，直播过程中的视频拍摄、网络传输、播出保障、舆情监控等。专业团队会提前在现场调试相关设备，多次排练，实时把控现场，预防突发事件，以保证直播获得稳定、有效的内容输出，使用户获得沉浸式的观看体验。

3. 推广宣传，活动前中后多渠道曝光

为了保证虚拟直播活动获得预期效果，策划者要制定完善的推广宣传方案，在直播活动前期、过程中和结束后进行多渠道、多维度的宣传推广工作，保证直播活动的曝光，精准触达更多的目标用户。

● **直播前期**：通过宣传推广进行预热，方式有品牌定制、溯源海报、短消息提醒、媒体分发等。

● **直播过程中**：将虚拟直播分发到更多目标媒体平台，进行大力宣传推广，有效扩大活动的影响力。

● **直播结束后**：生成直播回放视频，或者将直播过程中的精彩片段剪辑成短视频，进行二次传播，实现长尾效应，从而吸引更多的目标用户。

4. 趣味互动，打造高人气直播间

策划者除了创新直播场景，还可以设置一些有趣的互动，如红包雨、抽盲盒、点赞抽奖、问卷投票、打卡签到等，以活跃直播间的气氛。另外，策划者可以将虚拟数字人的实时互动加入直播间，以新颖的搭配方式给用户带来充满趣味的直播内容，给用户留下深刻的印象，从而提高用户在直播间的留存率和活跃度。

5. 直播复盘，为下次活动提供参考

在虚拟直播结束后，做好直播复盘是非常重要的。策划者要通过平台提供的直播数据和整体活动流程等内容进行复盘总结，分析直播数据，了解虚拟直播各个环节存在的问题，为下一场虚拟直播活动提供有效参考。例如，策划者可以通过平台直观了解直播访客量、最高在线人数、互动统计、直播观看统计、回看数等多维度数据，导出数据分析报表。

以线上虚拟发布会为例，企业举行线上虚拟发布会的标准化服务流程如表4-8所示。

表4-8　线上虚拟发布会的标准化服务流程

流程	具体工作
确定需求，确认方案	确定线上发布会的主题，搭建合适的内容框架，制定发布会流程，确认产品展示形式，制作完成分镜头脚本
设计和制作虚拟场景	根据策划阶段确定的方案和元素进行舞台场景和产品3D建模，制作AR动画，设计虚拟场景的创意概念，建模及定型
合成画面	以确认的发布会流程、直播话术、机位为基础，进行现场实拍，并且通过虚拟演播厅技术实时抠像，实时与模型和人物进行画面合成，最终确定录播或直播
后期制作	将录播或直播视频进行精简、调色，添加特效、字幕等元素

4.3.2　虚拟数字人直播

虚拟数字人直播间是一种新兴的互动直播形式。数字人技术将真实的主播转化为虚拟人物后，用户可在虚拟世界中与主播进行实时互动。

虚拟数字人直播的步骤如下。

1. 选择数字人直播间的平台

目前市场上有很多数字人直播间的平台可供选择，选择一个稳定、安全、易于操作的平台非常重要。例如，硅基智能数字人采用自然语言交互方式，用户可以通过语音、文字等方式与数字人互动，操作很简便；硅基智能数字人在人脸表情、动作等方面的表现非常出色，数字人的逼真程度非常高；但是硅基智能数字人的价格较高，适合企业定制。又如，风平智能通过插播、文本使数字人及时回复消息，只需一段语音或文字就可以驱动数字人进行创作，操作也很简单；风平智能数字人通过对嘴唇、肢体动作等的精准控制，拟真度可达99%，外表与真人基本无异，而且风平智能数字人的价格较低，可以满足普通商家和个人的

定制需求。

2. 注册账号并下载相关软件

选择平台后，商家要注册登录账号，并下载相应的软件，以便进行数字人直播间的搭建和使用。

3. 定制数字人

直播间要将主播的形象转化为虚拟形象，因此商家需要定制数字人，包括选择数字人的形象、服装、发型，以及调整数字人的参数，使其形象的真实性更高。商家首先要录制几分钟的真人视频和音频，其次通过模型训练确保数字人的口型与内容匹配，以获得还原度超过85%的声音素材，最后使数字人在表情、语音和语言生成等方面更加自然，几乎与真人无异。

4. 搭建数字人直播间

商家需要在平台上创建数字人直播间，并设置背景音乐、虚拟场景等，从而更好地展示主播的才华和魅力。商家可以选择现有的直播平台、如抖音直播、快手直播等，也可以自行开发直播平台。

5. 策划直播内容

商家要根据目标用户的兴趣和需求，策划有趣、有价值的直播内容，如互动问答、教学演示、娱乐表演等。在直播过程中，数字人可以鼓励用户参与直播互动，如提问、发表观点、参与投票等，以增强用户的沉浸感和参与感。

6. 宣传和推广数字人直播

商家要通过各种渠道宣传数字人直播，包括社交媒体、新闻媒体、行业协会等，以扩大数字人直播的影响力和用户的参与度。此外，商家还可以通过社交媒体、论坛、社群等平台建立数字人的粉丝社区，让用户能够实时与数字人主播进行交流、分享和互动。

课后习题

一、填空题

1. _____ 流程，是指在直播中按照一定的顺序一款一款地讲解直播间里的商品。

2. 品牌方如果是请达人主播或专业的 MCN 机构做直播，则需要向达人主播或 MCN 机构寄送 _____。

3. _____ 的时长为 5 ～ 10 分钟，其中包括商品介绍 3 ～ 5 分钟、卖点活动 2 ～ 3 分钟、用户互动 3 ～ 4 分钟。

4. 搭建虚拟场景直播需要用到以下技术：AR 技术、VR 技术、_____ 和 _____。

二、选择题

1. 根据直播前准备工作策划脚本，选品的时间要在（　　　　）。

A. 直播前 16 ～ 20 天 　　　　　　　　B. 直播前 1 ～ 4 天

C. 直播前 7 天   D. 直播前 5 天

2. 下列要素属于单品脚本内容的是（   ）。

A. 直播主题   B. 直播目标

C. 商品卖点   D. 人员安排

3. 在直播前 5 天，准备创建直播间所需的材料中不包括（   ）。

A. 直播间封面图   B. 直播标题

C. 直播内容简介   D. 直播活动方案

三、简答题

1. 简述直播脚本的作用。

2. 简述列阵式脚本单元的特点。

第5章

商品选择与规划：提高订单转化率的制胜点

知识目标

➤ 掌握直播间选品策略。

➤ 掌握直播间商品定价策略。

➤ 掌握直播间商品结构规划方法。

➤ 掌握直播间商品陈列方式。

➤ 掌握直播间商品精细化配置与管理方法。

能力目标

➤ 能够运用正确的选品策略进行选品。

➤ 能够对直播间商品进行合理定价。

➤ 能够合理规划直播间内的商品结构。

➤ 能够根据不同情况合理陈列直播间的商品。

➤ 能够对直播间商品进行精细化配置和管理。

素养目标

➤ 增强质量意识，在直播间选品过程中严把质量关。

➤ 树立精细化管理理念，提高直播间的转化率。

人、货、场是影响直播间商品销量的关键因素。其中，"货"指的是在直播中要推荐或销售的商品。商品的选择和规划是直播营销的起点，要想提高直播间的订单转化率，主播一定要善于选品，合理规划商品的定价、结构、陈列和上架顺序等，并对直播间商品进行精细化的配置和管理。

5.1 直播间选品策略

要想直播带货，首先要有商品。但商品类目繁多，哪些类目适合自己，可以卖得好，是需要主播仔细分析的。这是一项几乎可以决定直播盈利或亏损的重要决策，因此主播要制定正确的选品策略。

5.1.1 分析画像

在直播过程中，主播类似于导购，其主要作用是帮助用户减少购物的决策时间。要想提高直播间的转化率，主播要学会分析用户画像。

用户画像由库珀提出，他认为用户画像是真实用户的虚拟代表，是建立在一系列真实数据上的目标用户模型。将收集到的关于目标用户多方面的信息拼接组合，就可形成用户画像。

用户画像一般由性别、年龄、地域、兴趣爱好、购物偏好等组成，主播在选品时要判断商品是否符合用户画像所描述的需求。

不同的用户群体，其需要的商品类型不同。如果用户以男性居多，主播应最好推荐科技数码、游戏、汽车用品、运动装备等商品；如果用户以女性居多，推荐美妆、服饰、居家用品、食品等商品。只有主播选择了符合用户画像的商品，直播间的转化率才会高。

某直播电商的用户画像如下。

> 性别：女性
> 年龄：18 ~ 35 岁
> 地域：一、二线城市
> 兴趣爱好：时尚美妆、家居生活
> 购物偏好：喜欢购买高端商品，喜欢直播购物

根据以上信息，直播间选品应当是面向年轻女性的美妆、时装、家居、珠宝等商品。

5.1.2 看匹配度

商品与主播之间要相互匹配，至少主播不反感商品，并对商品有自己的认知。主播对商品的介绍不能烦琐、复杂，要把用户诉求与商品卖点在短时间内有条理地表达出来，刺激用户产生购买欲望，进而购买乃至向他人分享商品。

不管是达人主播还是商家主播，推荐的商品都要与主播的人设相匹配。例如，推荐美妆产品时，皮肤状态较差的主播就会缺乏说服力，而拥有美妆产品销售经验、皮肤状态很好的主播就有很高的可信度。

直播平台在选择主播时，要把握好主播的定位。主播带货按商品分布类型可分为以下两种情况，如图 5-1 所示。

品类垂直 ◀ 主播带货 ▶ 全品类覆盖

图5-1 主播带货的两种情况

品类垂直带货主播的用户画像较为精准，大部分是热衷购买该垂直品类商品的用户群体。品类垂直带货主播的主要作用是帮助用户找到该品类中最合适用户的商品。但是，这种带货类型也存在用户覆盖面窄的劣势，即除了喜欢该垂直品类的用户外，其他人很少会进入直播间购物。例如，抖音主播"爱钓鱼的女子"的直播间（见图5-2）只介绍、销售与钓鱼相关的设备，如竞技线组、钓钩、浮漂等。

全品类覆盖带货主播的选品比较杂，但商品要有品牌，且给出的价位要足够低。除此之外，这类主播还会要求商家向用户发放优惠券、赠品等福利，致力于帮助用户省钱。这种带货类型的优势是人群覆盖面广，劣势是用户画像比较模糊，而且主打低价商品，用户都是冲着低价来的，商品的价格弹性较大，一旦价格变高，用户的购买意愿就会明显降低。

例如，抖音主播"老张优选"（见图5-3）在直播中介绍的商品涵盖各个品类，包括个人清洁工具、零食特产、厨房用具、床上用品、收纳整理用品、服装、数码配件、玩具模型等。这类主播介绍的商品数量和种类很多，所以讲解速度很快，每件商品的讲解时长一般在一分钟之内，主要讲解商品的特点和优惠措施。

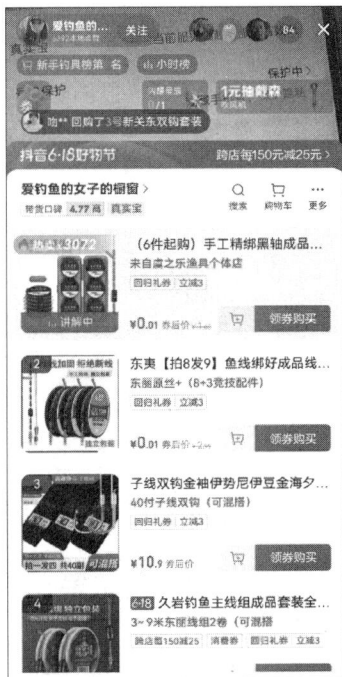

图5-2 品类垂直带货

图5-3 全品类覆盖带货

5.1.3 分析需求

对于直播来说，用户之所以关注主播，大多是因为主播推荐的商品可以满足他们的需求。主播可以通过用户画像预估用户的需求，针对用户的年龄层次、男女比例、兴趣爱好等选择合适的商品。

用户的总体需求可以归结为以下 3 个层面。

1. 保持新鲜感

人都有喜新厌旧的心理，所以主播要提高商品的更新频率，使用户一直保持新鲜感，以此增加用户的黏性。如果长时间只卖相同的两三件商品，用户早晚会有腻烦的一天。

2. 保证商品的品相

主播也要考虑用户的视觉心理。一款商品只有具有好的品相，才更容易激发用户的购买欲望。因此，主播在选品时，要选择那些在外观、质地、使用方法和使用效果等方面能够对用户形成感官冲击的商品，从而使直播带货充满场景感和沉浸感，并活跃直播间的购物气氛。

3. 保证商品的质量

评估主播带货能力的一条重要标准是用户的复购率，而决定用户复购率的通常是商品的质量。因商品质量问题而引发的带货风波会严重影响头部主播的形象。而对于中小主播来说，商品出现质量问题，更会带来令其难以承受的打击。因此，直播选品的标准必然要以商品质量为核心。

在直播过程中，主播与用户互动时会收到用户的反馈，其中会包括一些用户未被满足的需求。用户会在评论区中说出自己的需求，如"我觉得你的衣服下摆有些长""我想买一台笔记本""我想要吃××薯片"等，主播可以根据他们提出的需求数量来选择相应的商品，及时补充商品品类，尽可能满足更多用户的需求。

主播还可以根据马斯洛需求层次理论来分析用户的需求，并据此进行选品。马斯洛认为，人们的基本需求有五种，按照对个体的重要程度从低级到高级排列依次为生理需求、安全需求、社交需求、尊重需求和自我实现。

（1）生理需求

生理需求是人们对维持生理机能运转的基本需求，如对食物、氧气、水、睡眠、衣服等的需求。当生理需求尚未被满足时，用户很难会考虑如何满足其他层次需求的问题。随着社会经济的发展，解决温饱衣食等问题已不再是大多数用户的首要问题，如今衣服、食品等商品还能满足用户的精神需求。

在低端市场，生理需求这一层次以价格作为支点，所以这一市场的竞争十分激烈。商品只要具有基本的功能，且价格足够低，就可以进入市场参与竞争。例如，美食特产、女装男装等单品是电商平台销量非常高的品类。

（2）安全需求

安全需求主要体现为人们追求对环境、生活的控制力，包括对秩序、规则、健康、人身安全、财产安全等的追求。因此，能够为用户提供安全感、满足用户安全需求的商品一般销量不低，如监控摄像头、头盔、空气净化器等。

（3）社交需求

社交需求主要体现为人们对爱情、友情、亲情、归属感和被接纳的需求。例如，很多人会在重大节日向朋友、亲人送鲜花，鲜花这一类商品就能满足人们的社交需求，帮助人们向朋友、亲人传达情感，促进双方的关系。

（4）尊重需求

尊重需求是指人们希望获得别人的认可、尊重和好评，得到一定的社会地位。这时，人的内在价值和外在价值都显得很重要，人们往往会把商品当成身份的标志，因此很多用户会在挑选商品时注重商品包装、独一无二的功能。

（5）自我实现

自我实现是指人们希望充分发挥自己的潜能，实现自己的理想和抱负的需求。这是一种超越尊重需求的更高层次的需求。例如，一些励志图书或教授专业技能的图书可以帮助人们满足自我实现，所以在电商平台上的销量一直很可观。

5.1.4 贴合热度

与短视频发布应贴合热点的逻辑类似，直播带货商品的选择也可以贴合热度。例如，端午节时吃粽子，中秋节时吃月饼，某知名艺人或直播达人近期带火了某款商品，这些都是主播可以贴合热度的点。

因此，主播平时要多关注知名人士、直播达人的微博或微信公众号，这样当这些知名人士、直播达人被电商平台或商家邀请做直播时，主播可以及时看到他们发布的预热文案，从而做好应对的准备。只要抓住机会，就能引来巨大的流量。

例如，某知名艺人参加某平台的电商直播时，身上的黑白短裙吸引了直播间用户的目光。很多电商平台的商家看到其中的商机后，纷纷上新同款服装，于是第二天电商平台上就出现了很多打着"××同款黑白短裙,正宗布料制作,只要199元""××同款短裙现在特价出售,只需159元"等宣传语的店铺。

人们当下对这些商品保持了高度关注，即使不买，也会在直播间热烈地讨论相关话题，这有利于提升直播间的热度，吸引更多的用户进入直播间，还会提高其他商品的销量。

5.1.5 具有特色

直播间选品要有特色，即选择的商品要有卖点，具有独特性。即使是同一款商品，市场上也有很多品牌和风格。用户购买商品不仅是为情怀买单，也会从商品的优势出发，看商品是否具备不同于其他竞品的特色。一款商品如果没有足够吸引人的特色，就不具备长久的竞争能力。

有些主播推荐的商品之所以转化率很低，就是因为商品的卖点不清晰、特色不明显，让用户觉得可有可无。商品卖点足够清晰，才能戳中用户的痛点，使其产生消费冲动，从而提高直播间的转化率。

选出有特色的商品后，主播要提前构思好介绍商品卖点的话术。面对众多的商品，主播可以通过"商品特征＋商品优势＋用户利益＋赋予情感"的方式来诠释各类商品的卖点，如图5-4所示。

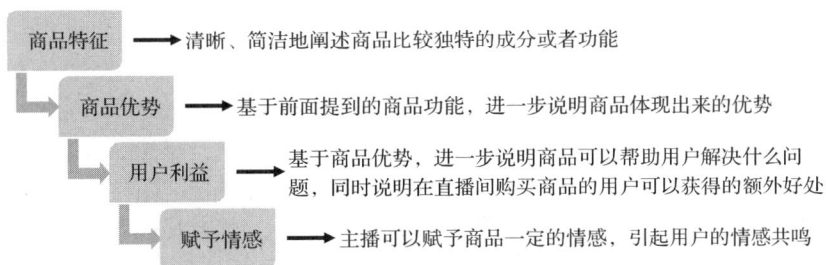

图5-4 诠释各种商品卖点的方式

5.1.6 高性价比

在直播带货过程中，性价比高的商品更受用户欢迎。很多大主播在直播时会为用户提供"超值优惠""无条件退换"等福利，这样就容易让用户感觉自己不仅能享受优惠，还能让自身权益获得保障。用户对主播产生较高的信任时，就愿意多次购买其直播间中的商品，所以这些主播的直播间用户的复购率非常高。

人们在电商平台上购物的原因无外乎两个，一是方便、快捷，二是商品价格便宜。直播属于电商平台的一种营销工具，所以主播也要满足直播间用户的购物需求。高价位的商品虽然也能在直播间里销售，但很难卖得动，即使是头部主播推荐这类商品，用户也未必会下单。

主播在进行直播营销时，要善于把握用户的"占便宜"心理。在用户眼中，占便宜与性价比高几乎是同一概念。这就要求主播先厘清便宜、占便宜和独占便宜的区别。

便宜是指某件商品的定价比其他同类商品的定价低。例如，单价为 100 元的电饭煲就很便宜，但单价为 100 元的手机膜就不便宜。每个用户对商品都有一个预期购入价格，超出预期购入价格太多的商品对用户来说就不便宜了。因此，主播在选品时要多关注竞品的价格，选择价格较低的商品。

占便宜是指用户花了较少的钱买到了价值较高的商品。例如，一个电饭煲的原价是 300 元，商家推出优惠价 99 元，这对用户来说就是占便宜。因此，主播可以在介绍商品的同时为用户提供优惠券，尤其是大额优惠券，相当于帮助用户省钱。目前，赠送优惠券已经成为刺激用户下单的有效手段。

独占便宜是指只有一个或一类用户可以享受到优惠价，而其他用户需要以原价购买。邀请用户进入粉丝群，推出粉丝专属价格，向粉丝大幅度让利，可以激发用户独占便宜的心理，进而增强用户的黏性。

5.1.7　亲自体验

主播在直播间卖货时不仅担任着导购的角色，还担任着代言人的角色。因此，为了对用户负责，主播在直播间推荐商品前，应亲自使用自己要推荐的商品，这样才能知道它到底是不是一款好商品，是不是可以满足用户的需求，以及它们有哪些特性，如何使用、如何推荐等。尤其是在主播原本不熟悉的商品领域，主播更要事先对商品的性能、使用方式有所了解，预测在直播过程中可能会遇到的突发状况并做出解决方案，以减少直播中的失误。

电商直播间的信息质量越高，就越能提高用户的感知信任。用户对电商直播间的不信任是其不愿意在直播间购物的主要原因之一，而当用户认为主播对商品的介绍全面、可靠，提供的信息对自身有帮助时，用户就会形成对主播的感知信任。

主播在选品时亲自试用体验商品，一方面可以在直播时向用户分享自己的体验感，从而增强用户对主播的信任感；另一方面可以让商品讲解更加流畅、自然，销量自然会增长。

主播要想推荐一款洗面奶时，就要事先搞清以下几个问题：这款洗面奶适合油性皮肤还是干性皮肤，自己是什么肤质，自己在使用后有什么感觉，身边其他肤质的人使用后有什么感觉，用户对洗面奶有哪些需求，这款洗面奶是否能够满足他们的需求等。主播通过亲自使用、测试和调查搞清这些问题后，才能在直播间根据自己的实际使用感受向用户推荐商品，从而增强说服力。

5.1.8　查看数据

有经验的主播和运营团队会根据直播过程中的实时数据变化来调整商品规划，主要参考的数据有实时在线人数、粉丝增长率、点击转化率及粉丝互动频率等。例如，主播可以从与粉丝的互动中了解粉丝对哪些商品或商品的哪些价值点更感兴趣；通过分析某一段时间的粉丝增长率了解自己在这一时间段做的活动或推荐的商品是否能够吸引粉丝。

如果直播间里的观看人数非常多，但购买转化率很低，主播就要考虑商品定位、主播人设等方面存在哪些问题。除此之外，主播还要查看直播间每日成交数据，分析不同商品的销售数据；查看每日直播数据的峰值和低谷，统计每件商品的成交额、人均成交额、点击转化率和停留时长等。

主播在直播结束后也不能大意，还要进行舆情勘测，并关注退货、结算、售后等问题，以便根据这些数据及时改变选品的种类。

5.1.9　精选货源

直播间商品的来源主要有以下4种渠道，如图5-5所示。

1. 分销平台

分销平台主要指淘宝网、京东等电商平台，其优点是适合零基础、想快速冷启动的主播，缺点是佣金不稳定（有的商家今天设置的佣金为30%，明天就可能改为20%），发货时间不确定（尤其是商品量大时，可能会延迟发货，影响用户的购买体验）。因此，主播在选品时一定要找靠谱的商家，并提前与商家对接好售后流程。

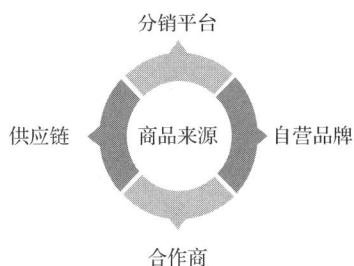

图5-5　直播间商品的4种主要来源

以淘宝直播为例，主播目前可以通过淘宝联盟或阿里V任务来选品。

- 通过淘宝联盟选品：打开淘宝联盟，搜索其中有佣金的商品，联系卖家制订定向计划，借助卖家邮寄过来的样品推广店铺的商品，而样品是否归还需要与卖家进行商谈。
- 通过阿里V任务选品：在阿里V任务中查看需要直播的任务，发现合适的任务后进行申请，完成任务后就可以获得佣金。不过，主播在接单过程中要注意查看商品背后的供应链。因为不管是性价比优势，还是利润空间，爆品背后的支撑是其供应链管理能力。由于目前直播用户大多带有冲动消费的性质，因此会造成退货率很高，优质的供应链能够很好地支撑这样的退货率，并尽可能保证商品的利润。

2. 自营品牌

自营品牌的优点是利润较高，适合头部主播；缺点是对供应链、货品更新、仓储要求较高。一般来说，只有超级头部主播才有条件建立自己的供应链。

3. 合作商

合作商的优点是品牌货后端有保障，商品的转化率比其他非品牌货高；缺点是品牌货的利润较低，因为品牌商要从中抽走一部分利润。当然，如果是超级头部主播，坑位费也很可观。

4. 供应链

供应链的优点是利润非常高，适合超级头部主播；缺点是需要投入大量资金建设供应链，资金压力较大。如果做得好，发展会很顺利；如果做不好，很有可能会被建设供应链带来的资金压力拖垮。

5.2 直播间商品定价策略

商品定价是一项重要而复杂的工作：如果价格太高，主播在直播间推荐的商品就可能卖不出去；如果价格太低，过早脱销，也就失去了盈利的机会。一般来说，客单价通常分为高、中、低 3 个档次，如表 5-1 所示。因此，主播要制定合理的定价策略，最大限度地降低成本，在保证自身盈利的基础上，为用户提供更多的优惠，刺激其购买欲望。

表 5-1　客单价档次分类

价格档次	价格范围	用户购买特征
高客单价	100 元以上	十分看重质量和品牌，下单十分谨慎
中客单价	50 ～ 100 元	有所顾虑，会充分考虑购买的必要性和商品的实用性
低客单价	50 元以下	购买决策过程很短，大多属于冲动式消费

5.2.1 根据主播人设选择价格区间

主播的人设可以分为 3 种类型，如图 5-6 所示。

（1）专业型主播在为商品定价时，价格可以以高客单价为主，以中客单价为辅。例如，"小白测评"主要是推荐手机，客单价多在 1000 元以上，如图 5-7 所示。

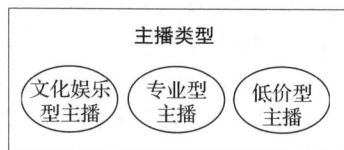

图5-6　主播人设的3种类型

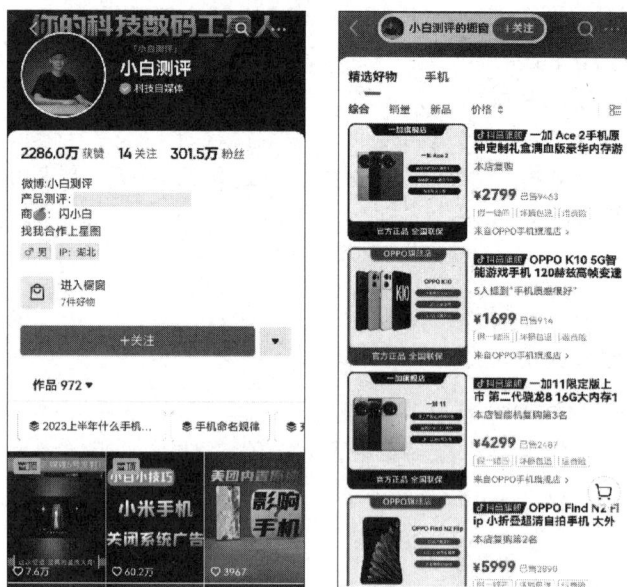

图5-7　专业型主播商品定价

（2）文化娱乐型主播在为商品定价时，价格要以中客单价为主，以低客单价为辅。例如，"衣哥"的客单价多为 50 ～ 100 元，如图 5-8 所示。

图5-8　文化娱乐型主播商品定价

（3）低价型主播为商品定价时，价格要以低客单价为主，以中客单价为辅。例如，"小花妞"主要为用户推荐各种各样的零食，客单价多在50元以下，如图5-9所示。

图5-9　低价型主播商品定价

5.2.2　商品组合定价法

组合定价法属于心理定价法的范畴，指的是为了迎合消费者的心理，商家特意将某些商品的价格定高一些或低一些，以取得整体经济效益的定价方法。商家一般会将互补商品或关联商品进行组合定价。

因为消费者对价格非常敏感，对不经常购买或价值较大的商品的价格更敏感，所以商家利用消费者的这一心理，在对关联商品、互补商品定价时，会将消费者不经常购买且价值较高的商品的价格定低一些，将消费者经常购买且价值较低的商品的价格定高一些。从某种程度上来讲，低价可以打开销路，高价也意味着商品的高质量，两者可以共同起到刺激需求的作用。

对于直播来说，组合定价法同样适用。商品组合定价应遵循三大原则，下面举例说明。

1. 赠品和商品有关联

例如，某款卸妆水在品牌店或电商平台卖 ×× 元，但在直播时用户花同样的价格可以得到两件商品和一个卸妆棉。虽然主播也可以送给用户其他商品，如奶茶粉、水果等，但不如送卸妆棉实用，因为用户在使用卸妆水的过程中一定会用到卸妆棉。主播这样做可以让用户有一种被关爱、被关心的感觉，在保证质量的前提下，即使商品定价高一点，用户也会接受。

2. 套装搭配，给用户满足感

例如，一套夏季出街装一般包括 T 恤、短裤或裙子，以及墨镜、帽子等配饰。如果以上商品单独出售，总价可能会超过 500 元。但是，主播在直播间给出的价格非常实惠，T 恤 66 元，短裤或裙子 50 元，墨镜不要钱，帽子不要钱，套装总价只有 116 元。主播在说出商品的价格时，语速要快，声音要饱满，音量要大，要向用户传达商品的优惠力度，刺激用户，使其兴奋起来，进而下单购买。

需要注意的是，主播在直播前要先做好商品的搭配。由于可以直接买到套装，节省了精力，并且价格实惠，用户会有一种超值的感觉，心里会十分满足。

3. 赠品在直播过程中要提前多次出镜

例如，一瓶 500 毫升的身体乳，实体店卖 98 元，电商平台卖 89 元，主播在直播间做活动，只卖 60 元。如果用户愿意再加 10 元，主播会再送两个护手霜。

需要特别注意的是，这款护手霜要在直播过程中多次出镜，并且由主播亲自使用。这样一来，这款护手霜会非常有话题点，能够给用户留下深刻的印象。另外，主播亲自使用护手霜的行动远比单纯地说一句"我用这款护手霜用了两个月，效果很好"更有说服力，可以增加用户对主播的信任度。

5.2.3　花式价格策略

花式价格策略通常采用阶梯型价格，主要用于销售客单价较低或成套售卖的商品，相当于传统"买一送一"的升级版。例如，某款婴幼儿商品的单价为 39.9 元，直播间第一件卖 29.9 元，第二件卖 19.9 元，第三件卖 9.9 元，第四件免费，限售 2 万件，主播引导用户在直播间直接下单，购买数量为"4"。阶梯型的价格会给用户带来巨大的冲击力，刺激用户产生下单购买的欲望。

花式价格策略对一些想要冲击销量的单品来说是非常有效的。相较于采用商品组合定价法进行销售，采用花式价格策略往往是成套出售商品，在冲击销量的同时，也适合实现商品促销。

在采用花式价格策略时，主播可以参照以下方法。

1. 引导用户关注价格优惠

主播要突出某套商品的价格优势，在直播时就可以利用小黑板将原价标出来，与直播间的价格形成鲜明的对比。

2. 营造购物氛围

主播可以通过语速和声音向用户传达直播间的优惠力度，使用户变得激动、兴奋，从而下单购买商品。例如，很多主播会运用倒计时的手段来营造紧张的氛围，让用户觉得这次不买以后肯定享受不到这么低的价格了。

5.3 直播间商品结构规划

一名优秀的直播运营，要懂得合理规划直播间内的商品结构。商品结构规划不仅会影响直播间的销售业绩，还会影响直播间抵御风险的能力。通常来说，一个直播间内的商品应该包括印象款、"引流"款、福利款、利润款、品质款等 5 种商品类型，这 5 种不同类型的商品在直播间里分别担任不同的角色，发挥着不同的作用。

5.3.1 印象款

印象款是指促成直播间第一次交易的商品。完成第一次交易后，用户会对主播或直播间产生印象，形成一定的信任度，再次进入直播间的概率会增加，所以印象款的重要性是毋庸置疑的。适合作为印象款的商品可以是高性价比、低客单价的常规商品。例如，在直播间卖包的主播可以将零钱包、钥匙包等作为印象款，卖穿搭商品的主播可以将腰带、打底衫等作为印象款。印象款的特点是实用，且人群覆盖面广。

5.3.2 "引流"款

鉴于流量对直播电商的重要性，每一个主播在直播时都应该设置"引流"款。这些商品的价格比较低，毛利率属于中间水平。由于人们都有趋利心理，价格低的商品自然会吸引很多人驻足观看，直播间的流量就自然而然地增加了。但是，流量增加不代表商品转化率变高。"引流"款应是大众商品，要能被大多数用户接受。

"引流"款一般放在直播的开始阶段，如 1 元包邮、9.9 元包邮等。用户的购买决策成本较低，再加上各种具有紧迫感的促销活动，可以快速提高商品转化率。当然，有的主播会特地将某一场直播设置为全场低价包邮来吸引用户，达到迅速增加直播间流量、粉丝的目的，如图 5-10 所示。

5.3.3 福利款

福利款一般是粉丝专属，也就是所谓的"宠粉款"。直播间的用户只有加入粉丝团，才有机会购买福利款。主播在做福利款时，有的是将某款商品作为福利免费送出；有的是将某款商品做成低价款，如"原价 99 元，今天'宠粉'，9.9 元，限售 1 万件"，来激发粉丝的购买热情。

图5-10　"引流"款

5.3.4　利润款

直播带货的目的是帮助企业或商家实现盈利，所以只设置"引流"款和福利款是远远不够的，主播一定要推出利润款来实现盈利，且利润款在所有商品中要占较高的比例。利润款适用于目标用户群体中的某一特定小众群体，这些人追求个性，所以这部分商品突出的卖点及特点必须符合他们的心理。

利润款有两种定价模式：一种是直接对单品定价，如"59元买一发二""129元买一发三"等；另一种是对组合商品定价，如护肤套盒、服装三件套等。图5-11所示为某主播在直播间售卖浮漂套装，其定价为组合商品定价。

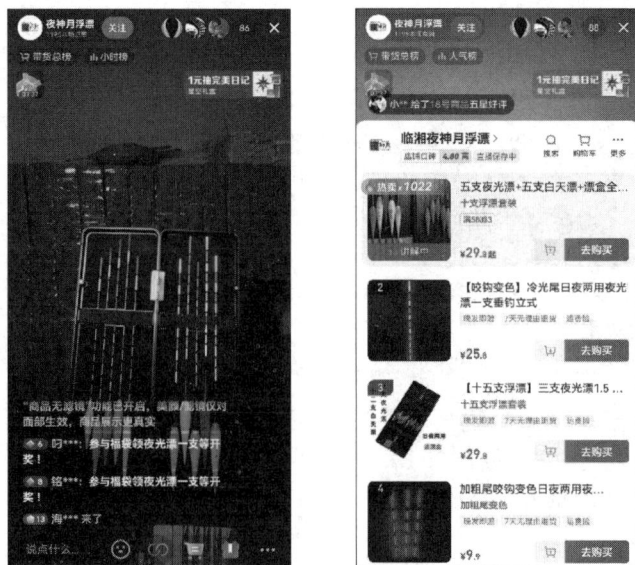

图5-11　利润款

利润款要等到"引流"款将直播间人气提升到一定高度后再引入，并趁热打铁，这样更容易促成交易，提高转化率。

5.3.5　品质款

品质款又称战略款、形象款，承担着提供信任背书、提升品牌形象的作用。品质款的意义在于吸引用户驻足观看，同时让用户觉得价格和价值略高于预期，所以主播要选择一些高品质、高格调、高客单价的小众商品作为品质款。

例如，主播要想在直播间推荐一款价格为上万元的服装，就可以将服装套在假人模特上，让用户可以一直看到这款服装，以强化企业或商家的商品研发实力，提高所有商品在用户心中的好感度。品质款可以是设计师设计的商品，也可以是孤品、断码商品，其真正作用并不一定在于提高销量，而是提高直播间的定价标准，甚至可以拉高直播间的平均售价。这就是设置品质款的意义所在。

5.4　直播间商品陈列

商品陈列是烘托直播间购买氛围的手段，而商品是陈列的重点，陈列方式、空间设计、商品三者合一才能成就完美的直播。用户进入直播间后，产生的第一反应是对商品陈列的视觉反应，商品陈列的水平直接影响用户留存人数和用户的消费意愿。

直播间的商品陈列主要有主题式、品类式和组合式3种类型。

5.4.1　主题式

主题式商品陈列的主要特征是统一，即与直播间的主题保持一致。一般来说，直播间的主题可以分为以下3种类型，如表5-2所示。

表5-2　直播间的直播主题

主题	分主题	具体内容
节假日	中国传统节假日	春节、端午节、元宵节、中秋节、清明节特色商品
	文化历史节假日	儿童节、教师节、劳动节特色商品
季节	春季	春游、防雨用具
	夏季	清凉降火、防晒、防蚊商品，沙滩玩具，饮料，雪糕
	秋季	开学用品、民宿
	冬季	保暖御寒商品，火锅，润肤乳
商品品类	零食	干果、罐头、薯片、果冻、酸奶、糖果、巧克力
	服装	裙子、衬衫、牛仔裤、西装
	美妆	口红、润肤乳、眼影、面膜
	厨卫	洗涤用品、餐具

例如，卖美食的主播要在直播间陈列某一类美食，如零食、快餐食品等，如图 5-12 所示；卖鞋子的主播要在直播间陈列某种特定风格的鞋子，如图 5-13 所示。

图5-12　零食陈列

图5-13　鞋子陈列

5.4.2　品类式

这种商品陈列方式主要是通过品类的组合，为用户营造琳琅满目、可以充分选择的购物氛围，从而让用户购买到自己心仪的商品。图 5-14 所示为某主播的直播间，该主播所卖的商品品类繁多，有厨房用具、个人清洁工具、居家用品等，如同一个百货店，应有尽有，给用户提供了很多选择。

图5-14　品类式直播间

5.4.3　组合式

这种商品陈列方式主要是通过强调商品与商品之间的紧密联系和搭配，引导用户将商品组合起来后同时下单。

服饰类主播可以引导用户购买套装，如给中意的衬衫搭配一条裙子或一件外套。美食类主播可以把美食和制作美食的设备组合起来销售，如将面包和面包机组合销售，营造吃爆米花要喝可乐、吃牛排要喝红酒等场景。

在图 5-15 所示的直播间中，该主播介绍的商品有面食、调料和肉类，为的是让用户了解如何搭配饮食更加健康，促使其购买套装。

图5-15　组合式直播间

5.5　直播间商品的精细化配置与管理

在直播过程中，商品方面经常出现的问题是款式不多、利用率不高、单品销量不够等，其实这是因为主播没有把商品根据符合直播需求的逻辑进行合理化的细分。要想扭转这种局面，主播就要对直播间里的商品进行精细化配置与管理。

5.5.1　确定直播主题

电商直播的目的是销售商品，获取利润。主播要对每一场直播进行多样化的主题策划，并以此进行直播内容的拓展和延伸。主播要明确向谁讲述、讲述什么、如何讲述等问题。

做一场直播如同写一篇文章，首先要确定的就是主题。直播主题可以分为两种类型，如表 5-3 所示。主播可以根据这两种类型对直播主题进行阶段性规划。

表5-3　直播主题的类型

直播主题的类型	具体内容
场合主题	休闲、办公、聚会等
活动主题	上新、打折、节日等

假设以上两种类型中的每个主题都可以做成一场直播，那么主播就拥有了6场直播的主题，主播可以根据这6个主题进行不断优化。

确定直播主题后，主播就要根据主题配置相应的内容，如同设计文章的各个段落。不同的直播主题要搭配不同特性的商品。以服装电商直播为例，搭配的两大重点分别是风格和套系，如表5-4所示。

表5-4　服装电商直播搭配的两大重点

搭配的重点	具体说明
风格搭配	主播风格、人群风格、道具风格
套系搭配	单品搭配、一衣多搭、配饰搭配

只有风格统一、套系整齐，整个直播间的商品调性才会一致。例如，某抖音账号在直播间推荐居家拖鞋，主播详细介绍商品信息，并及时回答用户的问题，消除用户的顾虑。该直播间陈设的商品都是拖鞋，风格统一，很好地反映了直播的主题，如图5-16所示。

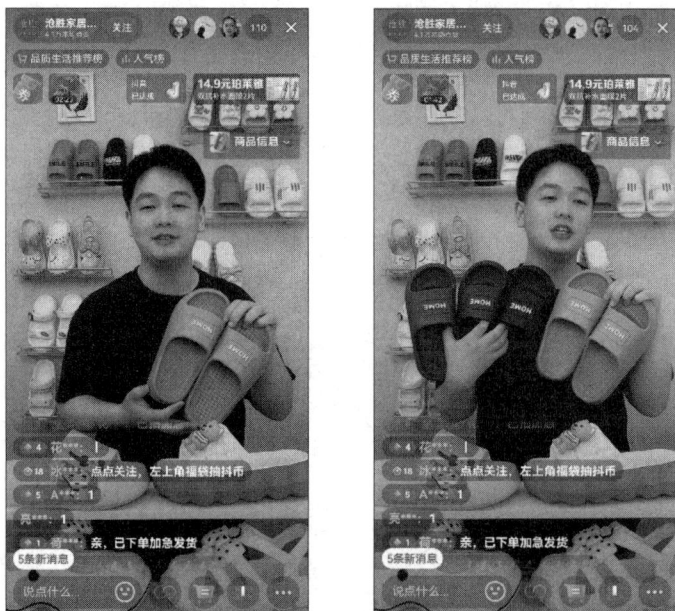

图5-16　确定直播主题

5.5.2　规划商品需求

确定直播主题后，主播可以通过一个简单的表格来规划商品需求，从而清晰地知道每一场直播需要配置什么样的商品。表 5-5 所示为规划商品需求的一个例子。

表 5-5　规划商品需求

日期	主题	商品数量 / 件	商品特征	辅推商品
6 月 16 日	夏至出游拍照必学穿搭	500	透气性能好，穿着舒适，色彩鲜艳	平跟凉鞋、遮阳帽、太阳镜、泳衣
6 月 17 日	清爽出街，打造自身魅力	1000	显瘦，以裙装为主	高跟鞋、饰品、包包
6 月 18 日	9.9 元包邮"宠粉"活动（项链）	500	小巧精致、凸显气质	耳坠、口红、裙装

5.5.3　规划商品配置比例

商品配置比例是精细化商品配置的核心之一。在规划商品配置比例时，主播要记住三大要素，即商品组合、价格区间和库存配置。合理的商品配置可以提高商品的利用率，最大限度地消化商品库存。商品配置比例的规划类型主要有两种：单品配置比例（见图 5-17）和主次类目配置比例（见图 5-18）。

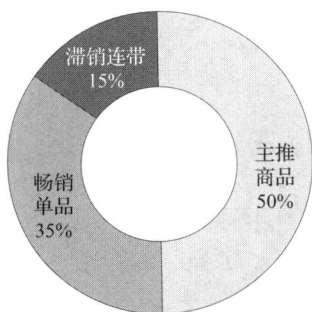

图5-17　单品配置比例

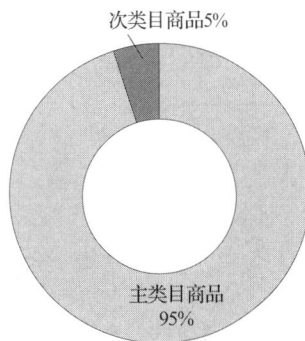

图5-18　主次类目配置比例

确定商品配置比例后，主播只要根据直播时长等条件确定每场直播的商品总数，就可以根据以上两种类型对应的配置方式做好相应数量的选品，如表 5-6 所示。

表 5-6　一场直播的商品配置比例

直播商品总数	单品配置				主次类目配置		
	主推商品 50 款		畅销单品 35 款		滞销单品	主类目商品	次类目商品
	新品数量	预留数量	新品数量	预留数量			
100 款	39 款	11 款	20 款	15 款	15 款	95 款	A 款、B 款、C 款、D 款、E 款

5.5.4　不断更新商品

主播要在规划好的商品配置比例的基础上不断更新商品。为了保证每场直播的新鲜感，主播要不断更新直播内容，其中商品更新是非常重要的一部分。一场直播更新的商品总数至少要达到该场直播总商品数的 50%，其中更新的主推商品占 80%，更新的畅销单品占 20%。

5.5.5　把控商品价格与库存

在商品需求、商品数量及更新比例都确定好的前提下，主播要进一步把控另外两大要素：价格区间和库存配置。

1．价格区间

主播在设置价格区间时，要综合考虑商品的原始成本、合理的利润，以及一些其他的费用。同类商品如果只是颜色、属性不同，价格差距也不应太大。

2．库存配置

库存配置是一个提高直播效果及转化效果的重要措施。库存配置的一个重要原则是"保持饥饿"，主播要根据不同场观（单场直播的总观看人数）和当前在线人数配置不同的库存数量，使直播间始终保持"饥饿"的状态。

要想保持"饥饿"状态，库存数量要一直低于在线人数的 50%。如果条件允许，主播可以直接设置店铺库存来配合直播的库存需求。

5.5.6　已播商品预留和返场

为了完善商品配置，更加充分地利用商品资源，主播要对已播商品进行预留和返场。主播要根据商品配置，在所有直播过的商品中选出至少 10% 的优质商品作为预留和返场商品，并应用到以下几个场景中。

（1）日常直播一周后的返场直播，将返场商品在新流量中转化。

（2）当部分商品因特殊情况无法及时到位时，将预留商品作为应急补充。

（3）遇到节庆促销日时，将返场商品作为活动商品再次上架。

课后习题

一、填空题

1．库珀认为，_____ 是真实用户的虚拟代表，是建立在一系列真实数据上的目标用户模型。

2．全品类覆盖带货主播的人群覆盖面广，但用户画像比较模糊，主打 _____ 商品，商品的价格弹性较大。

3．_____ 式商品陈列方式主要是通过强调商品与商品之间的紧密联系和搭配，引导用户将不同商品同时下单。

4．_____ 相当于传统"买一送一"的升级版，主要用于销售客单价较低或成套售卖的商品。

5．专业型主播在为商品定价时，价格可以以 _____ 为主。

二、选择题

1. 在直播间各种类型的商品中，促成直播间第一次交易的商品称为（　　　）。

A. 印象款　　　　　　　　　　B. "引流"款

C. 福利款　　　　　　　　　　D. 利润款

2. 真正作用并不一定在于提高销量，而是提高直播间的定价标准，甚至可以拉高直播间的平均售价，这就是设置（　　　）的意义所在。

A. 印象款　　　　　　　　　　B. 福利款

C. 利润款　　　　　　　　　　D. 品质款

3. 低客单价的价位一般在（　　　）。

A. 100～150元　　　　　　　B. 50～100元

C. 50元以下　　　　　　　　D. 150～200元

三、简答题

1. 简述直播间商品来源的渠道。

2. 简述商品组合定价法的原则。

第6章

直播间设计：营造一流的直播视觉效果

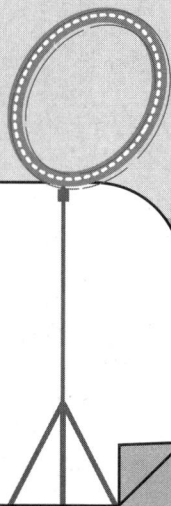

知识目标

➤ 掌握直播间的场景布置方法。

➤ 掌握直播间辅助道具的使用方法。

➤ 掌握直播间的灯光布置方法。

➤ 了解搭建数字直播间的步骤。

➤ 掌握各类商品直播间的布置方法。

能力目标

➤ 能够合理布置直播间的场景和灯光。

➤ 能够布置不同商品品类的直播间。

素养目标

➤ 坚持问题导向，有效解决在直播间布置中遇到的问题。

➤ 提高审美意识，优化直播间场景和灯光。

直播间的设计能影响直播画面的整体呈现效果，直播间的环境布置留给用户的第一视觉感受能影响其对直播活动的体验。直播间的设计风格要与主播的人设相吻合，与主播人设的匹配度越高，就越有代入感，容易使用户沉浸在直播的氛围中。如果是电商直播，直播间的风格应与企业形象或商品品牌气质保持一致，这样能够加深用户的印象，提高辨识度。

6.1 直播间的布置

直播间是主播与用户交流互动的场景，很多用户对主播的第一印象都是从主播的外貌和直播间给人的感觉中获得的。直播间的布置风格绝大部分取决于主播的喜好，因此直播间的布置往往能够呈现出很多有关主播的信息，突出主播的个性特征，有助于加深粉丝的印象。对于电商直播来说，直播间要突出营销的属性，可以根据直播内容来定位整体风格。

6.1.1 直播间的场景布置

直播间是用户最直接的视觉体验场所，如果直播间环境"脏、乱、差"，用户进入直播间后可能看上一眼就退出了。因此，直播间必须保持干净、整洁。运营人员在开播前要把各种商品、道具都摆放整齐，营造一个简洁、大方、明亮、舒适的直播环境。

虽然直播间场景的搭建并没有统一的硬性标准，主播可以根据自己的喜好进行设计与布置，但作为电商直播间，商品营销是主要目的，所以最好用销售的商品来装饰直播间，如可以用摆满商品的货架作为背景，如图6-1所示；用带有品牌Logo（标志）和营销信息的图片作为背景，如图6-2所示，这样既显得直播背景干净利索，又能增强品牌效应。

图6-1 商品摆放背景

图6-2 图片背景墙

另外，主播也可以将实体店作为直播间，以凸显直播的场景感，如图6-3所示。主播还可以在直播间布置虚拟背景，如视频画面，如图6-4所示，高清晰度的大幅场景画面不仅可以给用户带来视觉震撼，还能展现商品特征及细节。

为了营造有个性的风格，直播间的背景墙可以采用唯美的花瓣拼凑、温馨的家居背景等，但要按照直播类型来调整，一般美妆直播的背景墙应采用粉色或白色，颜色不能过于刺眼，要柔和。主播可以在直播间放一些摆件，让观众看到主播的生活态度，并增加视觉上的吸引力，如盆栽、书籍、鲜花、玩偶等。

图6-3　以实体店作为直播间

图6-4　以视频画面作为直播间背景

🔍 6.1.2　直播间辅助道具的使用

　　主播直播时使用辅助道具，能够非常直观地传达主播的意图，强调直播营销环节中的重点，还能成功地吸引用户的注意力，丰富直播画面，加深用户对直播或商品的印象。

　　直播间常用的辅助道具包括以下几种。

　　（1）商品实物，这是不可或缺的道具。主播在镜头前展示、试用或试穿商品实物等，既可以提升商品的真实感，又可以提升用户的体验感，如图6-5所示。

　　（2）黑板、白板、荧光板等道具板，能够展现文字、图片信息，其主要作用如下。

　　● 在服饰类直播中提示用户如何确定尺码，如根据腰围和体重确定合适的尺码，这样能够提高沟通效率，减少客服的压力，如图6-6所示。

　　● 在彩妆类直播中可以给用户提供建议，如什么肤色或在什么场合适合使用哪个色号的口红等。

　　● 提示当日"宠粉"活动、福利商品等。

　　● 提示下单时的备注信息，以及发货或特殊情况说明，如预售×天或×天内发货。

　　（3）手机、平板电脑、电子大屏等。它们主要是配合主播在进行商品介绍时展示商品全貌、官方旗舰店价格、名人同款或名人代言，以及广告宣传等，如图6-7所示。

　　（4）计算器、秒表等。它们都是有助于商品营销的辅助工具。主播可以用计算器计算商品的组合价、折扣等，以吸引用户的注意力，并且突出价格优势；秒表可以用于营造抢购商品的紧迫感。

图6-5 直播间商品实物道具　　图6-6 帮助用户确定尺码　　图6-7 直播间手机道具

6.1.3 直播间的灯光布置

专业的直播间除了有适当的装饰和合理的布局外，灯光布置也非常重要。合理的灯光布置能够有效提升主播的整体形象，展现商品或品牌的亮点，烘托直播间的氛围。

1. 直播间灯光的选择

一般直播间对灯光的要求如下。

（1）主灯

直播间主灯一般是冷光源的 LED 灯。如果没有特殊要求，面积约 10 平方米的房间选用功率为 60 ～ 80 瓦的主灯即可。

（2）补光灯

补光灯又称辅灯，前置的补光灯尽量选择可以调节亮度的灯，灯泡的功率可以稍大一些，这样便于根据实际需要调整光源的强度。

①选择亮度可调节的灯

不同的直播背景需要不同亮度的补光灯，因此有调光功能的补光灯可以配合直播间整体明暗情况来调节亮度，十分方便。

如果补光灯打不出想要的光线效果，也可以利用补光灯的反射效果，让补光灯朝向正对着主播的墙面，这样就能在一定程度上形成漫反射效果。而在制造软光效果时，通常会用到反光板，尤其是放在主播面前用作加强光线效果时，反光板通常能让主播的皮肤看上去更加自然、柔和。

需要注意的是，不能补光太多，要掌握好"度"。因为补光光线过强会导致主播面部过曝，甚至反光，呈现出的效果会更差。

②选择高频闪的灯

频闪，指的是光源的闪烁频率。任何灯光都是会闪烁的，好的补光灯闪烁得很快、很密集，肉眼察觉不到。有些光源经摄像头拍摄后会在屏幕上呈现出光纹，影响观感，而且长时间使用这样的补光灯会对主播的眼睛造成伤害。在此介绍一种辨别频闪的方法，打开手机相机，对准补光灯，如果手机画面没有出现明显的闪烁，则表示补光灯可用，反之则慎用。

（3）冷暖灯

灯光颜色主要有暖光、冷光两种，主播可以根据直播间的布置情况选择合适的灯光颜色配置。一种配置是主灯为冷光，一组补光灯为暖光，整体效果为暖光。暖光会让主播看上去更加自然，暖暖的感觉也会让人更加舒服。一些美食类商品直播间适合选择暖光系，这样可以衬托美食的色泽，让用户更有食欲。

另一种配置是主灯为冷光，一组补光灯为冷暖结合，整体效果为冷光。冷光会让主播的皮肤看上去更加白皙，主播面前的光源增加一点儿暖色，可以使皮肤在白皙的同时增加一点儿红晕。服装类和护肤类商品直播间大多采用冷光，这样能够保证服装鞋靴和护肤品的展示效果。

2. 直播间灯光的摆设

直播间的布置除了对背景、物品摆放有一定要求外，还对直播间的灯光布置有一定要求，因为灯光不仅可以营造气氛，塑造直播画面风格，还能起到为主播美颜的作用。按照灯光的作用来划分，直播间内用到的灯光可以分为主光、辅助光、轮廓光、顶光和背景光。不同的灯光采用不同的摆放方式，创造出来的光线效果也不同。

（1）主光

在直播视频中，主光是主导光源，决定着画面的主基调。同时，主光也是照射主播外貌和形态的主要光线，是实现灯光美颜的第一步，能够让主播的面部均匀受光。因此，在为直播间布光时，只有确定了主光，才能设计如何添加辅助光、轮廓光和背景光等。

主光应该正对着主播的面部，与视频摄像头上的镜头光轴形成0°～15°的夹角，如图6-8所示。这样会使主播面部的光线充足、均匀，并使面部肌肤显得柔和、白皙。但是，由于主光是正面光源，会使主播的脸上没有阴影，让视频画面看上去比较平面，缺乏立体感。

（2）辅助光

辅助光是从主播侧面照射过来的光，能够对主光起到一定的辅助作用。使用辅助光能够增加主播整体形象的立体感，让主播的侧面轮廓更加突出。例如，从主播左前方45°方向照射过来的辅助光可以使主播的面部轮廓产生阴影，从而凸显主播面部轮廓的立体感，如图6-9所示；从主播右后方45°方向照射过来的辅助光可以增强主播右后方轮廓的亮度，并与主播左前方的灯光效果形成反差，从而提高主播整体造型的立体感。

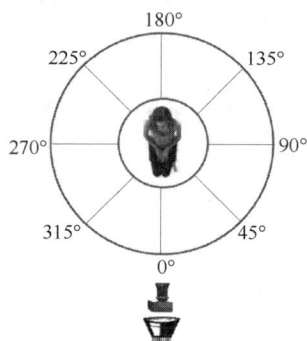

图6-8　主光的布置

辅助光要放在距离主播两侧较远的位置，从而在让主播的形象更加立体的同时，也能照亮周围。辅助光应设置得距主播比主光更远，所以它只是形成阴影，而不是完全消除阴影。在调试辅助光时，要注意光线亮度的调节，避免因某一侧的光线太强而导致主播的某些地方曝光过度，其他地方却太暗。

（3）轮廓光

轮廓光又称逆光，从主播的身后位置照射，形成逆光效果，如图6-10所示。轮廓光能够明显地勾勒出主播的轮廓，将其从直播间背景中分离出来，从而使主播的主体形象更加突出。

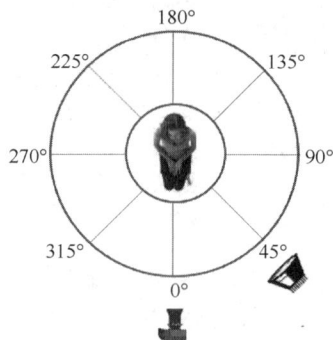

图6-9　辅助光的布置

在布置轮廓光时，要注意调节光线的强度。如果轮廓光的光线过亮，就会导致主播前方显得昏暗。

（4）顶光

顶光是次于主光的光源，从主播的头顶位置照射，为背景和地面增加亮度，能够把主播的颧骨、下巴、鼻子等部位的阴影拉长，让主播的面部产生浓重的投影感，有利于主播轮廓的塑造。顶光的设置位置与主播头顶的距离宜在 2 米以内，如图 6-11 所示。

（5）背景光

背景光又称环境光，是主播周围环境及背景的照明光，其主要作用是烘托主体或渲染气氛，可以使直播间各个位置的亮度都尽可能地和谐、统一。由于背景光最终呈现的是均匀的灯光效果，所以在布置背景光时要采取低亮度、多光源的方法，如图 6-12 所示。

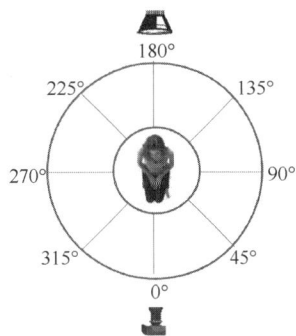

图6-10　轮廓光的布置

3. 常用的直播间布光法

由于主播的受光程度与其所处位置有关，因此在为直播间布光时，合理布置光源位置，或者改变主播的位置，都可以使主播或商品呈现出来的画面效果更加理想。

（1）三灯布光法

三灯布光法一般适用于空间较小的场景，其优势在于能够还原立体感和空间感。该布光法就是将一盏环形柔光灯作为主播的主要光源放置于主播正前方，将另外两盏柔光灯分别放在主播两侧用以打亮其身体周围。环形柔光灯自带柔光罩，光线非常柔和，即使长时间直播也不会让主播感觉刺眼；柔光灯柔和的光线也能够使商品更有质感，更有吸引力。这种布光法适用于服装、美妆、珠宝、人物专访等多种直播场景，具有很强的适用性，如图 6-13 所示。

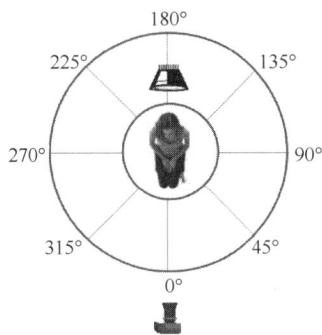

图6-11　顶光的布置

图6-12　背景光的布置

图6-13　三灯布光法

（2）伦勃朗布光法

如果想增加主播轮廓的立体感，可以采用斜上光源的布光方式。斜上光是从主播头顶左右两侧 45°的方向打下的光线，在调试灯光的过程中需要使主播眼睛下方的一侧脸上出现一块明亮的三角形光斑，如图 6-14 所示。这种布光法就是非常有名的伦勃朗布光法，可以突出鼻子的立体感，强调主播的面部骨骼结构。

图6-14　伦勃朗布光法

（3）蝴蝶光瘦脸法

主播都希望把自己最美的一面呈现给用户，如果希望在直播画面中呈现出娇小的脸庞，就可以使用蝴蝶光瘦脸法。这种布光方法是在主播头顶偏前的位置布置光源，会把主播的颧骨、嘴角和鼻子等部位的阴影拉长，从而拉长面部轮廓，达到瘦脸的效果，如图6-15所示。需要注意的是，这种布光方法不适合脸庞太瘦或颧骨太高的主播。

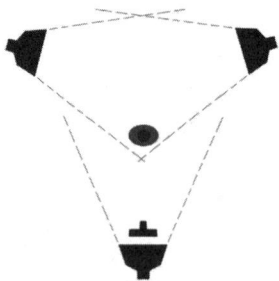

图6-15　蝴蝶光瘦脸法

6.1.4　搭建数字直播间

党的二十大报告指出，"必须坚持守正创新"，要紧跟时代步伐，顺应实践发展，以满腔热忱对待一切新生事物，不断拓展认识的广度和深度。随着数字技术的不断进步，企业要正确认识数字人技术这一新生事物，并将其应用到直播中。企业要想搭建数字直播间，可以按照以下步骤来进行。

1. 选择合适的平台

搭建数字直播间的前提是选择一个合适的平台，这些平台要具备以下特点。

（1）支持AI技术和VR技术，以提供给用户更加智能化和沉浸式的观看体验。

（2）支持多种数字人形象，以满足用户的不同需求。

（3）支持多种交互方式，如语音、文字、手势等，以提高用户的互动性。

目前市面上有很多平台可以选择，如阿里云直播、腾讯云直播、华为云直播等，企业在选择平台上要综合考虑平台的稳定性、安全性、扩展性等因素，宜选择市场占有率较高的平台。

2. 设计数字直播间

企业要根据经营的实际需求设计数字直播间，数字直播间应包括直播屏幕、数字人形象、后台管理等多个部分。在设计过程中，企业要考虑数字直播间的外观、颜色、形状等因素，以确保数字直播间的整体视觉效果符合要求。同时，企业要为数字直播间添加各种功能，如聊天功能、礼物功能和商品展现功能等。

企业可以利用数字直播间软件设置直播画面为竖屏或横屏，在添加摄像头时将其设置为绿幕抠图并调整摄像头分辨率，还可以添加其他视频、图片等素材。

3. 安装和配置数字人形象

数字人形象的设计要考虑用户体验和互动性，企业应选择专业的数字人形象设计师来制作数字人形象。企业在安装和配置数字人形象时，首先要下载数字人形象代码，然后在直播平台上安装和配置，在安装和配置时考虑数字直播间的尺寸、颜色和特效等因素，以保证数字人形象完美适配数字直播间。

4. 设置数字直播间的灯光和音效

数字直播间的灯光应是柔和的，以营造舒适的氛围；音效应清晰、流畅，使用户更好地沉浸在直播中。

5. 开启数字直播间并进行测试

搭建好数字直播间后，企业要检查数字直播间的各项配置是否完善，然后开启数字直播间测试各项功能，如数字直播间的流畅度、灯光和声音的效果等，以保证数字直播间可以满足用户的观看需求。

6.2 各类商品直播间布置

直播间的布置会给用户造成直观的视觉冲击，影响用户的视觉体验，最终影响用户的购物决策。因此，品牌商需要根据自己的品牌调性和商品类型对直播间进行设计。

6.2.1 母婴类商品直播间布置

母婴类商品直播间的布置方式如下。

（1）背景图要简洁大气，有明显的主题或标识。

（2）镜头景别要与直播间的空间匹配，如果空间较小，镜头要以近景为主。

（3）直播间要整洁，避免杂音，也不要有其他人员。直播结束后可以通过后台的剪辑功能将卡顿、乱入、设备调试或其他意外情况剪掉，保证在回放时更流畅。

（4）画面色系要与品牌色的色系一致，饱和度要低。

（5）商品在货架上的摆放要兼顾美感和显眼。

（6）主播的着装要与直播间的色系和谐。

例如，母婴直播间在布置时可以以铜绿和奶咖为主色调，避免直角设计，弧度要圆润，柔和的色彩搭配圆弧曲线，显得整体画面温馨、有亲和力，如图6-16所示。

抖音直播账号"babycare母婴用品旗舰店"直播间的主体色调采用的是与品牌账号一致的红色，背景墙上只有品牌账号的名称和入会优惠条件，整体较为简洁，且该背景墙为虚拟图片，后台管理人员可以随时调整图片大小，以快速匹配直播间的整体效果。该直播间的商品摆放比较简单，主播会在推荐某商品时拿出简易型货架，让商品成为画面的焦点，以便用户观察商品的外观特征，如图6-17所示。

图6-16 母婴类商品直播间布置

图6-17 "babycare母婴用品旗舰店"直播间布置

6.2.2 美食类商品直播间布置

美食类商品直播间布置的方式如下。

（1）由于美食本身会给人一种温暖、治愈的感觉，所以在布光时要强化这样的观感，可以使用背景光在厨房的百叶窗边打出阳光般的效果。这样，直播间里就会有阳光明媚的早晨般的氛围感，与美食主题相符，格外的清新和治愈。

在布光时，要将主光放在主播的右前方稍高位置，搭配 LED 灯和深口抛物线柔光箱，使光线柔和均匀，输送距离更远，在主播面部形成极其自然的过渡和层次感，美化主播的容颜。

辅光要布置在主播的左后侧，与主光相对，同样使用深口抛物线柔光箱模拟出阳光进入室内后，在室内墙壁漫反射后的柔和自然光线，使画面更干净、更通透，减少过重的用光痕迹。

（2）如果直播间的目标用户为年轻女性，美食种类为零食，直播间就可以走甜美风格，如使用粉色背景布或贴墙纸，准备色调对比鲜明的桌椅等。

（3）灯光色温要处于 4500 ～ 6000K，让食物看起来更加鲜艳，更有食欲，从而提高直播间的转化率。

（4）直播间可以使用虚拟背景，用特写画面来展示食物的配料、状态等，在主播讲解商品的同时展示商品的细节。虚拟背景也可以播放工厂生产、包装等视频素材。

例如，某直播间设计机构为"猫猫"直播间进行专业布置时，考虑到"猫猫"直播间的主推商品为零食，目标用户为年轻女性，所以将主体色调定为代表温柔、甜美，象征浪漫的暖粉色，同时结合沉静的蓝色调，以点、线、面进行整体构造，让直播间在整体散发温柔气息的同时充分释放张力，如图 6-18 所示。

图6-18 "猫猫"直播间布置

6.2.3 服装类商品直播间布置

服饰类商品直播间布置方式如下。

（1）服饰类商品直播宜选择面积为 20 平方米左右的直播间，要有换衣服和展示衣服的空间，以及模特、助理、客服等的活动空间。为了增加画面的纵深感，让画面显得更有层次，直播区域可以设定在房间靠窗的一角，在角落取景。

（2）服饰类商品直播间必须有衣架或衣柜，且应挂满当天直播所要销售的服装，并用假人衣架放置主推商品，如图 6-19 所示。同时，在直播区域的周边也摆满衣服，在视觉上暗示用户直播间的款式非常多，制造吸引力。

（3）直播间地面可以选择浅色系地毯或木色地板，如图 6-20 所示。地毯风格要与所售衣服的风格匹配；放置地毯可以增加质感，提高直播间的环境档次，拉高商品的客单价；为了便于展示商品，可以搭建方台或圆台。

图6-19 直播间衣架布置

图6-20 直播间木色地板

（4）墙面背景可根据商品类型做搭配，目的是提高直播间的层次感，能够给用户带来美感和舒适感，如图6-21所示。直播间应以浅色、纯色背景墙为主，营造出简洁、大方、明亮的环境氛围；使用简洁明亮的颜色，如冰蓝、浅灰、浅棕等，因为纯色和浅色在视觉上更精简，容易突出主播；也可以选择同色系拼接搭配，让直播间看起来既舒适，又不显得千篇一律。在背景墙前放置一些盆栽，可以增强直播间的氛围感。

背景墙的颜色不要太亮或太花哨，因为太亮极易导致画面出现反光，太花哨则可能导致镜头出现虚焦现象。另外，主播在直播时不要太靠近背景墙，要与背景墙至少保持1.5米的距离。

（5）在照明上要以明亮的灯光为主，灯光颜色不宜太复杂，因为复杂的灯光会影响商品展示，造成商品色差，最终形成售后问题，提高退货率。

例如，抖音账号"艺诗缘服装商行"的直播间在主播身后有序摆放了在直播中会介绍到的服装，还使用假人衣架配合展示服装搭配效果；背景墙采用了白底竖条纹形状的贴纸，风格淡雅清新，与所售服装色调一致，符合直播间定位；光线整体较柔和、自然，较好地保证了主播与服装的出镜效果，如图6-22所示。

图6-21　直播间墙面背景

图6-22　"艺诗缘服装商行"直播间布置

6.2.4 美妆类商品直播间布置

美妆类商品直播间布置要求商品摆放美观，使直播画面呈现层次感，具有纵深感，能够突出商品卖点，便于主播进行商品营销。

（1）一般情况下，美妆类商品直播间的面积在10平方米左右即可。

（2）背景墙应简洁干净，以浅色、纯色为主，也可以适当使用一些装饰品，如图6-23所示。当然，也可以根据主播形象或直播风格进行调整：如果主播的人设是可爱、活泼的，直播背景墙或窗帘可以用暖色；如果主播的人设是成熟、稳重的，则宜以白色、灰色的背景墙为主。灰色是直播间的理想背景色，不会过度曝光，视觉上也比较舒适，有利于突出主播的妆容或商品的颜色。如果有奖杯或奖牌，可以放在背景架上，能够增加用户的购买信心。

（3）在主播身后放置美妆展示柜，在展示柜上整齐有序地摆好要销售的商品，不仅让人感觉舒适，还有一定的吸引力。如果放置整面墙的护肤品或口红，还可以增强视觉冲击力。

（4）准备桌面面积足够大的直播桌，以便主播试用、测试、摆放备播商品。另外，考虑到美妆主播长时间直播的舒适度，宜为其选择一把低靠背座椅。

（5）如果直播间的面积较大，为了避免直播间显得过于空旷，可以适当放置一些既符合主播的人设，又与直播主题相契合的室内小盆栽、小玩偶之类的装饰品，能够起到丰富直播背景的作用。

（6）如果不想支付高昂的装修费用，商家可以选择虚拟背景直播。这样不仅可以节省设计成本，还可以给直播间提供更多的创意可能，帮助品牌商解锁多样化的直播场景，如图6-24所示。

（7）正品大牌商家在布置直播间时，多会在直播画面上方设置品牌滚动灯，将画面中间设置成品牌主视觉色调，在画面下方进行正品展示和陈列。直播间背景以品牌主视觉色调为主，同时突出关键信息，美妆桌陈列整洁美观，主播的妆容、服装精致大方，能从整体上提升商品推广销售的档次，如图6-25所示。

（8）美妆类商品直播间对光线的要求较高，光线要柔和、均匀，尤其是主播的面部，要避免出现阴影，光线不足很容易暴露主播皮肤上的缺陷。在灯光布置上，美妆类商品直播间常用的是三灯布光法，即在主播前方稍高的位置放置一盏主灯，可以用环形灯，并在主播前方两侧45°方向上各放置一盏带有深口抛物线柔光箱的辅助灯，这样就形成了大面积的柔光，可以照亮直播间的背景和主播，使整个画面通透明亮，与美妆品牌的高级色调匹配。

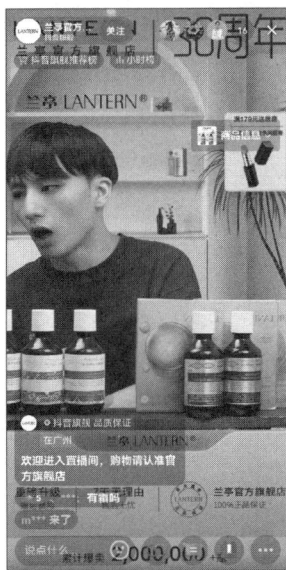

图6-23 直播间背景墙	图6-24 虚拟背景直播	图6-25 正品大牌商家直播间布置

如果主播身后的背景墙或货架需要进行展示，一侧的一盏辅助灯应向背景墙移动15°左右，为背景补光，同时给主播布置轮廓光。商家要保证主播的面部光线均匀，避免出现阴阳脸。如果美妆商品是彩妆、护肤品类，灯光要多用冷色系的白光，以保证美妆商品的最佳展示效果。

例如，抖音账号"谷雨品牌直播"的直播间以米白色和淡绿色为主色调，自然柔和，背景墙放置少量的美妆商品，陈列错落有致，主播身前的美妆桌上陈列着主播要介绍的美妆商品。从整体上来看，直播间的光线明亮，主播的面部清晰、有光彩，强化了美妆商品的使用效果，如图6-26所示。

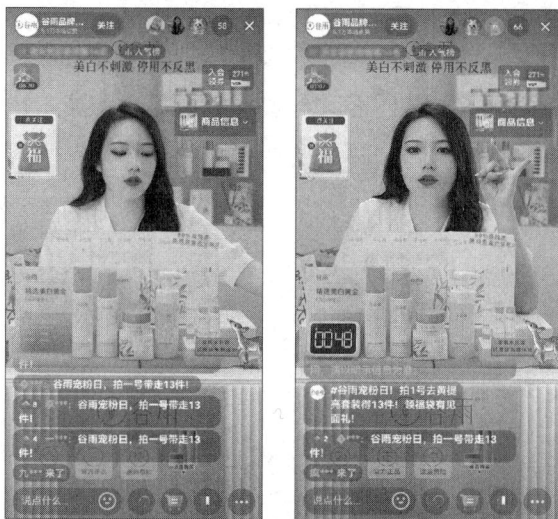

图6-26　"谷雨品牌直播"的直播间布置

课后习题

一、填空题

1. 在电商直播间，主播最好用 _____ 来装饰直播间。

2. 美食类商品直播间适合选择 _____ 系，这样可以衬托美食的色泽，让用户更有食欲。

3. _____ 可以突出鼻子的立体感，强调主播的面部骨骼结构。

4. _____ 是在主播头顶偏前的位置布置光源，会把主播的颧骨、嘴角和鼻子等部位的阴影拉长，从而拉长面部轮廓，达到瘦脸的效果。

二、选择题

1. 可以用于营造抢购商品紧迫感的直播辅助道具是（　　　）。

A. 计算器　　　　B. 秒表　　　　　C. 商品　　　　　D. 白板

2. 在直播间的各种灯光中，（　　　）是实现灯光美颜的第一步，能够让主播的面部均匀受光。

A. 主光　　　　　B. 辅助光　　　　C. 轮廓光　　　　D. 顶光

3. 在布置服装类商品直播间时，下列做法不符合要求的是（　　　）。

A. 选择面积为20平方米左右的直播间

B. 用假人衣架放置主推商品

C. 直播间最好以花色背景墙为主

D. 直播间地面可以搭建方台来展示商品

三、简答题

1. 简述三灯布光法。

2. 简述搭建数字直播间的步骤。

第7章

直播话术：提升直播间营销力的关键

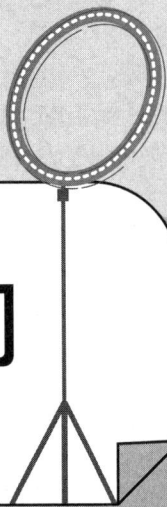

知识目标

➤ 了解直播营销话术设计要点和原则。

➤ 掌握直播营销的常用话术。

➤ 掌握"三点"直播营销法。

➤ 掌握各类直播间商品讲解要点。

➤ 掌握直播间商品"四步营销法"。

能力目标

➤ 能够按照直播的一般流程设计话术。

➤ 能够设计各个品类商品的讲解话术。

➤ 能够根据"四步营销法"设计话术。

素养目标

➤ 坚守诚信底线，在商品质量、服务上严格把关，不欺骗消费者。

➤ 弘扬法治精神，严格遵守直播行业的相关法律法规。

　　主播运用优秀的话术可以挖掘出用户的核心需求，快速引起用户的注意和兴趣，打消其顾虑，激发其购买欲望，促成其下单购买。可以这样说，直播话术是影响直播间营销效果的关键因素。

7.1 直播营销话术设计

对于主播来说，话术水平直接影响直播间商品的销售效果。直播营销话术是商品特点、功能、材质的口语化表达，是主播吸引用户停留的关键，也是促成交易的关键。因此在直播营销中，巧妙地设计直播营销话术至关重要。

7.1.1 直播营销话术设计要点

话术设计是指根据用户的期望、需求、动机等，通过分析直播商品所针对的个人或群体的心理特征，运用有效的心理策略，组织的高效且富有深度的语言。直播营销话术并不是单独存在的，它与主播的表情、肢体语言，以及现场试验、道具使用等密切相关。因此，设计直播营销话术时需要把握好以下要点。

1. 话术设计口语化，富有感染力

高成交率的直播话术设计的重点是主播在介绍商品时的语言要口语化，同时搭配丰富的肢体语言、面部表情等，使自己的整体表现具有很强的感染力，能够把用户带入描绘的场景。

主播介绍一款阅读架时，如果按照商品详情页上的文字进行严肃而正式的介绍："该阅读架升级两用挡板，可阅读，亦可书写；伸缩书夹，解放双手；5挡角度调节；弹力夹书条，防止纸张跳页。"用户听上去可能没有什么感觉。

但是，如果设计一段偏口语化的话术，效果可能会完全不同。"大家在看书时有没有遇到过这种情况：正在看书，遇到一点儿事情，一着急，把书放下，再想看书时，却找不到之前看到哪儿了。而且折书角会让书页变得不平整，这时就可以使用阅读架。我们这款阅读架带有伸缩书夹，大家在看书时把图书展开放在挡板上，用书夹固定住，随看随翻，有事情离开时也不用害怕找不到特定的书页了。而且这款阅读架可以调节角度，有5种角度供大家选择。除了看书，看平板电脑、写字、使用笔记本电脑时都可以用到它。"这样一段浅显易懂的话术加上直播现场的操作演示，能够直接戳中用户的痛点，让用户感觉更真实，更容易做出购买行为。

2. 灵活运用话术，表达要适度

很多新手主播经常把话术作为一种模板或框架来套用，但需要注意的是，话术并不是一成不变的，要活学活用，特别是面对用户提出的问题时，要慎重考虑后再回应。对表扬或点赞，主播可以积极回应；对善意的建议，主播可以酌情采纳；对正面的批评，主播可以用幽默化解或坦荡认错；对恶意谩骂，主播可以不予理会。

凡事要掌握好"度"，不能信口开河。夸大其词、不看对象、词不达意，都会引起用户反感。因此，设计话术要避开争议性词语或敏感性话题，以文明、礼貌为前提，既能让表达的信息直击用户的内心，又能营造融洽的直播间氛围。

为了规范互联网广告活动，保护消费者的合法权益，促进互联网广告业健康发展，维护公平竞争的市场经济秩序，国家市场监督管理总局制定了《互联网广告管理办法》（以下简称《办法》）。《办法》明确了直播间运营者（包括直播达人在内的 MCN 机构）在带货过程中的责任、义务，以遏制用卖假货、劣质货赚取高额佣金的不良现象。

《办法》第三条规定："互联网广告应当真实、合法，坚持正确导向，以健康的表现形式

表达广告内容，符合社会主义精神文明建设和弘扬中华优秀传统文化的要求。利用互联网从事广告活动，应当遵守法律、法规，诚实信用，公平竞争。国家鼓励、支持开展互联网公益广告宣传活动，传播社会主义核心价值观和中华优秀传统文化，倡导文明风尚。"

《办法》第十九条规定："商品销售者或者服务提供者通过互联网直播方式推销商品或者服务，构成商业广告的，应当依法承担广告主的责任和义务。直播间运营者接受委托提供广告设计、制作、代理、发布服务的，应当依法承担广告经营者、广告发布者的责任和义务。直播营销人员接受委托提供广告设计、制作、代理、发布服务的，应当依法承担广告经营者、广告发布者的责任和义务。直播营销人员以自己的名义或者形象对商品、服务作推荐、证明，构成广告代言的，应当依法承担广告代言人的责任和义务。"

由以上条文可知，直播间运营者在直播过程中要实事求是，秉持公正、真诚、合法、真实的原则，为用户传达正确的产品信息，不欺骗用户，不虚假宣传。另外，主播要熟知广告法的禁用词汇，避免在直播时出现问题。部分广告法禁用词汇如表7-1所示。

表7-1　广告法禁用词汇（部分）

禁用词汇类型	举例
极限词	国家级、最高级、最佳、唯一、最好、顶级、最先进、第一品牌、全网首发、顶级工艺、销量冠军、独家、绝无仅有、极致、王牌、领袖品牌、万能、终极、世界领先等
权威性词语	国家领导人×××推荐、国家××机关推荐、国家××机关专供（特供）等借国家、国家机关工作人员名称进行宣传的用语 质量免检、无须国家质量检测、免抽检等 老字号、中国驰名商标等 人民币图样（央行批准的除外）
时限用语	所有团购须标明具体活动日期，严禁使用随时结束、仅此一次、随时涨价、马上降价、最后一波等无法确定时限的词语 不得明示和暗示在某个时间点恢复原价
刺激消费者产生抢购心理的词语	秒杀、抢爆、再不抢就没了、不会再便宜了、错过就没机会了、万人疯抢、抢疯了等
迷信用语	带来好运气、增强第六感、增加事业运、有助事业、平衡正负能量、逢凶化吉、时来运转、万事亨通、旺财等

3. 话术配合情绪表达

新手主播往往缺乏直播经验，可能经常会遇到忘词的情况，这时新手主播虽然可以参考话术脚本，但要注意配合情绪、情感，面部表情要丰富，情感要真挚，再加上丰富的肢体语言、道具的使用等。直播就像一场表演，主播就是其中的主演，演绎到位才能吸引并感动用户。

使用话术时，主播不能表现得过于怯懦或强势：过于怯懦会让主播失去自己的主导地位，变得非常被动，容易被牵着走；过于强势，自说自话，根本不关心用户的想法或喜好，则不利于聚集粉丝和增加流量。

4. 语速、语调适中

在直播时，主播的语调要抑扬顿挫、富于变化，语速要确保用户能够听清讲话内容。主播可以根据直播内容灵活调整语速：如果想促使用户下单，语速可以适当快一些，控制在150字/分左右，用激情来感染用户；如果要讲专业性的内容，语速可以稍微慢一些，控制在130字/分左右，这样更能体现出权威性；讲到要点时，可以刻意放慢语速或使用停顿，以提醒用户注意倾听。

7.1.2 直播营销话术三原则

主播主要是通过语言与用户进行交流与沟通的，语言是主播思维的集中表现，能够从侧面体现出主播的个人修养与气质。直播营销话术要符合 3 个原则，如图 7-1 所示。

图7-1　直播营销话术
三原则

1. 专业性

直播话术的专业性主要体现在两个方面：一是主播对商品的认知程度，主播对商品认知得越全面、越深刻，在介绍商品时就越游刃有余，越能彰显自己的专业程度，也就越能让用户产生信任感；二是主播语言表达方式的成熟度，同样的话语由经验丰富的主播说出来，往往比由新手主播说出来更容易赢得用户的认同和信任，这是因为经验丰富的主播有更成熟的语言表达方式，他们知道如何说才能让自己的语言更有说服力。

如果是服装行业的直播，那么主播必须对服装的材质、风格、当下时尚流行趋势、穿搭技巧等内容有深入的了解，并具备一定的审美能力；如果是美妆行业的直播，主播要对护肤品的成分、护肤知识、化妆技巧、彩妆搭配等非常精通。

专业的内容是主播直播的核心。主播只有不断学习，提高自身的专业素养，拥有丰富的专业知识，积累直播的经验，才能在直播中融入自己的专业见解，说出的话才会更有内涵、分量，更容易赢得用户的信任。

2. 真诚性

在直播过程中，主播不要总想着如何讨好用户，而应该与用户交朋友，站在用户的角度，以真诚的态度进行沟通和互动。主播要以朋友的身份给出自己的真实建议，有时真诚比技巧更有用。

真诚的力量是不可估量的，真诚的态度和语言容易激发用户产生情感共鸣，提高主播与用户的亲密度，拉近双方的心理距离，从而提高用户的黏性和忠诚度。

3. 趣味性

直播话术的趣味性是指主播要让直播语言具有幽默感，不能让用户觉得直播内容枯燥无味。幽默能够展现主播的开朗、自信与智慧，使用趣味性的语言更容易拉近主播与用户的距离，提升用户的参与感。同时，幽默的语言还是直播间的气氛调节剂，能够帮助主播营造良好、和谐的氛围，并加快主播与用户建立友好关系的速度。

不过，主播的幽默要适度，掌握好分寸，不能给用户留下轻浮、不可靠的印象。此外，主播还要注意幽默的内容，可以在一些尴尬场面中进行自我调侃，但不要触及私人问题或敏感话题，而且不能冲淡直播主题，不能把用户的思路越拉越远，要始终留在直播营销的主题上。

要想成为一个出色的电商主播，提升直播语言的趣味性，主播可以通过学习脱口秀节目、娱乐节目中主持人的说话方式来锻炼自己的幽默思维。

7.1.3 直播营销常用话术

按照直播营销的一般流程，直播营销的常用话术如表 7-2 所示。

表7-2 直播营销的常用话术

话术应用场景	话术技巧	示例
直播预告	说明直播主题、直播时间、直播中的利益点	明天20:00，品牌大促销活动就要来了。我会给大家带来很多好看、舒适、实惠的服装，需要大家帮忙转发并关注直播间。我会在直播间抽出100位幸运粉丝，让其平分1万元的现金红包
开播欢迎	介绍直播商品情况，介绍优惠或折扣力度	嗨，大家好，这里是××品牌直播间，欢迎大家准时观看我们的直播！今天是"6·18"，年中大促销，我为大家争取到了多款优惠大牌商品，今天直播间的朋友可以享受超低直播价哦。今天购买商品的朋友，你们真的是赚到了
	制造直播稀缺感	嗨，大家好！欢迎来到直播间，今天晚上的直播有超多的惊喜等着你，今晚购买可享超低折扣，大家一定要抓住这难得的机会
	引导用户互动留言，激发用户的参与感	欢迎大家来到我的直播间！夏天到了，不知道大家有没有和我一样一换季就皮肤过敏，换好几个产品都不管用的情况呢？大家可以在评论区分享一下自己的情况
开播暖场	设置抽奖活动，引导用户参与互动	新来的朋友们，请打个"1"，我给大家上福袋
引导关注	强调福利，引导关注	刚进入直播间的朋友们，没有关注直播间的请点左上角的按钮关注直播间哦！成为我们直播间的粉丝后，就有可能享受到直播间不定期发布的各种福利
	强调签到领福利	关注本直播间后，每天来直播间签到，满7天就可以获得一张价值为50元的优惠券
	强调直播内容的价值	我每天都会在直播间向大家介绍美食烹饪技巧。为了能很快找到我的直播间，大家可以关注一下主播
邀请用户进群	设置福利，体现服务内容的价值	朋友们，点击上方小红心加入粉丝团，点亮灯牌即可加入粉丝群，我会定期在粉丝群里为大家分享一些服装搭配技巧，并经常在群里为大家发现金红包等福利
活跃直播间氛围	强调优惠	这套沙发的市场价格是6800元，今晚直播间的朋友们只需3800元就能买到它，真的是物超所值！我们为大家送福利了
	强调价值	你只要每天来我的直播间观看直播，认真跟我学，一个月过后，唱歌水平肯定会上一个新台阶
转场引起下文	提问互动，引出下文	刚才我演示了如何搭配这两款服装，不知道大家对服装搭配效果是否满意。觉得好看的，可以在评论区留言哦
	说明商品特色，引出下文	我可以在15秒内画好眼线，不知道大家信不信。你可能会说，这不太可能。但有了这款眼线笔，我们就可以做得到。下面我教大家如何使用这款眼线笔画眼线
激起用户对商品的兴趣	提高商品的价值感	这款产品的价格虽然高，但我们走的一直是高端路线，品质是有保证的。如果你觉得产品没有品质，我们可以退货退款
	打破传统认知	这条裙子彰显的不是你的外在魅力，而是你的整体气质
	构建商品的使用场景	夏天，女生外出游玩时会把自己打扮得很漂亮。但是很多地方的蚊子比较多，一叮一个包，而且迟迟不消，这会严重影响女生的心情和形象。所以，我们出去玩的时候不妨带一小瓶驱蚊液。只要时不时地在腿上和胳膊上喷一喷，就可以避免蚊虫叮咬，让自己玩得更开心
	强调商品的细节、优点	你们看，这款衣服上的亮片是新型印花。它们比传统亮片更闪，而且不易因洗涤而脱落；面料使用的是独特的印染工艺。近看，花形隐约可见；远看，花形十分明显，鲜艳绽放，可以完美地衬托出女人清雅、柔美的气质

续表

话术应用场景	话术技巧	示 例
引导用户下单	强调售后服务	大家现在下单，我们晚上就可以安排发货，3 天内就能送达。我们是有运费险的，大家不满意就可以使用 7 天无理由退货权益。大家可以放心购买
	与原价做对比	为了感谢大家一直以来对这款产品的支持，我们在这一周进行优惠大放送，原价 × 元，现在只要 × 元。喜欢这款产品的朋友请在规定时间里按优惠价购买
	偷换心理账户，强调价格优惠	这款产品的质量非常好，能用好几年，虽然价格看起来高，但平均算下来，每天也就一块钱
	引导查看商品链接	点击"小黄车"，最上面的商品就是我正在讲解的这款商品，感兴趣的可以点击链接查看商品详情页
	引导加入购物车	各位关注主播的朋友们，如果喜欢主播的推荐，请点击下方的"小黄车"找到 6 号商品，即使现在还没有决定购买，也可以先把它放进购物车，以免一会儿想购买时找不到了
下播	表达感谢，引导关注	感谢大家一直观看我的直播，希望我为大家推荐的商品都可以使大家满意。还没关注我的朋友，请点击"关注"按钮，记得来看下次直播哦
	引导转发，表达感谢	你如果喜欢我的直播，就可以转发、分享给你的朋友们，让更多的人来看我的直播，多谢了
	强调直播间的价值观	就要到下播的时间了，我在这里强调一点，我们这个直播间一直秉持真诚、客观、有趣的价值观，希望通过和大家的互动，让大家在愉快的购物氛围中学到更多知识，拓宽自己的视野
	商品预告	就要下播了，大家在下次直播时想要什么商品，可以在评论区留言，也可以在粉丝群留言，我会为大家选品，争取在下次直播时为大家带来更多、更好用、更实惠的商品
	预告直播利益点	5 分钟以后就要下播了，明天同一时间，大家记得准时来看我的直播哦！下次直播，我会给大家带来更多福利，有更多红包雨、抽奖次数，还有大家呼声最高的 × × ×

7.2 直播营销"三点"方法论

直播营销的对象是消费群体，是形形色色不同类型的人。主播要设身处地地站在用户的立场上思考问题，深入了解目标用户群体的现状与内心感受，挖掘出其真正的需求，找到他们的"痛点"，挠到他们的"痒点"，触达他们的"爽点"。

7.2.1 什么是"三点"

"三点"指的是用户的"痛点""痒点""爽点"。它们是任何一种营销形式的根本立足点，是一切营销活动的诱因，是一切成功商品的商业基因。缺少其中的任何一点，一场营销活动或一个商品就很难获得成功。

1. "痛点"：用户恐惧

什么是"痛点"？顾名思义，"痛点"就是用户急需解决的会让其感到痛苦的问题。一个人解决痛苦时的动力是最大的。例如，吃饭是人的基本需求之一，饿了就会想办法找东西吃；生病时人会感觉很痛苦，就会主动找医生来解决痛苦。

"痛点"营销就是一种通过挖掘目标用户群体急需解决的问题，找出其核心需求，从分析"痛点"的角度切入，提出积极、有效的解决方案，从而提高营销成功概率的营销方法。众所周知，家里厨房的抽油烟机清洗起来非常麻烦，如果有一种喷剂能高效解决用户清洗抽油烟机的"痛点"，用户自然就很想了解这种喷剂。

2. "痒点"：虚拟自我

"痒点"反映了用户的虚拟自我。虚拟自我，就是人们想象中的那个自己。人都有七情六欲，欲望得不到实现时，就会心痒，就会想方设法满足自己的愿望。

根据马斯洛需求层次理论，人的需求是有层级之分的。人在低层级的需求得到满足后，就会追求更高层级的需求。满足基本生存、生活的需求后，人们就会开始追求更美好、更舒适、更安全的生活。

例如，手机作为一种通信工具，其常规功能是打电话、发短信、拍照、上网等，目前市场上的大多数手机基本能够满足用户的需求，但为什么很多用户愿意花更多的钱，甚至花更多的时间去抢一部新款的智能手机呢？因为新款的智能手机应用了新技术，功能更加强大，而且代表了时尚、潮流型，能为用户提供更好的体验。对于这部分追求潮流和良好体验的用户而言，新款智能手机就是抓住了他们的"痒点"。得不到新款手机，也不会影响他们的基本生活，但会让其心里痒痒的。

因此，如果有些商品或服务的定位不是解决用户的"痛点"，主播就可以尝试分析用户的"痒点"。抓住"痒点"，满足欲望，这就是"痒点"营销方式。

3. "爽点"：即时满足

"爽点"反映的是人的即时满足感。人在得到满足时的状态叫"愉悦"，得到即时满足时的感觉就是"爽"。例如，人在饥肠辘辘时就想吃饭，他可以选择自己买菜做饭，也可以选择去餐厅吃饭，但如果既嫌做饭麻烦，又懒得出去，就可以在外卖平台上下单，让配送员把饭菜送到家，从而得到即时满足。

满足用户的需求是所有营销的共性，引领用户的需求是营销高手之道。如果能够让直播推荐的商品超越"痛点"，创造"痒点"，满足"爽点"，那么通过直播营销打造爆款商品的概率就会大大提高。

7.2.2 "三点"直播营销法

主播在选择"痛点""痒点"或"爽点"作为营销点时，要根据直播间用户的购买决策来分析。用户购买决策分为两种倾向：偏理性倾向和偏感性倾向。

1. 偏理性倾向

主播推荐的商品需要用户考虑未来、考虑他人，花费大量的金钱成本或时间成本，即用户的决策成本太高时，用户的购买决策就会偏理性。在这种情况下，主播可以利用逻辑、推理等手段来说服用户购买商品。具体来说，主播可以向用户提供大量事实、数据等信息，并将其融入商品销售推广。例如，某主播在销售某款电风扇时，就抓住了用户使用电风扇的3个"痛点"，如表7-3所示。

表 7-3　某主播销售电风扇时抓住用户的"痛点"

"痛点"	直播文案
怕噪声	这款电风扇的风声很小，可以让你在细风的轻柔吹拂下安静入眠
模式单一	它有自然风、睡眠风、正常风 3 种模式，可以满足大家的不同需求
送风范围小	左右约 70° 自动摇头，上下约 90° 手动摇头，3D 立体送风，循环室内空气，使整屋清凉

2. 偏感性倾向

主播推荐的商品需要用户考虑现在、考虑自己，且决策成本不高时，用户的购买决策就会偏感性。这时主播可以考虑将"痛点""痒点""爽点"中的任何一个作为营销的切入口。

当主播推荐的商品引发的是用户偏感性的购买决策时，主播可以利用愉快的想法、积极的形象或暗示说服用户购买商品，要偏重情感交流、生活感知、经历故事等，多举案例，多打"感情牌"。

主播在售卖商品时，既是在卖商品，也是在卖感觉，要让用户感觉到商品能给自己带来的价值和利益。主播尽量多用生动、形象的语言和兴奋的语调、语气描绘商品的各种应用场景。例如，主播在推荐某款冬装时，可以这样说："这件衣服的颜色特别正。下雪的时候，穿上这样一件红色的外套，在一片白茫茫的雪地里游玩，想想就很美，随便一拍就有极致的艺术感。正因为这样，这款冬装在网上的销量很高。"

每一种用户群体都有自己的"痛点""痒点""爽点"，一味地生搬硬套只能让新用户感到迷茫，让老用户感到乏味。因此，主播要进行多元化、差异化的营销设计，找到不同用户群体的个性需求，从而提升用户的黏性。

7.3　直播间商品讲解要点拆解

直播营销的终极目的是通过把商品销售出去获取利润，所以主播在直播时要做好对商品的全面介绍，展示商品的完整形象。在介绍商品时，主播要遵循两个原则，一是对商品进行全方位的展示，如商品功能、材质、规格等；二是对商品的描述要准确。不同品类的商品特性不同，所以主播需要有针对性地进行讲解。

7.3.1　美妆类商品讲解要点

在直播间推荐美妆类商品时，主播要着重介绍商品的质地、价格、容量、使用方法、试用感受、使用效果等。主播可以将商品涂在自己的手臂或脸上，直观地向用户展示商品的使用效果。

常见美妆类商品的介绍要点如表 7-4 所示。

表7-4 常见美妆类商品的介绍要点

商品类型	介绍要点
底妆类	色号、适合的肤质、持久度、滋润度、遮瑕度等
唇妆类	色号、持久度、滋润度，是否容易沾杯，适合搭配何种腮红、眼妆等
修容类	质地（粉状还是膏状）、颜色（如偏红、偏灰）、是否飞粉、是否容易晕染等，并向用户演示使用该商品修容的方法，展示使用商品前后的对比效果
遮瑕类	适合的肤质、遮瑕度、滋润度等
眼妆类	眼线：颜色、持久度、防水性、使用寿命、使用起来是否顺滑等
	眼影：质地、显色度、延展度、细腻度、持久性、是否飞粉等
	眉笔：颜色、成分、质地是否柔和、持久度、防水性等
	睫毛膏：持久度、刷头形状、功效（让睫毛显浓密、卷翘等）、刷完是否会出现"苍蝇腿"等
化妆工具类	用途、材质、使用方法、使用感受等，并向用户展示使用方法
卸妆类	质地是否柔和、卸妆效果（可以将彩妆画在手臂上，现场卸妆）、适用的场合（如卸妆湿纸巾适合在外出乘车、乘飞机等场合使用）
洁面类	成分、适合的肤质、使用方法、起泡情况、清洁强度，适合早晨洁面使用还是晚间洁面使用，是否具备卸妆效果，洗完脸后是否有紧绷感等
面膜类	成分、使用方法（对于新上市的面膜，要向用户演示其使用方法）、精华液含量等
美容工具类	使用方法、使用效果、安全保证、质量认证等

国家相关部门规定，禁止在商品宣传中明示或暗示化妆品具有医疗保健功效。因为化妆品起作用的位置一般在人体表层，其效果与药品及医疗美容带来的效果有本质上的区别。主播如果在介绍美妆类商品时使用疑似医疗类的用语，就有可能被判定为违禁词汇，如"修复受损肌肤""加速伤口愈合""抗氧化""祛疤""除菌""改善敏感肌肤""解毒""祛斑"等。

另外，对于没有取得特殊用途化妆品资质的商品，主播不可以宣传其具有特殊功效，且不得夸大宣传其功效，如"祛斑""淡斑""美白""防晒""防脱""改变发色"等，否则会被判定为违规。

常见的美妆类商品讲解话术如下。

●"这套产品是乳液、面霜二合一，可以深层补水控油，比普通的乳液更加锁水保湿，比普通的面霜更好吸收，而且我们给的价格可以帮您省下一瓶面霜的钱。"

●"接下来咱们看一下19号链接，你们知道为什么叫它'空气蜜粉'吗？因为它的粉质特别细。咱们轻拍一下，就可以看到它的粉会沿着空气往上飘。优质的蜜粉粉质细腻，对皮肤特别温和，不刺激，而且控油效果非常好。"

●"这个翡翠气垫可以吸走你皮肤上的一些油脂，不会特别黏腻，而且它的遮瑕力很强。我用眉笔在手上画一道线，给大家看一下它的遮瑕力。你看，我轻轻一抹，眉笔画出来的线就被遮住了，所以皮肤暗沉、黑眼圈重的朋友可以使用我们家的翡翠气垫；脸部痘痘比较多的朋友也可以用它。它可以让你的底妆变得更加精致。"

●"今天是我们×××感恩回馈专场。我们今天给大家带来的是高端护肤9件套，专柜价是1980元，今天到手价是198元。我们还会送20片补水面膜。有皮肤发干、缺水，化妆卡粉，皮肤暗沉发黄、没有光泽，脸上有星星点点的褶皱，皮肤松垮等情况的朋友请购买这个9件套。9件套包括保湿水100毫升、保湿乳100毫升、鱼子酱精华液50毫升、补水面霜80克、精华眼霜80克、修护晚霜50克、洁面乳100克、隔离霜50毫升、粉底液50毫升，全部是正装，没有年龄限制，16～65岁都可以使用，男女均可用。这是一款复购率高、评价超高的套盒，不管是送人还是自己用都很划算。"

7.3.2 服饰类商品讲解要点

在介绍服装类商品时，为了增加讲解的吸引力，主播可以采用以下几种方法。

1. 亲自上身试穿

主播可以亲自试穿服装，360°展示服装的试穿效果。主播展示试穿效果时要注意走位，用远景向用户展示服装的整体效果，用近景向用户展示服装的设计细节和亮点等。

2. 介绍服装的风格

服装的风格有很多种，如学院风、休闲自然型、都市风、运动活力型、前卫型等。主播在介绍商品时，要向用户说清楚所推荐的服装属于哪种风格。

3. 介绍服装的尺码与款式

主播向用户介绍服装的尺码时，需要介绍上衣的腰围、胸围、袖长、衣长以及所适合的人群，裤子腰围、臀围和裤长。

此外，主播还要介绍服装的板型及其特点，如宽松型服装包容性强，显得人比较瘦；修身型服装凸显身材，显得人比较精神；长款服装能够遮住臀部和大腿，修饰线条等。

4. 介绍服装的整体颜色

主播要介绍服装的整体颜色，说清楚这种颜色能够给人带来什么样的感觉。例如，白色显得典雅，粉色显得可爱，黑色显得沉稳等。此外，主播还要介绍这种颜色的服装具有哪些优势。例如，红色服装显得人皮肤白，黑色服装显瘦等。

5. 介绍服装的面料

服装的面料有棉、聚酯纤维、皮革等类型，主播要先说明服装的面料，后介绍该面料的优点。例如，纯棉面料透气、吸汗性强；聚酯纤维面料造型挺括、不易变形；皮革面料防风，而且高档。主播在介绍面料时，要多用近景镜头向用户展示面料的纹理和柔软度等。

6. 介绍服装的设计亮点

主播要介绍服装在款式、图案、工艺等方面的设计亮点，突出其独特性。例如，介绍服装制作工艺的精致度；展示服装领口、袖口、下摆等位置的设计细节等。

7. 介绍服装的穿着场景或搭配方式

展示服装的穿着场景或搭配方式是服装商品介绍中一个非常重要的环节，"一衣多穿"是体现服装高性价比的关键。主播在介绍服装的搭配方式时，不能只是单纯地说它可以与某种款式的衣服搭配，应将整套服装搭配展现在镜头面前，甚至可以展示与整套服装搭配的鞋子、眼镜、帽子等。

如果条件允许，主播可以针对直播间内的某款主推服装做两种甚至更多不同风格的搭配，以满足用户休闲、上班、约会等不同场景的需求。

8. 服装报价，说明库存

对于价格较高的服装类商品来说，主播可以突出介绍高价格服装给用户带来的非凡体验，以及商品的独特之处，如纯手工制作、面料质量好、知名设计师设计等；对于价格较低的服装类商品来说，主播可以突出介绍低价所带来的高性价比。主播在报价时要先报服装的原价，再报直播间的优惠价，通过制造价格对比来刺激用户产生购买欲望。

在说明库存时，主播可以强调库存的有限性，营造商品的稀缺感，以刺激用户下单。

常见的服饰类商品讲解话术如下。

● "直播间的朋友们，请看我手里的这条裤子。这是一条蕾丝拼接的七分瑜伽裤，腰头设计为郁金香形状，可以360°收肚腩，而且没有压迫感。衣服用的是速干面料，面料弹力非常大。体重在40～80千克的人都可以穿。"

● "你们看这个面料，丝滑有质感，自带珠光，怎么搓、怎么揉都不会产生褶皱，而且不起球、不缩水、不变形，耐洗、耐磨、耐穿，怎么穿怎么舒服，怎么穿怎么凉快。来，准备上链接！"

● "这款连衣裙看似简单，但细节做得很到位。裙子上的花纹是纯手工刺绣，针法丰富。面料轻薄透气，不易皱。简约大方的V领设计可以很好地体现颈部曲线，也能修饰下脸线条。这是一条长裙，不易走光，具有柔美的垂坠感，质感非常好。从整体上看，白色的连衣裙大方柔和，很抬肤色，给人一种温婉、素净的气质。"

● "这是一款卡其色风衣，面料耐磨且柔软，适合女生在天凉时穿。连帽收腰设计，加上撞色针织带装饰，整体呈现出年轻、俏皮的形象，让走在路上的你成为一道靓丽的风景线。"

● "深蓝色弹力牛仔裤，拼接腰封设计，收腹显瘦，舒适百搭。裤子局部特意做了磨破，裤子的前中部位使用马骝洗工艺，留有猫须细节，整体看起来简约而不简单。很多人可能不懂马骝洗是什么，马骝洗其实是在可洗褪的面料基础上进行成衣着色，形成氛围感线条，或者形成渐变色效果。用马骝褪色更均匀且效果好，而且基本对服装没有物理损伤。"

7.3.3 美食类商品讲解要点

主播在直播间推荐美食类商品时，需要介绍商品的产地、主料、辅料、营养价值、味道、规格、价格、包装等，还要围绕商品的加工制作方法、储存方法、食用方法等设计营销话术。美食类商品的讲解可以围绕以下几个方面展开。

1. 安全性

美食类商品的安全性是指食品无毒、无害，符合营养要求。安全是食品消费的基本要求。主播可以围绕商品原材料的选取、清洗、切割、烹饪、制作、包装、储存、运输等一系列流程来介绍食品的安全性，可以用数据、食品安全国家标准进行背书，或者采用现场检测、实验的方式来赢得用户的信任。例如，食品选材绿色健康，添加剂无毒无害，制作工序精良，通过了一系列食品安全认证。

2. 口感风味

每个地方都有特色美食，人们的口味需求也存在差异。主播在销售一些特色美食（如北京烤鸭、天津麻花、广西柳州螺蛳粉等）时，要找准用户群体，投其所好，强调商品特色，以及与同类商品的差异，以赢得用户的好感。主播也可以从烹饪手法、秘制酱料或口味口感等方面描述商品。

美食讲究美感，主播一定要用语言表达出其美感，围绕食物的色、香、味进行描述，突出美食的优势，最好配上图片、视频或实物，这样对用户才更有诱惑力。例如，"这款果子面包是我们的主推商品，传统果脯配合现代面包工艺，可以让你吃到儿时的味道。我把面包放在这儿，大家可以看到，果脯真的很多，有苹果脯、葡萄干、橙皮丁。轻轻咬一口就可以吃到果脯，每一口都有惊喜。面包的香味很浓，交织着果香、麦香。轻轻闻一闻，然后慢慢咬一口，仔细回味，早上吃一个，可以开启美好的一天。"

又如，在推荐酸菜鱼时，主播可以一边使用视频背景展示酸菜鱼的使用场景，一边这样介绍："每一包酸菜鱼都有足量的鱼肉，只取黑鱼中段鱼肉，肉片嫩滑爽口，汤鲜味美。酸菜鱼的最佳食用时间是出锅后的十几分钟里。热气腾腾的酸菜鱼端上餐桌，鱼肉充分浸泡在汤汁里，香辣浓郁，扑鼻的香味混合着辣味，瞬间充满鼻腔。此刻夹起鱼肉放入口中，嘴里满是细腻紧致的鱼肉和脆香鲜嫩的酸菜，香辣浓郁的味道在舌尖上绽放，实在是太带劲儿了！"主播要通过语言描述调动用户的视觉、味觉、嗅觉等感官，让用户隔着屏幕就能感受到食物的美味，如图7-2所示。

主播试做食物时，要当场拆包，当场加工。例如，做葱花饼时，在不粘锅中倒油，油热后加入调剂好的面粉，摊匀以后加入鸡蛋、葱花、黑芝麻等食材，熟了以后放上生菜，抹上酱料，卷好以后就可以食用了。主播要多用近景展示食物的全貌，详细描述食物的外观，试做、试吃后再描述食物的味道、口感等。这样既向用户传递了食物的烹饪方法，又展示了食物的美味，如图7-3所示。除了推荐食物，主播还可以在直播间推荐制作美食的厨具、调料等。

图7-2 推荐酸菜鱼的直播

图7-3 推荐葱花饼的直播

3. 营养价值

主播在介绍美食类商品时，可以根据大众对此类型商品的需求，强调商品在某一方面的营养，对人体的好处等。例如，坚果类食品富含蛋白质、维生素、微量元素等，具有维持营养均衡、增强体质等功效。

4. 价格优势

美食类商品日常消耗量大，但可代替性强，所以客单价低、性价比高的商品更容易成为爆款。价格优势主要是指直播间推荐的商品比其他同类商品价格低。主播可采用商品组合套餐、五折卡、优惠券等形式拉低价格。

常见的美食类商品讲解话术如下。

● "我们是源头工厂，做牛肉干已有20年。市场上的10根牛肉干里就有3根是我们家做的。我们是工厂直销，没有中间商做差价，所以你花同样的钱买我们家的牛肉干，不仅味道好，吃得放心，数量也多。"

● "今天主播给大家推荐一款麻婆豆腐汤包。我们家的麻婆豆腐采用的都是新鲜的嫩豆腐，入口即化。浓郁的汤汁搭配粉丝，吃起来爽口有嚼劲。粉丝由上好的白心甜红薯压制而成。这款汤包有多种配料，可以搭配出很多口味，满足大家对各种口味的需求。"

● "没吃过这种面包的朋友可以看一下，这种面包由新西兰的上等小麦粉和鸡蛋制作而成，口感松软，奶香味、麦香味十足，再看看这个颜色，金灿灿的，让人食欲大增。面包里边是自然的奶白色，不是假白。关于这种面包的品质，大家可以完全放心。"

● "我介绍的这款蛋黄酥一盒有12枚，刚好适合1～2人食用；有多种口味，如抹茶味、红豆味、紫薯味等，可以每天换着口味吃。今天直播间我们做活动，一盒蛋黄酥的价格只有过去的一半，大家赶紧去拍。这种带有独立包装的蛋黄酥，既适合出去玩的时候带上一包，也适合当早餐、午餐或下午茶。我比较推荐大家当早餐吃，到了教室、工位直接开吃就可以了。有条件的用微波炉热几秒，搭配上豆浆或牛奶，完美的早餐就有了！"

● "今天给大家带来的是××家的酸辣粉，这是地地道道的重庆味道的酸辣粉。这款酸辣粉是在无尘环境里进行加工的，卫生完全可以得到保障。这款酸辣粉的调料经过层层甄选，从纯粮酿醋、精选蔬菜，到香辣红油、酥脆花生，我们给大家带来的是暖身、暖心、暖情。更重要的是，这款酸辣粉由人工种植的红薯制作而成，不会有农药、化肥残留，制粉过程也是全程手工。调料包有红薯淀粉包、调味料包、调味油包、醋包、花生包、蔬菜包、豆丁包。只需用热水冲泡5分钟，大家就能吃上香辣酸爽、令人十分过瘾的酸辣粉了！"

7.3.4　3C类商品讲解要点

对于3C类商品，主播要以开箱为主，从检测、剖析、展示商品的生产工艺、性能、功能、技术指标等方面入手介绍，重点在于突出推荐商品与其他商品的差异和推荐商品的优势。

用户在挑选3C商品时最看重的是商品的性能，与现在使用的商品有何不同，能给自己带来什么特殊的体验等。电子产品更新换代快，更新必定能带来新功能，满足新需求。

主播在直播时应该着重挖掘用户的痛点。例如，在介绍蓝牙耳机时，要重点突出有线耳机的不便；在介绍5G手机时，要重点介绍高网速、低延迟、多链接等特点。只有抓住核心需求并宣传推广，才能收到良好的直播营销效果。

下面按照直播的一般流程，以手机为例来阐述3C类商品的讲解要点。

（1）介绍商品的外观、颜色，以及不同的版本，并结合广告宣传和发布会等融入主播的个人观点和感受。

（2）开箱检测，展示商品未开封、带有薄膜的状态及所有配件等。

（3）从包装、附件、说明书等方面展开，讲解商品的功能，如手机的快充功能等。

（4）对比市场上的其他手机，介绍外观设计，如屏幕大小、屏占比、屏幕质量、屏幕类型、分辨率、按钮材质、背面材质、闪光灯、卡槽、防水设计、机身宽度、耳机孔直径等。

（5）新商品一般会具有特色功能或亮点，主播可以对其进行分析。例如，某新款手机具有超轻薄折叠屏幕、144赫兹的刷新率、90毫米的潜望式长焦镜头和64MP（百万像素）拍摄器。

（6）具体介绍硬件支持，如机身系统、处理器、内存大小、闪存大小、核数，在游戏、视频中的具体表现，各大评测软件的评分情况，同时要对比不同手机，得出有说服力的结果。

（7）介绍续航、快充、电池容量、系统耗电情况，以及完全充满电所需的时间。

（8）介绍系统体验，如流畅度、滑动体验、是否卡屏、系统新增功能等。

（9）根据以上试用情况对性价比等进行客观的综合分析。

常见的3C类商品讲解话术如下。

● "买网络电视除了注重画质，还有一点千万不能忽略，尤其是乔迁新居的朋友们，一台电视机要以能够融入家居设计为标准。有的朋友很喜欢大屏电视带来的影院级沉浸观感，又可能因为家里的面积不大，只能忍痛割爱。不慌，我们这款电视机就非常适合放在房间里。躺在床上不想起身的时候，你只要动动嘴就能完美操控电视机，想看什么节目、想看什么电影、想听什么音乐，说出来就可以实现愿望，8米之内可以精准操控，你的声音就是开关。"

● "请大家看我手里的这款手机，这是我们在7月2日全新开售的手机。它出色在哪里呢？它是双芯片运行的手机，一张芯片是骁龙701，另一张芯片是××历时三年耗资500亿元研发的影像独立专用芯片。也就是说，一张芯片专门帮助你运行软件，另一张芯片专门用于拍摄影像，所以这款手机的专用效率更高，能耗更低。"

● "这是一款无线蓝牙耳机，45°扁口设计，入耳式，戴在耳朵上十分舒服，久戴不累，而且不管你是在骑行还是跑步，它都不会掉下来。它还有防水功能，防汗又防雨。很重要的一点是，这款无线蓝牙耳机的续航时间特别长，充满电可以使用22个小时，搭配充电舱可以一个星期不用充电，需要充电时，使用type-C的快充，一个小时就能充满电。"

● "有的朋友问质量怎么样，质量你可以完全放心，这是原装正品的弗雷斯耳机，质量非常有保障，有一年的全国联保服务，支持线下验机验货。如果有人在我们直播间拍到了假货，我们会支付三倍赔偿。这款耳机的音质特别棒，它采用的是9.2毫米复合镀钛振膜，低音澎湃有力，高音还原度也非常高。"

● "这个平板电脑和其他平板电脑不一样，里面有4个扬声器，音质特别棒，而且它支持Wi-Fi6+的技术，连接速度非常快，运行十分稳定。"

7.3.5 教育类商品讲解要点

在教育类商品直播营销中比较常见的是网课。网课，即在线教学。教师通过在线教学将知识传递给学生，还能实现与学生的面对面答疑。

在推荐网课时，主播可以从名师效应、重点课程、优惠活动等几个方面来展开。

1. 名师效应

人们愿意信服优秀的教师，而资深名师的确能够扩大网课的影响力。也就是说，教师是否优秀是网课是否受欢迎的主要因素。例如，PPT达人"秋叶"在直播平台上开设的一系列关于 PPT、Excel 等办公软件使用技巧的在线教学直播，获得了很多人的关注和喜爱。因此，主播在推荐直播教学课程时，要重点强调教师的专业技能、教学实力，打造名师效应，增加用户对直播教学课程的关注度。

2. 重点课程

除了名师效应，课程内容的好坏也是影响网课是否受欢迎的关键。要想吸引更多的用户，主播就要多推荐重点课程。在推荐重点课程时，主播可以使用 SCQA 模型。

SCQA 模型出自《金字塔原理》，它的具体内容如表 7-5 所示。下面以某直播带货训练营的课程为例，分析如何利用 SCQA 模型推荐重点课程。

表 7-5 SCQA 模型

SCQA 模型	说明
场景（Situation）	从大家都熟悉的情景、事实引入
冲突（Complication）	实际情况往往和我们的要求有冲突
疑问（Question）	这时该怎么办
回答（Answer）	提出解决方案

（1）场景

现在正处于直播带货的风口，不管是行业"大咖"，还是新手，都纷纷加入了直播带货的阵营。

（2）冲突

直播带货的人这么多，竞争肯定非常激烈，而很多人的直播带货能力与成果差别巨大。有的主播连续直播 2 个月却收效甚微，而有的主播仅直播 2 个小时就能销售上万件商品。可以这样说，绝大多数主播的直播成果非常一般，用"惨淡"一词来形容都不为过。

（3）疑问

确定自己的直播间氛围不好、自己的带货能力差、用户转化率低时，有几个主播能不着急？面对这种情况时，主播是不是很想学习如何提高直播带货能力？

（4）回答

要想让直播带货的效果越来越好，只依靠直觉和蛮干是不行的，主播需要进行系统学习。但是，对于"如何学？""跟谁学？""学什么？""学到的东西到底有没有用？"等问题，主播会比较迷茫。主播此时如果听说某一位擅长直播的讲师不仅出版了关于直播带货的图书，还做了相关的网课，会不会通过购买该讲师的网课来学习直播带货呢？答案肯定是"是"。

3. 优惠活动

在相似商品如此多的情况下，优惠活动就成了吸引用户的有效手段，让用户觉得划算，自然会吸引更多的用户。常见的优惠活动设置方式如下。

（1）免费

现在很多教学直播平台推出了免费课程，如图 7-4 所示。前期免费其实是在为后期收费做铺垫。利用免费的形式吸引用户关注该课题，随着关注人数的增多，课程品牌的知名度也提高后，再推出付费课程，打造更优质的课程内容，更容易受到用户的支持。主播在直播时也要提醒用户关注更多其他的免费课程，并邀请好友观看，增加受众人群的数量，进一步提高课程的品牌知名度。

图7-4　腾讯课堂免费课程

（2）低价

主播可以向用户推荐一些收费极低，如价格从几元到几十元不等的课程。这类课程讲述的往往是人们都希望了解的一些基本知识或行业入门知识，其实关注这些课程的人也特别多。主播在介绍这类课程时，可以强调课程内容简单、好学，价格实惠，以此来吸引更多用户购买课程。

（3）打折

很多收费较高的课程是依靠打折的优惠形式来吸引用户的。虽然这些课程打折后的价格还是比一般课程贵，但因为质量高，对学习成长有利，所以对想学习相应课程的用户来说还是有很强的吸引力。

（4）立减

立减的价格一般在50元以上，价格前后差异比较大，暗示课程的物美价廉。而用户看到这样的信息，也确实会有一种"占到便宜"的感觉，从而产生购买欲望。

（5）优惠券

主播在直播间推出的可用于某课程的优惠券，与立减相似，只是减价力度比立减低，一般在50元以内。优惠券的特点在于对时间和数量的限制，这在某种层面上也提醒用户要抓住这样的优惠。

常见的教育类商品讲解话术如下。

●"这个课程是我们对行业中各种真实案例进行总结，整合出的内容精华，课程内容都是在××行业从业多年的专业老师整理的各种实操技巧、案例，课程会根据行业热点和规则变更进行更新，告诉大家什么叫××理论，什么叫×××技术。"

●"我大学时期学习的专业与互联网直播没有任何关系，但实习时偶然接触到了直播行业，对其产生了浓厚的兴趣，但是又苦于没有任何系统性的学习课程资料，只能自己一点一点地摸索，还不错的是在摸索中也掌握了一些技巧，于是产生了一种把这几年积累的知识共享给像我一样的人的想法。它就是我今天想给大家推荐的直播入门课程。"

● "原价为 599 元的课程，现在直播间只卖 99 元，卖完下架！大家直接拍 1 号链接！"

7.3.6 图书类商品讲解要点

图书作为一种传统媒介，既是精神产品又是物质产品，其精神产品属性集中体现在内容方面，而物质产品属性则主要体现在载体方面。因此，主播在直播间推荐图书类商品时，就需要围绕这两点来讲解，如果作者知名度高，也要重点介绍作者。

1. 作者简介

作者的个人经历、性格特征、写作风格、思想观点与图书内容有直接的联系，作者的影响力是直播间推广图书的有利因素。例如，《好妈妈胜过好老师》的作者尹建莉是位教育专家，她既熟悉学校教育又懂家庭教育，既是好妈妈又是好老师，培养出了优秀的女儿；《和秋叶一起学 PPT》的作者"秋叶"是国内影响力很大的办公软件技能讲授专家、网络营销实战专家。

2. 图书内容

无论是文学作品、学术著作、教材还是其他图书，总是能够体现作者的思想、观点或方法。主播要提前辨别出图书内容的类型，提炼出图书内容中的灵魂与精华部分，以便在直播时用语言传递给用户。

若要推荐《和秋叶一起学 PPT》这本书，主播可以以图书内容为核心寻找用户的"痛点"，挖掘用户的需求，设计应用场景。

"你有没有被这些问题困扰过：领导说你的 PPT 设计不够高端大气，你熬夜加班，改了又改，还是达不到领导的标准；文字太多，又不让删，以致无法排版；零基础的小白想学点儿东西又不知从何下手……一本书助你轻松做职场达人。学习这本书，能让你轻松应对工作汇报、竞聘述职、产品发布、销售竞标、数据展示等难题。"

3. 内容载体

虽然用户购买图书主要是消费其精神内容，但是图书的精神内容在形式上还是要靠物质属性来体现的。因此，图书要在纸张、图文表现形式、配套资源、封面设计、版式设计等方面满足用户的使用需求，包括便利性需求、情感性需求和收藏需求等。

图书内容载体的介绍要点如下。

（1）纸张的品种、质量。

（2）图文表现形式，如是纯文字还是图文结合。

（3）配套资源，有声音、图像的表现形式。

（4）封面的艺术风格与图书内容相匹配；采用烫金、覆膜、凹凸压印等工艺，可使封面更富艺术感染力。

（5）版式设计应适应图书的功能，合理、脉络分明，既方便阅读，又能给读者以美的享受。

另外，主播可以针对不同的目标用户群体做具体、有针对性的介绍。例如，在推荐我国的四大名著时，主播可以根据用户定位来介绍：基于年龄划分，为幼儿群体介绍浅显易懂、配有卡通插画的改编版；为学龄儿童群体介绍注音版；为老年人群体介绍大字版等。

常见的图书类商品讲解话术如下。

● "这套书为什么适合孩子看？给大家看一下，这套书有 5 本，每一本书讲的内容都不一样，有交际之道、说服之术、内心修炼、审时度势、合理决断等。这套书可以帮助孩子提高认知，是一套非常经典的国学著作。"

● "很多妈妈表示孩子有乱扔东西的坏习惯，对此非常头痛。其实孩子扔东西并不是一个坏习惯，而是他探索和了解这个世界的一种手段。很多妈妈对自己的孩子不是很了解，对一些育儿知识也很缺乏，以致不能和孩子进行良好的沟通，造成了孩子越长大越不听话的局面。爸爸妈妈不应该只埋怨孩子叛逆，也应该思考自己是不是对与孩子沟通有所忽视，或者在教育上存在不足。不管是为了让孩子养成良好的习惯，还是维护良好的亲子关系，这一本《科学育儿》都是爸爸妈妈需要的。"

7.4 直播间商品"四步营销法"

商品讲解技巧是关乎直播间营销效果的重要因素。主播可以通过需求引导、引入商品、赢得信任、促成下单完成直播间的商品营销，具体话术示例如表7-6所示。

表7-6 "四步营销法"话术示例

四步营销法	话术示例
需求引导	不管是干皮、油皮还是混合皮，大家是不是都遇到过这些情况：即使化妆前做足了补水工作，也会出现卡粉的现象，涂太多护肤品反而会搓泥；画个底妆就像戴了一副面具，一笑就有一条痕，有重要会面时，怎么都化不出满意的底妆，非常崩溃；用轻薄一点的粉底液，一出门底妆就不见了，还容易氧化泛黄，整个妆容都毁了
引入商品	选粉底液就要选服帖的，持妆力度强的。我给大家推荐一款自用的粉底液——××粉底液。这款粉底液防油防汗，上妆超级服帖，效果非常好。有一次我睡得晚，第二天早上起来随便按了两下都没有卡粉，不仅把眼角纹遮干净了，妆感也不厚重，姐妹见了都说我的肌肤就像剥了壳的鸡蛋，而且一天十几个小时带妆，皮肤也没有负担，底妆不会氧化暗沉，出汗后也不会脱妆
赢得信任	大家挑选粉底液要认准品牌，毕竟品质有保证。××粉底液是××家的主打产品，价格亲民，使用感很好。我身边的姐妹人手一瓶，回购率很高。它的粉质非常细腻，并且有养肤的成分，大家可以一边养肤一边化妆，由内而外地变美。你们看，我直接在手上涂抹，完全不显毛孔。这可是×××（某位名人）都在用的粉底液哦。不用再去看美妆博主评测，不用反复纠结，买它准没错
促成下单	想不脱妆、不卡粉的姐妹们把"粉底液"三个字刷起来！今天给你们来一波大福利。想要粉底液的姐妹越多，咱们获得的福利就越大。你们也知道，×××粉底液很难买到现货，今天咱们直播间给大家争取了200个库存，而且色号很全。你们现在给主播点个关注、加一下粉丝团，我给大家开福利价。厂商指导价是799元，今天我让你们花289元带一瓶回家。话不多说，上链接，瞄准小黄车1号链接，价格已开，赶紧去拍

这段直播话术首先通过场景描述进行需求引导，引起用户的注意，然后很自然地引入商品，又通过品牌权威、自用推荐赢得用户的信任，最后通过价格优势、赠送活动促成用户下单。由此可见，主播运用"四步营销法"能够很好地完成直播间的商品营销，并达到预期效果。

7.4.1 需求引导

需求引导主要是通过挖掘用户需求为引出商品做准备。主播要围绕商品的特点，找出用户购买该商品后能解决的核心问题，然后以亲身经历或身边朋友的经历为例，叙述用户可能遇到的问题，这样可以拉近与用户的距离。

需求引导的关键点可以分为两类：一类是"赢点"，就是用户在拥有商品后会获得什么，如皮肤滋润紧致、穿衣彰显气质、身体更健康等；另一类是"痛点"，即用户深受困扰、迫切需要解决的事情，如化妆也遮盖不住脸上的痘痘，无法消除熬夜留下的黑眼圈，想要保持身材却拒绝不了美食的诱惑等。这些"痛点"如果持续下去，只会愈演愈烈，这时主播推荐一款商品，正好可以把这个"痛点"解决，自然能够引起用户的关注。

例如，主播推荐某款粉底液时，可以这样说："不知道姐妹们有没有遇到过这样的困扰，上妆的时候，粉底液就浮在脸上，眼袋、泪沟等地方会有白痕，如果继续上散粉，散粉就会一块一块地结在脸上；卸了妆重新化，也不能解决问题，非常浪费时间，也非常影响心情。"

7.4.2 引入商品

在引入商品这一步中，主播要围绕商品的卖点、使用感受等进行描述，让用户通过各个感官感受商品的特色，从而让用户产生"有需要、用得上、值得买"的感觉，激发用户的购买欲望。

在这一步中，主播需要注意以下两点。

1. 卖体验，而非卖功能

主播如果重点介绍商品的功能，就会激发用户的理性思维，让用户用各种逻辑思考方式做出购买决策。而体验营销更多的是激发用户的感性思维，刺激用户进行冲动消费。因此，主播在介绍商品时要更多地描绘商品的使用场景，把使用体验说出来。

下面以一款拉杆箱的营销话术为例来进行两者的对比，如表7-7所示。

表7-7 营销话术对比

营销话术	话术示例
卖功能	这款拉杆箱的箱体使用的是磨砂材质，既简约又大气；有防撞包角设计，可以防止磨损；拉杆可以顺滑拉出，轻松省力；箱子的容量很大，可以盛放大量生活用品，保证出行的日常需求；设有安全密码锁，可以保护物品不丢失
卖体验	这款拉杆箱是专为出行游玩的群体打造的，质量坚固耐用，颜色款式多种多样，总有一款适合你。你只要做好出行规划，在拉杆箱中放入未来几天需要的物品，之后这款拉杆箱就是你的物品管家，为你的行李遮风挡雨，让你一路安心畅行

显而易见，卖体验的话术会给用户带来更多的想象空间，促使用户为了获得想象中的美好生活而下单。

2. 货比货，坚定购买信心

货比货就是用竞品的弱点来凸显自身商品的优势，同时呈现使用商品的幸福体验，这样可以增加商品在用户心中的好感，坚定用户的购买信心。例如，主播在销售某款垃圾袋时使用的普通话术是这样的："全新用料，聚乙烯制品，抗酸碱，抗冲击，耐寒性能好，安全无异味，加厚处理，耐撕扯，耐穿刺。"

如果使用货比货营销话术，主播就可以这样说："倒垃圾时最讨厌遇到垃圾袋漏汤水的情况，有的时候会套两个垃圾袋。去超市买垃圾袋，上面写的是"加厚"，但买回来一看还是很薄（竞品的弱点）。你如果经常遇到这种情况，就可以买这款垃圾袋。它的款式美观，质量好，属于闭眼入的产品，直接买就对了（自身商品的优势）。这款垃圾袋带抽绳，放进垃圾后，把抽绳一拉，就可以防止异味窜出，不会影响家居环境。有了抽绳，携带也方便。有了这款垃圾袋，你再也不用为处理垃圾而烦恼了（幸福体验）。"

7.4.3 赢得信任

赢得用户信任也是直播营销的关键。赢得用户信任的方式主要有 3 种，如图 7-5 所示。

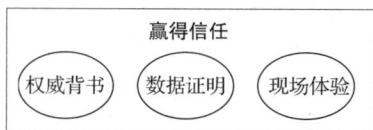

图7-5 赢得信任的方式

1. 权威背书

背书是指通过第三方的知名度、美誉度或权威性做出的一种赞誉、支持。权威人物或机构本身就具有"光环"，能得到大多数人的认可和信任，是说服力的象征。请权威人物或机构来为商品背书，会极大地增加商品在用户心中的好感。主播可以从多方面介绍权威内容，如权威人物投资、入选高端峰会、知名人士代言、知名人士同款、高科技行业应用、专家推荐、权威媒体报道等。

从心理学角度来讲，知名人士代言利用了情感转移效应。情感转移是指人们会把自己对某个人或某件事物的情感，转移到与之相关的另一个人或某件事物上，即所谓的"爱屋及乌"。在直播中，主播会通过提及知名人士代言该商品等信息让用户对该商品产生好感和信任，增强其购买的动机和意愿。

不过，主播在介绍商品的权威背书内容时，不能影响用户对商品讲解信息的传播和理解。例如，主播在推荐某品牌的高端饮用水时使用的一般话术是这样的："这款新品获得了 A 设计大奖赛 2021—2022 届赛事金奖，还荣获了国际风味评鉴所 2022 届赛事的最高荣誉 Superior Taste Award 国际美味奖三星奖章。"但是，普通用户由于根本不了解什么是 A 设计大奖赛和国际风味评鉴所、Superior Taste Award 国际美味奖，所以并不能对该商品的特色有深入了解。因此，主播要使用用户普遍可以理解的话来介绍商品的权威背书内容。例如，主播可以这样说："在我国，矿泉水被列入国家矿产资源目录。这款矿泉水的水源地在大理苍山，水龄在 16 年以上，出水量非常有限，是弥足珍贵的资源。"

2. 数据证明

主播可以用具体的销量、用户评分、好评率、回购率等数据来证明商品的优质及受欢迎度。例如，销售厨房餐具时的一般话术是这样的："这款餐具卖得非常好，大家一定要买！"空口无凭，没有数据支撑，说服力不大。加入数据后的话术是这样的："我手里这一款餐具是刚刚推出的新品，上市当天的销量就有 8000 份，一周销量有 10 万份，网店的好评率为 99%，评分为 4.9 分。今天我们直播间只卖 59 元，还包邮，想要的速拍！"

3. 现场体验

能够试用的商品一定要在直播间现场试用，并且分享使用体验，展示使用效果，验证商品的功能，这样对用户更有说服力。例如，"大家看，我穿这个 L 码刚刚好，这件衣服很有弹性，穿起来又透气。主播的身高、体重等信息在公屏上，大家对照参考，选择适合自己的尺码。"

一些主播在推荐商品时经常会讲述自己或周围人的使用经历，还会在直播间展示自己的订单，证明某款商品是"自用款"，且是经常性购买的商品。

7.4.4 促成下单

通过以上 3 个步骤的铺垫，促成下单似乎是水到渠成的事情，但如果不掌握好方法，也可能会功亏一篑。在促成下单时，主播可以采用以下技巧。

1. 展现价格优势

人们去直播间购物的一个很重要的原因就是直播间的商品便宜，因为主播议价能力强，售货量大，可以获得品牌效应，能低价拿到大量商品。但是，很多用户在第一次看到某个商品时，很难判断出这个商品是不是真的优惠，这时锚定效应就可以发挥作用。

锚定效应是指人们在做决策时会因第一个信息或数字的影响而影响后续判断。在直播带货时，主播可以先给出一个很高的原价，再给出一个很低的折扣价，从而营造价格优势，让用户感觉物超所值。以销售一款高端服饰为例，一般的话术是这样的："这款真丝连衣裙在实体店的标价是 1580 元，今天直播间只卖 599 元……"

而展现价格优势的话术是这样的："这款真丝连衣裙在实体店的标价是 1580 元，天猫双十一时的价格是 899 元，最近有一个头部主播卖出的价格是 699 元，今天我的直播间只卖599 元，而且我还送赠品！"

2. 利用损失厌恶心理

主播可以利用用户的损失厌恶心理来促使用户下单。损失厌恶是指人们面对同样数量的收益和损失时，认为损失更加令他们难以忍受。

因此，主播可以通过有限的商品和优惠时间段完成对用户的催单，用具体的数据营造紧张的气氛，让用户产生紧迫感，快速完成购买行为。例如，"库存不多，大家赶紧拼手速了。以今天的这个价格，我自己都要囤两瓶。它真的很好用，小红书上的很多博主都在推荐。今天真的只有 200 瓶，所以大家抓紧机会。过了今天，我们会以日常价格出售。"

课后习题

一、填空题

1. 高成交率的直播话术设计的重点是主播在介绍商品时的语言要 _____，同时搭配丰富的肢体语言、面部表情等。

2. _____ 营销就是一种通过挖掘目标用户群体急需解决的问题，找出其核心需求，从分析"痛点"的角度切入，提出积极、有效的解决方案，从而提高营销成功概率的营销方法。

3. SCQA 模型包括 _____、_____、_____ 和 _____。

4. 主播如果重点介绍商品的功能，就会激发用户的 _____ 思维，让用户的思考时间更长。而体验营销更多的是激发用户的 _____ 思维，刺激用户进行冲动消费。

二、选择题

1. 下列属于广告法禁用的极限词的是（　　　）。

A. 独家　　　　　　B. 免抽检　　　　C. 仅此一次　　　　D. 老字号

2. 在直播营销过程中，为了激发用户对商品的兴趣，主播采取的话术技巧不恰当的是（　　　）。

A. 引导转发，表达感谢　　　　　　B. 提高商品的价值感

C. 打破传统认知　　　　　　　　　D. 构建商品的使用场景

3. 在介绍直播间的商品时，要想赢得用户的信任，主播可以进行权威背书。下列不属于权威背书的是（　　　）。

A. 高科技行业应用　　　　　　　　B. 知名人士代言

C. 用户好评率　　　　　　　　　　D. 专家推荐

三、简答题

1. 简述直播营销话术的 3 个原则。

2. 如何根据用户购买决策倾向进行直播营销？

第8章

"引流"互动：汇聚人气，引爆直播间气氛

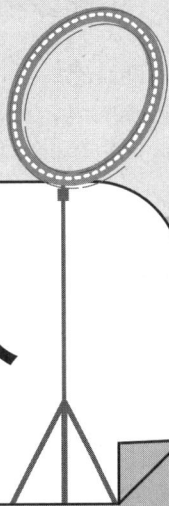

知识目标

➢ 掌握直播预热的方法。
➢ 掌握设置直播标题的方法。
➢ 掌握设计直播封面图的原则。
➢ 掌握调动直播间人气的方法。
➢ 掌握提升直播间氛围的互动玩法。
➢ 掌握平台内付费推广的方法。
➢ 掌握做好粉丝运营的策略。

能力目标

➢ 能够选择合适的场景和时机进行直播预热。
➢ 能够设计优质的直播标题和直播封面图。
➢ 能够运用"五步法"调动直播间人气。
➢ 能够采用多种互动玩法提升直播间氛围。
➢ 能够开展平台内付费推广。
➢ 能够利用各种策略增强粉丝黏性。

素养目标

➢ 直播带货要创新更要规范，不搞虚假宣传，诚信经营。
➢ 反对流量至上，提高直播的格调和品位。

在围绕"人、货、场"的直播带货活动中，人是核心。直播带货的最终目的是销售商品、赚取利润。要想实现这个目的，首先要吸引用户进入直播间，将商品展示给他们，然后提升直播间的氛围，使用户在热烈的互动氛围中下单。同时，主播也要善于引导用户关注自己，让用户成为忠实的粉丝，并增强粉丝的黏性。

8.1 做好直播预热

直播预热可以吸引更多的用户进入直播间，从而对直播活动进行更大程度的宣传。如果预热不到位，正式直播时用户数量太少，那么商品的购买转化率就会非常低。直播预热是为了让用户提前了解直播的内容，让对直播感兴趣的用户及时进入直播间，从而增加直播间的在线人数。

8.1.1 预热场景

直播预热可以运用私域场景和公域场景相结合的方式，快速提升直播活动的热度。

1. 私域场景

在淘宝直播中，主播可以利用的私域场景包括店铺首页、店铺关注页和逛逛账号等。例如，电商达人或品牌经常在其店铺首页（见图8-1）、店铺关注页（见图8-2）和逛逛账号（见图8-3）中发布直播预热信息。

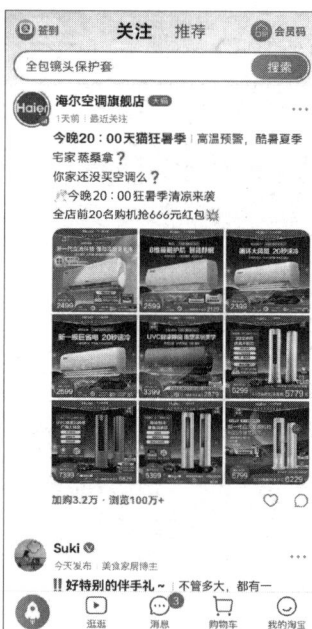

图8-1　店铺首页　　　　图8-2　店铺关注页　　　　图8-3　逛逛账号

设置淘宝直播预告的方法如下：登录"淘宝主播"App账号，点击下方红色按钮◉（见图8-4），然后选择"发预告"，在打开的界面中填写关于直播预告的信息，然后点击"发布预告"按钮，如图8-5所示。此时，直播预告就已进入审核阶段。

主播在设置直播预告时，需要注意以下几个问题。

（1）预告视频尽量不要有水印，禁止添加字幕。

（2）视频应为竖屏，因为竖版预告视频的观看体验更好，可以获取更多的流量。

（3）视频画面要整洁，内容要主次分明。

图8-4 点击按钮⊚

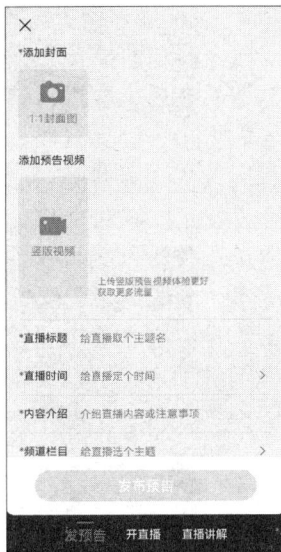

图8-5 填写直播预告信息

（4）直播预告要在直播前一天的 16:00 前发布，否则淘宝直播平台不予审核浮现。

在抖音或快手等短视频平台，主播可以利用的私域场景主要是账号名和账号简介。主播在直播前可以对账号名和账号简介信息进行更新，如在账号名中加括号备注"12:40 开播"（见图 8-6），在账号简介中以文案的形式说明自己的直播时间，如"7:00、19:00 开始直播"，如图 8-7 所示。

图8-6 账号名直播预热

图8-7 账号简介直播预热

2. 公域场景

利用公域场景为直播预热和"引流"有多种渠道，包括短视频平台、微博、微信公众号、社群等。

（1）短视频平台

主播一般要在开播前 3 小时发布短视频为直播预热。短视频预热的方式主要有以下几种。

① 短视频常规内容 + 直播预热

短视频常规内容 + 直播预热是指在短视频的前半段输出和平时风格相同的垂直内容，吸引用户观看，然后在后半段进行直播预热。这类似于新媒体编辑写软文的思路，并不是在一开始就直接告诉用户自己要直播，而是像往常一样输出垂直领域的内容，只是在快要结束的时候才宣布直播的主题和时间。

例如，抖音账号"大明宫建材家居"会通过拍摄短剧来宣传、推广其家居产品，有直播的时候就会通过短视频预热直播活动。其中一则直播预热短视频讲述了主管考核应聘者语言表达能力的故事，应聘者说自己是读书最快的人，但在展示环节，主管却表示自己听不清她说的是什么，于是应聘者拿出遥控，让主管"调慢"她的语速，原来她说的是"大明宫建材家居"直播带货的预告。这则短视频用与以往作品相似的风格吸引用户，然后猝不及防地向用户说出直播预热信息，让用户不知不觉间就开心地接到了直播的消息，如图 8-8 所示。

图8-8 短视频常规内容+直播预热

② 纯视频预热

纯视频预热主要是采用真人出镜的方式，通知用户具体的开播时间。主播如果想吸引潜在用户，就要留下悬念，勾起他们的好奇心。图 8-9 所示为小米官方旗舰店在抖音进行直播预告，由平时在短视频中拍段子的成员出镜，直接介绍直播的时间和直播商品。图 8-10 所示为吾隆香大连菜馆的主播在抖音进行直播预告。

③ 添加利益点

对于没有关注主播的用户来说，如果主播的话语在直播预热视频中没有强大的诱惑力，是很难让他们进入直播间的，所以主播还可以在视频中添加利益点。例如，在直播间会抽奖，奖品有品牌包、新款手机、新上市的护肤品；直播促销活动的优惠力度非常大。这样可以激发用户的兴趣，使用户定时进入直播间。

图 8-11 所示为"重庆撑赞整装"在直播前发布的短视频截图。主播告诉用户只要报名，就可获得大额抵用券，还有机会获得灯具、窗帘、锅具等。这样的优惠吸引了很多用户观看直播。

图8-9 小米官方旗舰店真人直播预告

图8-10 吾隆香大连菜馆主播进行直播预告

图8-11 添加利益点

④ 发布直播片段视频

很多影视剧在正式播出前会放出很多花絮，目的是让用户对成片感兴趣。在开直播前发布直播片段的目的也是如此。对于在上一场直播中发生的一些有趣的事情和为下一场直播做的铺垫片段，主播可以制作成短视频并发布出来，为即将开始的下一场直播"引流造势"。

（2）微博

电商主播或品牌店可以在微博上进行直播预热宣传，告诉用户具体的直播时间。例如，"海底捞外送"于2023年7月12日在微博上进行直播预告，提醒用户按时观看直播，以便享受超多福利，如图 8-12 所示。因此，主播在发布直播预热文案时，也可以将自己直播间的亮点展现出来，以此吸引更多用户进入直播间。

（3）微信公众号

主播可以在微信公众号上以长文案的形式进行直播预热，同时插入贴片或海报，更清楚地说明直播的时间和主题。例如，淘宝主播"烈儿宝贝"会在自己的微信公众号"烈儿宝藏局"上进行直播预热，公布直播的具体时间和主要内容，并在文章中插入预热海报，如图 8-13 所示。

图8-12 "海底捞外送"在微博上做直播预热　　　图8-13 "烈儿宝贝"在微信公众号上做直播预热

（4）社群

主播为了实现直播传播量的最大化，一般会提前 2 天以上进行直播预告，但这样的提前预告可能无法保证用户定时观看直播。先让用户进入社群，主播再不断活跃社群气氛，在社群内做直播预热活动，就会提高后续的转化观看量。

主播要将社群与直播进行深度融合，形成一种相互支持的关系。主播可以在社群中设置直播话题、预热直播、分享直播内容，吸引更多的用户关注和参与直播。在直播中，主播可以通过社群互动、社群传播等方式，让更多的用户了解直播内容，提高直播间的曝光度和用户的参与度。

8.1.2　选择合适的直播预热发布时机

很多主播会发现，即使自己做了精心的准备和宣传，直播间的用户增长人数也不太明显。确定自己的商品定位、直播间布置等都没有问题后，主播就要考虑直播预热的发布时机存在哪些问题。直播预热的发布时机与用户在社交平台上的活跃时间、距离直播开始时间等因素息息相关。

1. 直播预热的时间

直播的人气活跃时间一般为 19:00 ～ 23:00，这是大多数上班族的休息时间。人们利用休息时间看直播的可能性比在工作时间看直播的可能性更大。与相对固定的直播时间不同，直播预热的时间比较灵活。短视频平台、微博、微信公众号等都可以成为发布直播预热的平台，所以主播要抓住这些平台用户的活跃时间。

上班族和大学生在工作日更多地活跃在上午，在休息日则无明显的活跃时间，可能整天都在看手机。因此，电商直播的预热只需注意避开深夜休息时间和用餐时间。需要注意的是，直播预热的发布时间最好选择在人气活跃时间前半个小时左右，这样可以给用户更多的反应时间和转发时间，以免错过用户活跃峰值。

2. 距离直播开始时间

直播预热发布时间一般不选择在休息日，应尽量避开各类社交平台内容发布的高峰，如微信公众号、微博等平台上的创作者会在周末发布较多的文章和短视频。

当然，直播预热的发布时间不宜距离直播开始时间太长，否则很容易让用户遗忘；但也不能太短，否则预热效果很难呈现出来。一般来说，主播要在正式直播1～3天前进行直播预热，如图8-14所示，东方甄选官方微博在2023年7月12日发布直播预告，为7月15日9:45的直播进行预热。

图8-14 东方甄选发布直播预热

另外，提前3天发布直播预热可以帮助主播制定应对突发情况的预案。在做好直播预热的前提下，主播只需要针对突发状况进行小部分的调整，而不至于手忙脚乱，乱了方寸。

8.2 设置夺人眼球的直播标题

直播标题的主要作用是吸引用户进入直播间观看直播。一个优质的直播标题能够准确地传达直播内容，引起用户的观看兴趣。直播标题的字数不宜过多，5～15个字为宜。直播标题宜用一句话来展示直播内容的亮点，要避免空洞无物，没有信息量。

8.2.1 直播标题的类型

直播标题大致分为 3 种类型，如图 8-15 所示。

图8-15　直播标题的类型

1. 内容型

内容型直播标题主要体现直播商品的功能和特点。例如，服装类直播会重点介绍如何搭配才能凸显身材和气质，使用的直播标题包括"教你如何搭配出出彩的夏日着装""华莎之城国风穿搭"（见图 8-16）等；美妆类直播会重点介绍新款商品和美妆商品的使用技巧等，使用的直播标题包括"国货彩妆，重新定义妆容美学""轻松一抹，涂出好气色"等。

有的直播标题会呈现出使用商品的场景，让用户产生联想，促使用户产生购买商品的想法。例如，"穿它们一起去海边踩水"（见图 8-17），就会让用户联想到穿着直播间的这款鞋子在海边游玩的欢快场景。

2. 活动型

活动型直播标题大多展示直播间商品的包邮条件、折扣优惠、促销信息等，这样可以通过低价或促销活动吸引大部分用户进入直播间，如"新款女装全场 7.9 元""5 斤 14.9 元，保粉保面！"等，如图 8-18 所示。

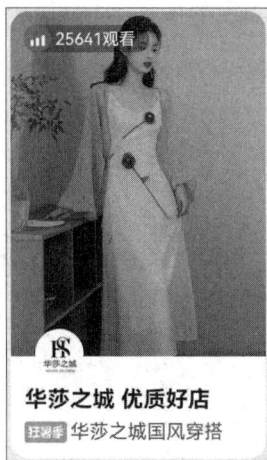

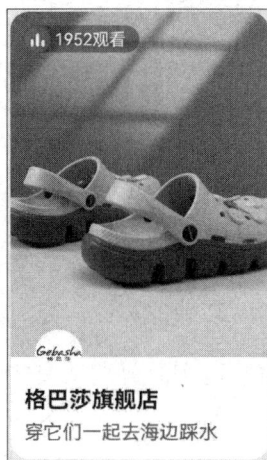

图8-16　服装穿搭　　　图8-17　使用场景　　　图8-18　活动型直播标题

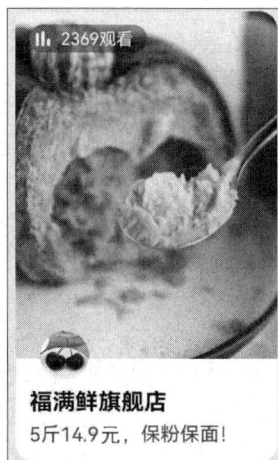

3. 福利型

福利型直播标题与活动型直播标题很相似，都是展示利益点，让用户心动。福利型直播标题的内容大多为关注有礼、随机抽奖、直播间赠送商品、抢福利等，一般是为了"引流"、增加粉丝，用少量的成本吸引流量，为之后的销售做好铺垫，如"狂暑季—直播抢福利！""新号开播！送送送！"等，如图 8-19 所示。

图8-19 福利型直播标题

8.2.2 直播标题写作方法

直播标题写作可以运用以下 7 种方法。

1. 戳中痛点

所谓戳中痛点，是指以解决用户在生活中的烦恼为核心，将商品与解决烦恼的方式联系在一起，并巧妙地运用到直播标题中。只要能戳中用户的"痛点"，就会引起他们的注意力。

例如，做美妆直播的主播可以在标题中这样写："狂暑防汗秘诀大公开"（见图 8-20）。对于想在炎炎夏日能够持妆、不脱妆的用户来说，这非常具有吸引力。

要想精准地戳中用户的"痛点"，主播就要深入挖掘用户的需求，了解他们想解决的问题，并将其与商品的功能和特色联系起来。

2. 逆向表达

一般情况下，主播肯定希望用户看到直播广告时能迅速进入直播间观看直播，接受自己的推荐，所以很多主播起的标题是"跌破底价！走过路过不要错过"。如果大家都这样说，用户就会逐渐麻木，并不太容易被这样的标题吸引。因此，主播可以另辟蹊径，运用逆向思维，进行逆向表达，从而吸引用户的注意力。例如，"别点，点就省钱""小贵，但有很多人买"等。

3. 利用好奇心

好奇是人的天性，因此主播可以合理利用人们的好奇心来写标题，制造悬念，从而吸引用户的关注，提升其观看直播的兴趣。在标题中提问就是一种不错的制造悬念的方式，如图 8-21 所示。提问的作用在于强调问题的存在，而人们在发现自己也有同样的问题后，就会进入直播间一探究竟。

4. 借用热点

有热点的地方就有流量。由于大部分人对热点话题十分感兴趣，所以借用热点也能增加流量。主播可以通过在标题中借用热点来增加观看量。

主播借用的热点可以是节日，也可以是热点事件。例如，淄博烧烤的热度在 2023 年"五一"前就很高，在"五一"后也一直居高不下，促使"烧烤"这一关键词在网络上一直有较高的热度，某直播间在标题中加入"烧烤"一词，就是为了利用大家对烧烤的关注吸引人们进入其直播间，如图8-22所示。

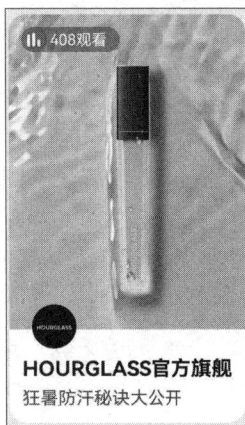

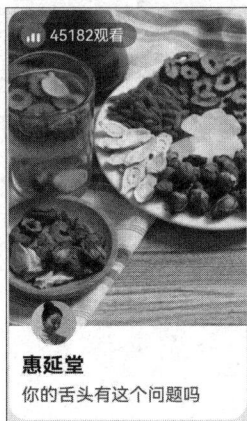

图8-20　戳中痛点　　　图8-21　利用好奇心　　　图8-22　借用热点

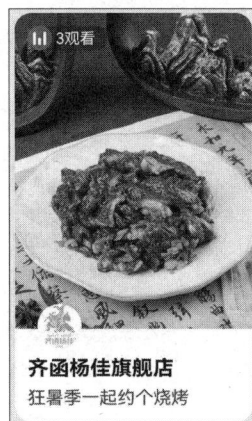

5. 传达利益点

传达利益点就是给用户传递类似"不仅可以在直播间买质优价廉的商品，还可以学到实用技能，获得实用知识"的信息。这种方法抓住了用户想从直播中满足精神层面需求的心理，使用的标题包括"一对一指导，精准改善问题性肌肤""新手都可以学会的化妆技巧"等。图8-23所示为某主播免费教授家庭烘焙技巧的直播间封面图及标题。

6. 制造娱乐效果

现在人们的生活压力很大，所以轻松幽默、带有娱乐效果的直播内容也非常受欢迎。直播标题也可以采用幽默的语言迅速吸引用户的目光，如"我就是瘦，不接受反驳""我不是壮，是幸福在歌唱"等。

7. 巧借数字

在众多直播界面中，用户对单个直播标题的浏览时间往往不会超过1秒。要想在如此短的时间内博取用户的眼球，主播可以巧借数字，让直播标题变得更加直观和简洁。人的大脑会筛选掉那些同质化的信息，优先识别与众不同的信息，而在标题中使用数字可以增强标题的辨识度，降低大脑的思考难度，从而迅速吸引用户的注意，如图8-24所示。

图8-23　传达利益点　　　图8-24　巧借数字

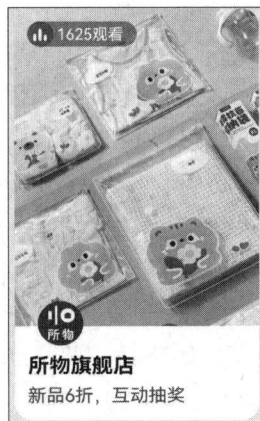

8.3 打造优质直播封面图

封面图是直播的门面，优质的封面图可以勾起用户的观看欲望，所以封面图已经成为直播间流量高低的直接关联因素，这就要求直播封面图要足够吸引人。据相关统计数据表明，精心设计了封面图的直播间，其流量要比使用默认头像的直播间大得多。

要想设计出优质的直播封面图，主播可遵循以下原则。

1. 干净、整洁、清晰

封面图要干净、整洁，不能添加任何文字，因为直播标题已经有文字，在封面图上再加入文字会显得杂乱无章，严重影响用户阅读。模糊不清的封面图也会影响用户的浏览体验，可能会导致用户在看到封面图的第一眼时就产生了拒绝心理。图 8-25 和图 8-26 所示的两张封面图就非常干净、整洁、清晰，能够给人良好的视觉体验。

图8-25 骆驼集团直播封面图

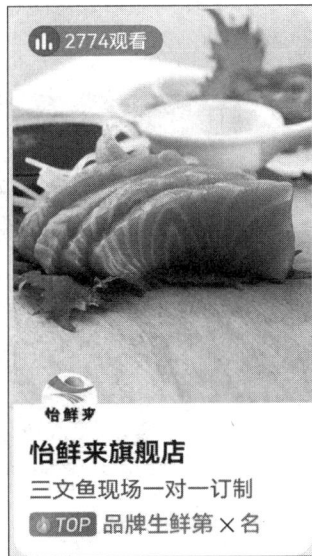

图8-26 怡鲜来旗舰店直播封面图

2. 尺寸合理

直播封面图的尺寸一般为 750 像素 × 750 像素，不能低于 500 像素 × 500 像素。

3. 色彩构成合理

直播封面图的色彩要鲜艳，但不要过于华丽，能体现直播主题即可。杜绝任何形式的"牛皮癣"，否则会影响重要内容的呈现。

4. 禁用白色背景

由于直播界面的背景本身就是白色，使用白色背景的封面图就会导致图片不够突出、醒目，很难吸引住用户，所以封面图的背景禁用白色。

5. 考虑固定信息的展现

封面图的固定信息是指统一出现在手机界面固定位置的信息，如出现在手机屏幕左上角的直播观看人数。封面图的重要内容要避开这些位置，以免与直播观看人数、点赞量等构成部分相互干扰，影响观看体验。

6. 禁用合成图

为了不影响用户的浏览体验，封面图要放置一张自然、简洁的图片。如果放合成图，一旦拼接得不好，就会非常影响用户的浏览体验。

7. 不要雷同

即使直播次数很多，直播封面图也不要使用同一张或极其相似的图片，否则会让用户以为直播内容都是相同的，从而拒绝进入直播间。

8. 契合直播主题

封面图要契合直播主题，让用户在看到直播封面图时就能大概知道直播的内容是什么，并且决定要不要进入直播间。如果在工厂实地直播，就可以选择工厂、车间等实景图作为封面图；如果在档口直播，就要选择档口实拍图作为封面图；如果要在直播间详细介绍商品，就不要用模特或主播的人像图片作为封面图，可以选择精美的商品细节图作为封面图，如图 8-27 所示。

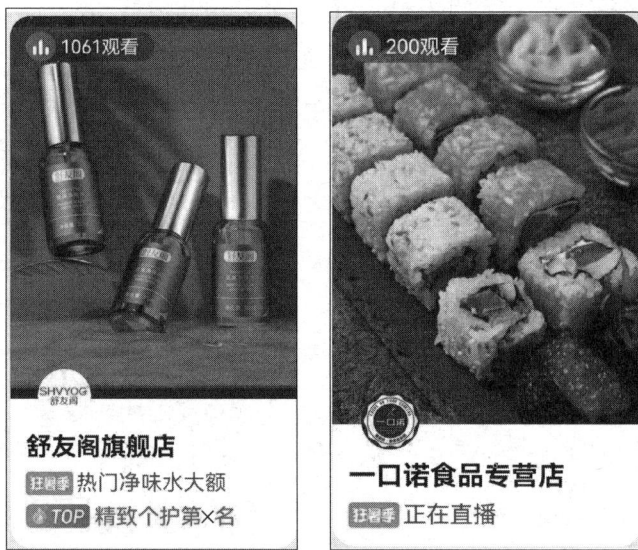

图8-27　契合直播主题

直播间没有知名人士参与直播时，不能使用知名人士作为封面图；有知名人士参与直播时，可以使用知名人士肖像作为封面图，但要提供相关的肖像使用授权文件等资料。

9. 拒绝低俗

有些主播为了博人眼球，会使用一些低俗的图片作为封面图。这样的图片被官方检测到后，有可能会导致账号被封禁。考虑到这一点，类似内衣等贴身衣物的直播封面图一般不要出现任何人物元素，直接展示商品即可。

10. 规范打标

在为直播封面图打标时，要根据规范打在同一位置，保持整体的一致性。打的标一般固定在封面图的右上角，不能随意移动，其最大尺寸为 180 像素 × 60 像素。

8.4 调动直播间人气"五步法"

大多数主播在一次直播过程中要推荐数十款商品。要想让这些商品都有可观的销量，主播可以合理安排商品的推荐顺序，用商品调动直播间的人气。

调动直播间人气分为5个步骤，如图8-28所示。

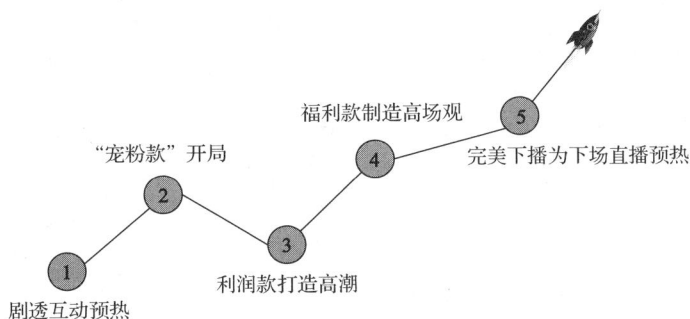

图8-28 调动直播间人气的5个步骤

8.4.1 互动预热

直播的开场方式会让用户形成对主播及直播间的第一印象，如果第一印象不好，用户就会立刻离开直播间，甚至会拒绝再次观看该主播的直播。因此，直播开场具有至关重要的作用。不管主播准备了多少直播内容，如果没有一个好的开场，就会事倍功半，甚至劳而无功。

一般来说，开始直播时观看人数较少，这时主播可以通过剧透直播商品进行预热。主播可以热情地与用户进行互动，引导其选择喜欢的商品。邀请用户在评论区复制口令，一般就能调动起直播间的气氛，为之后的直播爆发蓄能。

图8-29所示为某主播在直播开场时设置福袋抽奖，引导用户通过发布评论"饿了，想吃"参与抽奖。用户为了获得福利，纷纷在评论区留言，使直播间的气氛迅速升温。

图8-29 互动预热

8.4.2　"宠粉款"开局

预热活动结束后，主播可以宣布直播正式开始，并通过一些性价比较高的"宠粉款"继续吸引用户，激发其购物热情，并让其养成守候主播开播的习惯，增强其黏性。

在这一步中尤其需要注意的是，"宠粉款"千万不能返场。销售完"宠粉款"后，即使用户要求返场的呼声再高，主播也不能心软，可以告诉用户第二天直播开始时仍然会有性价比较高的商品，以此提高用户留存率。

8.4.3　利润款打造高潮

在这一步中主播要想办法营造直播间的氛围。这一步所占用的时间可以占到整场直播时间的80%，但只介绍20%的商品。主播可以在直播最开始的时间里亮出利润款，并在接下来的大部分时间里详细介绍利润款，通过与其他直播间或场控的互动来促成利润款的销售，将直播间的购买氛围推向高潮。

例如，某主播在销售夏季新款连衣裙时，推荐的不是"引流款"、"宠粉款"，而是直播间售价为128元的利润款，但表示想要购买的用户仍然很多，因为该商品为原装正品，在线下店的价格为500元以上，直播间的价格相对来说十分优惠，如图8-30所示。

图8-30　利润款打造高潮

8.4.4　福利款制造高场观

在直播的下半场，即使观看直播的人数很多，也有不少用户并非主播的粉丝。为了让这些用户关注主播，成为主播的粉丝，或者让新粉丝留在直播间持续关注主播，主播就要推出福利款，推荐一些超低价或物超所值的精致小商品给用户，引导用户积极互动，从而制造直播间下半场的小高潮，提升直播场观。例如，好再来服装店的主播推出了纯棉短袖3.8元起的粉丝福利，还设置了超级福袋，让发送指定评论的用户通过抽奖就有机会获得一件纯棉短袖，如图8-31所示。

图8-31 福利款制造高场观

8.4.5 完美下播为下场直播预热

很多主播会忽视直播结束时的下播阶段，认为反正要下播了，自己可以随意一些。然而，"行百里者半九十"，主播在直播结束时更不能马虎，否则会让用户感受不到被重视的感觉。另外，主播如果能利用好下播阶段，就可以有效提升下播时的直播场观，还能提升下次开播时的直播场观。

主播在下播时可以引导用户点赞，分享直播；使用折扣促销、送福利、与用户互动等方式，在下播前再制造一个小高潮，给用户留下深刻的印象，使用户感到意犹未尽。同时，主播可以利用这一时间为下次直播预热，大概介绍一下下一场直播的福利和商品等。

8.5 互动玩法活跃直播间气氛

主播在直播时不能只顾自己说话，要引导用户热情地互动，活跃直播间的气氛。直播间的热闹氛围可以感染用户，吸引更多的用户前来观看直播。直播间的互动玩法有很多，如巧妙派发红包，设置抽奖环节，与其他主播、知名人士合作，设计促销活动等。

8.5.1 巧妙派发红包

给用户具体、可见的利益，是主播聚集人气的有效方式之一。在直播期间，向用户派发红包的步骤如表8-1所示。

表8-1 派发红包的步骤

派发红包的步骤	具体做法
约定时间	告诉用户自己会在5分钟或10分钟后准时派发红包，并引导用户邀请其朋友进入直播间抢红包。这样不仅可以活跃气氛，还能增加直播间的流量
在站外平台抢红包	除了在直播平台上派发红包，主播还可以在支付宝、微信群、微博等平台向用户派发红包，并提前告知用户，邀请其加入粉丝群。这一步是为了向站外平台"引流"，促进直播结束后的效果发酵
派发红包	到了约定的时间后，主播或助理就要在平台上派发红包。为了营造热闹的氛围，主播最好在派发红包前进行倒计时，让用户产生紧张感

不同的直播间派发红包的方式也有所不同，每个直播间都要找到适合自己的红包派发方式。下面以在线人数不超过20人的新直播间和在线人数超过200人的成熟直播间为例，介绍如何巧妙地派发红包。

1. 在线人数不超过20人的新直播间

很多直播间会玩孤品模式，即每介绍完一件商品，就让有购买意向的用户在评论区输入"××"，并让最先完成输入的用户到某一个链接下单。这种方式并没有错，也能在一定程度上提高人气。但对于新直播间来说，由于前期粉丝数量很少，用这种方式提高人气的效果可能不会太好。这时，主播可以采用派发红包的方式来提高直播间的人气。记住，一定要让用户进入粉丝群，在粉丝群中领取红包。

派发红包有以下3个好处。

（1）可以解决直播间在线人数太少、无人互动的尴尬局面。红包对用户的诱惑力是很大的，而且用户在互动的过程中也会慢慢地与主播建立信任。

（2）可以解决关注增量的问题。用户关注主播后才能进粉丝群，关注增量达到一定规模后就可以带来账号权重的提高，从而增加直播间的观看量。

（3）每介绍完一款商品就派发一次红包，可以延长用户在直播间里的停留时间。

主播要在自己介绍完商品，用户输入指定内容并拍下订单后派发红包。主播可以这样说："好了，现在又进入我们的红包环节了。我们要在粉丝群里发放大额红包，没有进群的朋友赶紧进粉丝群！点击直播间左上角的主播头像后，就会看到关注和粉丝群选项，点击粉丝群就能进群了。快来吧，主播就要发放大额红包了！"

为了使用户更清楚如何操作，主播可以拿着手机，对着镜头演示如何进粉丝群。主播可以给用户10秒的准备时间，并在发完红包后打开粉丝群，在镜头前展示抢红包的人数。

2. 在线人数超过200人的成熟直播间

对于在线人数超过200人的成熟直播间或者不适合玩粉丝群的直播间，主播可以通过支付宝派发红包。这样做可以增加直播间的互动量，引导用户关注主播，还可以延长用户的停留时间，增加直播间的转发量。具体玩法如下。

（1）在某个节点发红包，如点赞数满2万时发一次红包。千万不要卡固定时间点发红包，如整点发红包、每半个小时发一次红包，否则会让部分用户专为抢红包而来，抢完就走，不会与主播进行互动。只有通过与用户的互动达到发红包的节点，才会让用户更有参与互动的积极性，从而有效提高直播间的人气。

（2）红包金额不能太少。例如，点赞数满2万后，主播要发红包时可以说："好了，现在我们开始发红包，红包金额最低200元。"

主播要一边说，一边拿着手机对着镜头演示如何关注主播，引导用户关注自己并抢红包。这一番操作可以持续5分钟左右，耗时不能太长。在这段时间内，主播要不断重复和强调红包的金额，并在镜头前演示如何抢红包。直播助理要在旁边烘托气氛。

发完红包后，主播要在镜头前展示支付宝，让用户知道有多少人抢到了红包，红包金额有多少，以强化抢红包活动的真实性，从而激发用户更大的参与热情。

除了直接派发现金红包，主播还可以派发口令红包。口令红包是指主播在红包中设置口令，一般为商品或品牌的植入广告语，用户输入口令后才能领取的红包。用户在输入口令的同时会对商品或品牌产生一定的印象，或加深对商品或品牌的记忆。

口令红包多采用优惠券形式，即用户收到红包后，必须购买指定商品才能使用红包，否则这个红包就没有任何意义。因此，抢到红包后，很多用户会选择购买商品，以免浪费红包，这就提高了用户的购买转化率。

要想获得更好的营销效果，主播可以对口令红包的使用做出限制，如表8-2所示。

表8-2 口令红包的使用限制

使用限制的类型	说 明
使用条件	必须满足一定条件后才能使用红包，如"满99元可使用"
使用期限	必须在限定的时间内使用红包

8.5.2 设置抽奖环节

直播间抽奖是主播常用的互动玩法之一，但很多主播对抽奖的效果并不满意。有的主播认为，每次抽奖都要花费10分钟，严重影响卖货节奏；有的主播认为，用户只在抽奖时很活跃，但抽完奖就会退出直播间，几乎不买货，感觉抽奖就是在浪费时间。这两种说法其实都有失偏颇，产生这种想法的根本原因在于他们没有理解抽奖的精髓，即互惠互利法则。

用户能为抽奖环节停留在直播间就很难得了，因为用户的时间也是宝贵的。用户在直播间里停留，本质上就是在用自己的时间与奖品进行交换。要知道并不是所有用户在抽完奖后就离开直播间，其实有很大一部分用户会被吸引，关注主播，并产生购买行为。

对于主播来说，用户平均停留时间体现了用户黏性，而这种黏性是需要慢慢"养成"的。所有有利于延长用户平均停留时间、增加用户黏性的方法，都是值得采用的方法，谈不上浪费时间。不过，主播要设计好抽奖环节，虽然奖品是利他性的，但设置活动的目的和最终结果是要利己。这样才能真正做到互惠互利。

抽奖要遵循以下3个原则。

（1）奖品最好是在直播间里被推荐过的商品，可以是品质款，也可以是新品。

（2）抽奖不能集中进行，要将抽奖环节设置在直播中的各个环节。

（3）主播要尽量通过点赞数或弹幕数把握直播的抽奖节奏。

抽奖环节的具体设置形式有4种，如图8-32所示。

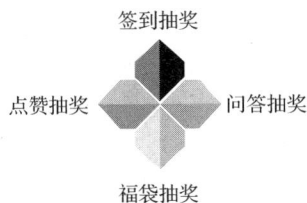

图8-32 抽奖环节的具体设置形式

1. 签到抽奖

主播要每天定时开播，鼓励用户连续7天来直播间签到、评论，并保存好评论截图。主播将评论截图核对无误后，就要赠予用户一份奖品。

开播的前1个小时，甚至是前15分钟是主播的黄金时间。如果直播间第1个小时的在线人数多，那么主播不仅可以在与同时段的其他主播的竞争中获胜，还可能拥有更长的用户停留时间和更高的商品销量。另外，主播积极地与用户进行互动，营造热闹的氛围，会让双方的情绪高涨，同样有利于延长用户的停留时间，进而产生良好的销售效果，从而形成良性循环。

2. 点赞抽奖

主播在做点赞抽奖时，可以每增加2万点赞数就抽一次奖。这种活动的操作比较简单，但要求主播有较强的控场能力，尤其是在做促销活动时，不能因为点赞数满了2万便中止促销活动。主播可以和用户沟通，承诺做完促销活动后会立刻抽奖。

点赞抽奖的目的是给用户持续的停留激励，让黏性更高、闲暇时间更多的用户在直播间里停留更长的时间；让黏性一般的用户多次进入直播间，从而提高用户回访量，增加每日观看数量。

3. 问答抽奖

主播在做问答抽奖时，可以根据商品详情页的内容提出一个问题，让用户找出答案，然后在评论区中评论，主播从回答正确的用户中抽出中奖用户。

问答抽奖可以提高商品点击率，用户在寻找答案的过程中会对商品的细节有更深的了解，增加对商品的兴趣，进而延长停留时间，做出购买行为。另外，用户的评论互动可以提高直播间的互动热度。

4. 福袋抽奖

福袋抽奖可以吸引用户参与互动，提高直播间的互动率，活跃直播间的气氛。主播可以设置的福袋抽奖条件包括评论任务（发布指定评论后才能参与）、粉团任务（粉丝团级别达到标准后才能参与），主播要先设置参与条件、开奖时间和截止时间，促使用户在特定时间段内参与抽奖，如图8-33所示，主播设置的超级福袋抽奖奖品分别是抖币和服装，但都告知用户发布指定评论后才有机会参与抽奖。

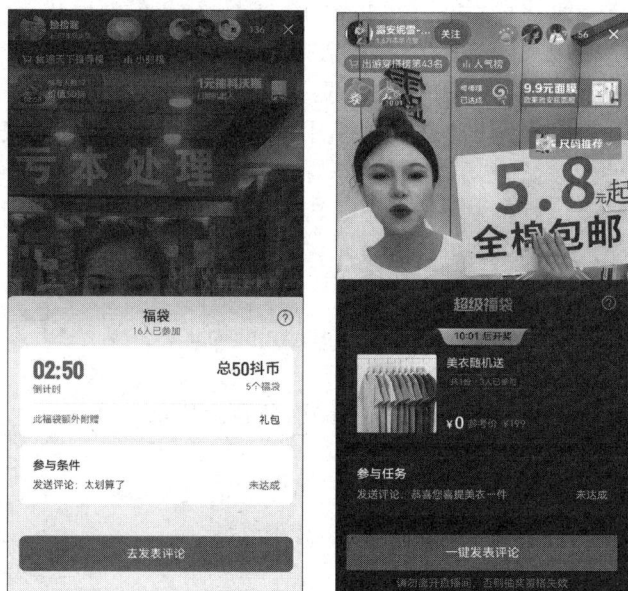

图8-33 福袋抽奖

表 8-3 所示为主播在抽奖环节常犯的错误及正确方式。主播要尽量避免出现这些错误，从而更好地引导用户进行互动，更充分地发挥抽奖环节的作用。

表 8-3 主播在抽奖环节常犯的错误及正确方式

常犯的错误	正确方式
无明显告知，以致用户进入直播间后无法在第一时间知道抽奖信息	通过口播、小喇叭公告、小黑板等多种组合方式说明抽奖规则和参与方法
无规则、随意	明确抽奖的参与方法，如点赞量达到某个数值后开始抽奖，避免整点抽奖
抽奖环节无任何互动	提醒用户在评论区发送指定文字，以活跃直播间的气氛，然后启动后台抽奖界面；提醒用户关注主播，提高中奖概率
只有一次抽奖活动，且没有节奏	控制好节奏，每次抽奖以后，都需要先公布中奖用户，并告知下一次抽奖的参与条件，以延长直播时间，增加粉丝量

8.5.3 与主播、知名人士合作

如果有条件，主播可以经常在直播间与其他主播、知名人士合作直播。合作直播一般分为与其他主播"连麦"、邀请知名人士进直播间两种形式。

1. 与其他主播"连麦"

在抖音、快手这两个平台上，主播之间"连麦"已经成为一种常规的玩法。所谓"连麦"，是指两个正在直播的主播连线通话。

"连麦"的应用场景有以下几种。

（1）账号导粉

账号导粉是指双方都引导自己的粉丝关注对方的账号，实现互惠互利。主播可以与对方进行交流，也可以通过点评对方来给自己的粉丝关注对方的理由。此外，主播还可以引导自己的粉丝去对方的直播间抢红包或福利，带动对方直播间的氛围。

（2）连线 PK

连线 PK（对决）通常是指两个主播的粉丝竞相刷礼物或点赞，以刷礼物的金额或点赞数判决胜负。这种方式更能刺激粉丝消费，活跃直播间的气氛，提升主播的人气。

很多主播在做连线 PK 时会觉得很尴尬，担心自己会冷场，或者担心自己的目的性表现得太明显，不利于维护自己的人设……一名主播应该克服种种心理障碍，要拿得起放得下，自然、轻松地应对各种情况。另外，主播可以开发更多的 PK 玩法，多样化的玩法更能激发粉丝的互动热情，使直播间迅速升温。

2. 邀请知名人士进直播间

一般来说，有能力邀请知名人士进直播间的主播大多是影响力较大的头部主播，且知名人士进直播间往往与品牌宣传有很大的关联。

知名人士与主播的直播间互动可以实现双赢，因为知名人士的到来会明显增加主播的粉丝量，并且知名人士与主播共同宣传，对扩大主播的影响力会有很大的帮助。与此同时，主播也会利用自己的影响力为知名人士代言的商品进行宣传推广和销售。值得一提的是，头部主播邀请知名人士进入直播间也是主播积累社交资源的有效方式。

8.5.4 设计促销活动

在直播带货时，主播的本质角色就是销售人员，其最大的目的就是把商品销售出去。对于电商直播来说，开展促销活动是提升直播间销量的有效方式。

主播可以根据自身情况设计以下类型的促销活动。

1. 纪念促销

现在很多人崇尚仪式感，纪念促销利用的就是人们对特殊日期或节日的这种仪式感心理。纪念促销的形式大致有 4 种，如表 8-4 所示。

表 8-4 纪念促销的形式

纪念促销的形式	举例
节日促销	春节、元宵节、中秋节、国庆节、儿童节
会员日促销	VIP（贵宾）特价、会员日活动、满 ×× 成为会员
纪念日促销	生日特惠、店庆特惠
特定周期促销	每周二上新、每月一天半价

2. 引用举例式促销

引用举例式促销是指在促销时重点介绍商品的优势、功能和特色，或者对商品的使用效果进行介绍，并对比使用前后的效果。在介绍新品时，主播往往会以折扣价吸引粉丝，如"新品 9 折""买新品送 ××"等。

3. 组合促销

组合促销是指将商家可控的基本促销措施组成一个整体性活动。用户作为消费者，其需求是多元化的，主播要满足他们的需求可以采取的措施有很多。因此，主播在开展促销活动时，必须合理地组合商品，充分发挥其整体性优势和效果。

组合促销的形式大致有 3 种，如表 8-5 所示。

表 8-5 组合促销的形式

组合促销的形式	举例
搭配促销	套装半价起售、冬季温暖优惠组合装
捆绑式促销	买护肤品送面膜、加 10 元送袜子
连贯式促销	第二份半价

4. 奖励促销

主播在做直播促销时，要让用户在接收营销信息的同时获得奖励。获得奖励后，他们会产生一种满足感和愉悦感，购买欲望和对主播的信任度也会大增。

奖励促销的形式大致有 3 种，如表 8-6 所示。

表 8-6　奖励促销的形式

奖励促销的形式	举例
抽奖式促销	购买商品抽奖、关注主播抽奖、抽取幸运粉丝
互动式促销	签到有礼、收藏有礼、下单有礼
优惠券促销	赠送优惠券、抵价券、现金券、包邮券

5. 借力促销

借力促销是指借助外力或别人的优势资源来实现自己制定的营销目标的促销活动。相较于广告等传播手段，借力促销可以起到以小博大、事半功倍的效果。

借力促销的形式大致有 3 种，如表 8-7 所示。

表 8-7　借力促销的形式

借力促销的形式	举例
利用热点事件促销	介绍热播电视剧的周边产品
利用知名人士促销	知名人士同款
依附式促销	某综艺节目官方指定品牌

6. 临界点促销

临界点促销主要是指买卖双方围绕价格展开的心理战。主播采用临界点促销形式，可以给用户营造一种占便宜的感觉。用户发现自己只需少量的投入就能换来巨大的收益或者消除巨大的痛苦时，就会对商品动心并产生购买行为。

临界点促销的形式大致有 3 种，如表 8-8 所示。

表 8-8　临界点促销的形式

临界点促销的形式	举例
极端式促销	全网最低价
最低额促销	低至 5 折、2 折
定时折扣促销	定时打折清货

7. 主题促销

促销主题是整个促销过程的灵魂。促销活动如果师出无名，就会缺乏说服力和吸引力。优质的促销主题可以给用户一个充分的购买理由，有效地规避价格战对品牌的伤害。促销主题要符合促销需求，用简洁、新颖、有亲和力的语言来表达，在保持品牌形象的基础上做到易传播、易识别、时代感强、冲击力强。

主题促销的形式大致有 3 种，如表 8-9 所示。

表 8-9　主题促销的形式

主题促销的形式	举例
首创式促销	"双十一"购物狂欢节、"6·18"购物节
公益性促销	拯救大熊猫、保护水资源
特定主题式促销	感恩大回馈

8. 时令促销

时令促销分为两种，一种是季节性清仓销售，在季节交替间隙进行一波大甩卖，或者针对滞销款商品，以"甩卖""清仓"的名义吸引用户。另一种是反时令促销。一般来说，季节性商品有旺季和淡季之分，消费者往往会按时令需求购买商品，缺什么买什么，而商家也基本上按时令需求供货，所以很多商品在旺季时的销量非常高，但在淡季时的销量非常低。但是，有些商家反其道而行之，会在盛夏时节销售滞销的冬季服装，这就是反时令促销。主播在直播时可以与这些商家合作，推广商家的反时令商品，同样能够吸引到很多用户。

当然，促销的方法不止以上 8 种，还有悬念式促销（不标价、让用户猜价格）、通告式促销（规定销售日期、×月×日新品首发）等方法。只要有效果，任何促销方法都可以试一试，主播要学会不走寻常路，这样才可能出奇制胜。

8.6　开展平台内付费推广

主播如果觉得自己的直播间人气不高，可以使用付费推广模式为直播间"引流"。下面主要介绍淘宝直播付费推广、抖音直播付费推广和快手直播付费推广。

8.6.1　淘宝直播付费推广

淘宝直播付费推广主要通过超级推荐进行。超级推荐是指在"淘宝"App 的推荐场景中穿插原生形式信息的信息流推广商品，它基于阿里巴巴大数据推荐算法，赋能全方位定向体系，从商品、店铺、类目、内容、粉丝等多维度帮助商家精准地找到潜在的消费者。

超级推荐的主要付费方式为按点击收费（Cost Per Click，简称 CPC），也就是说，只要用户不点击，平台就不扣费。这一付费方式的优势在于成本可控。

1. "推荐"资源位

"推荐"资源位拥有的流量主要是公域流量，可以覆盖大量潜在用户，流量较大，非常适合为直播间"引流"、拉新等，如图 8-34 所示。

"推荐"资源位的展现样式包括卡片样式、短视频样式和长图样式，如表 8-10 所示。

表8-10 "推荐"资源位的展现样式

展现样式	说明
卡片样式	可以与商品绑定，能够呈现推广商品的标题、价格等，推广的针对性更强，投放效果较好，创意图片可以配上商品利益点（如活动优惠）进行展示
短视频样式	动态的展现形式，可以迅速吸引淘宝用户的注意，但比较考验内容创作能力，短视频前5秒的精彩程度对于抓住用户的注意力来说至关重要
长图样式	可以充分展示图片场景，使用的图片要足够吸引眼球，如服饰穿搭、商品实拍等

2. "关注"资源位

"关注"资源位拥有的流量主要是私域流量，其广告只展现给粉丝，适合进行粉丝转化、粉丝维护等运营操作，但流量相对来说要少一些，如图8-35所示。"关注"资源位的展现样式为原生展现样式，与直播后台同步，不用自行上传创意。

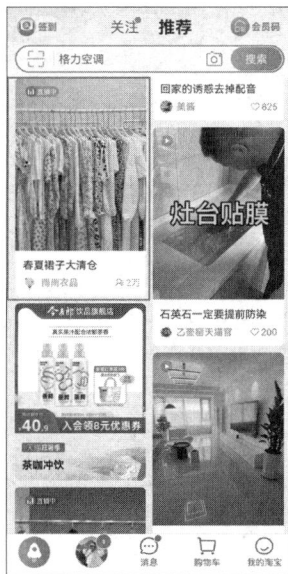

图8-34 "推荐"资源位

图8-35 "关注"资源位

8.6.2 抖音直播付费推广

如果抖音直播间的人气不高，主播可以付费使用"DOU+直播上热门"功能。该功能可以助力直播间迅速上热门，增加直播商品的曝光率。

投放"DOU+"时，主播既可以选择在开播前投放预热视频，也可以在直播过程中根据实时数据选择定向投放。

如果选择在开播前投放，主播就需要点击开始直播页面下方的按钮 **DOU+**（见图8-36），选择下单金额、想要获得增长的数据类型、想要吸引的观众类型、"加热"方式、期待曝光时长等维度，如图8-37所示。在主播支付对应金额后，投放立即开始。

图8-36　点击"DOU+上热门"

图8-37　设置投放维度

如果选择在直播过程中投放，主播就需要点击直播页面右下角的"　·····　"，选择按钮，设置投放维度。入驻巨量千川平台的抖音商家或达人如果想推广直播间，可以选择"小店随心推"。"小店随心推"与"DOU+"类似，系统会根据主播的投放目标来匹配精准流量，其投放维度分为系统智能推荐、自定义定向推荐、达人相似粉丝推荐。

要想高效地进行付费推广，主播要做到以下几点。

1. 明确投放目的，精准投放

在付费推广前，主播要想清楚投放的目的是什么，是"涨粉"还是带货？明确投放目的后，才能选择合适的维度，并分析如何投放。直播过程中的付费推广可以提高用户进入直播间后的互动数据。这些互动数据主要包括给用户"种草"、与用户互动、为直播间"涨粉"、增加直播间人气等，其中给用户"种草"这一数据只出现在带货直播中。

2. 直接"加热"直播间

"加热"直播间的方式有两种，分别是直接"加热"直播间和选择视频"加热"直播间。主播应尽量使用直接"加热"直播间这一方式，其优势在于用户进入直播间后无法进行上滑操作，只能点击"关闭"按钮返回推荐页面。这有助于提高用户的留存率。

8.6.3　快手直播付费推广

在快手平台直播时，如果直播间的人气不高，主播也可以进行付费推广。主播在开播前点击"上热门"按钮（见图8-38），并设置维度后即可开启推广，设置的维度包括希望提高的数据类型（观看数、涨粉数、互动数等）、投入金额（10元、50元、100元或自定义金额）、出价方式（智能出价、自定义出价）、投放内容（直播间、作品、直播间＋作品）、推广给谁、期望投放时长等，如图8-39所示。

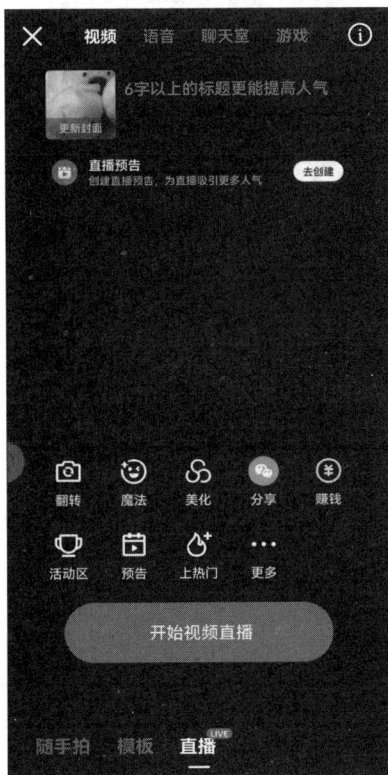

图8-38　点击"上热门"按钮

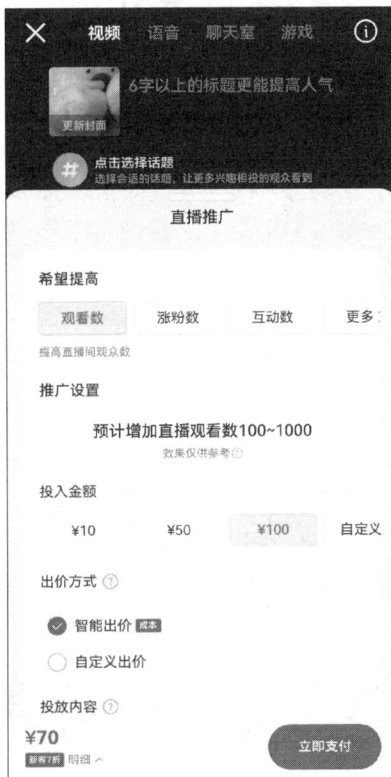

图8-39　设置直播推广的维度

快手直播的每位观众推广费为1快币，即0.1元，主播选择想要获取的人数后，就可以看到支付成本。主播的出价越高，观众数量就越多，引入速度也就越快，所以主播在直播高峰期可以适当调高出价，以快速提高直播间的人气值。

快手直播推广的付费方式为CPC（Cost Per Click），即按照点击进入直播间的人数扣费。即使同一个观众多次点击，平台也只扣除一次费用。

当然，如果自己的粉丝非常多，主播可以在直播前将直播信息推广给粉丝，对本次直播进行预热。主播可以拍摄一条预热短视频，详细说明直播的时间和主题，并在直播前为该短视频购买"推广给粉丝"功能，使这条短视频出现在粉丝关注页的第一位，从而增加被看到的概率。

主播还可以创建直播预告，即点击下方的"预告"按钮，选择预告直播时间，填写直播内容，如图8-40所示。主播发布直播预告后，粉丝可以通过个人主页、直播间评论区设置强提醒预约直播。预约成功后，粉丝会收到开播推送、手机日历提醒。为了进一步增加直播预告被粉丝看到的概率，主播在开播时要在"开始视频直播"页面中点击"更多"，开启"通知粉丝"功能，如图8-41所示。

如果粉丝不多，主播可以在直播前1～2小时使用"推广给更多人"功能，将预热短视频推广给更多的潜在粉丝，为直播间增加人气的同时还可以达到"涨粉"的目的。

图8-40 创建直播预告

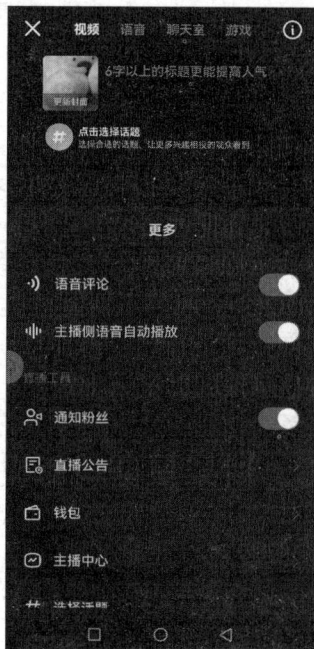

图8-41 开启"通知粉丝"功能

8.7 做好粉丝运营

主播通过直播吸引用户关注自己并不是最终目的，而是促进直播转化的一个重要途径。主播粉丝数量的增加可能会提升直播带货的数据，但要想一直维持下去，保持良好的运营效果，主播就必须做好粉丝运营，增强粉丝的黏性，给粉丝继续关注主播及直播间的理由。

8.7.1 洞察不同类型粉丝的心理

要想做好粉丝运营，主播就要学会洞察粉丝的心理。粉丝类型多种多样，每一类型的粉丝进入直播间的心理都有所不同，主播只有深刻了解了他们的心理，才能"对症下药"，想出合理的直播营销策略。

进入直播间的粉丝大致分为以下4种类型，如图8-42所示。

图8-42 进入直播间的粉丝的4种类型

1. 高频消费粉丝

通过大量的购买行为、后续反馈和长期在线互动积累出来的社交关系已经让高频消费粉丝对主播产生信赖和认可。

对于这类粉丝，主播要做到以下几点。

（1）保证库存保有单位（Stock Keeping Unit，SKU）的丰富度。虽然粉丝时刻关注主播，但人都是喜新厌旧的，如果主播推荐商品的SKU比较单一，粉丝就会渐渐地对主播失去兴趣，削弱对主播的关注度。

（2）保证价格和质量优势，这是吸引粉丝的本质因素。粉丝来直播间的主要目的就是购物，所以主播提供的商品要物美价廉。如果价格不实惠，或者商品质量不过关，粉丝也就没有了关注主播的动力。

（3）沟通到位。主播在直播间看到粉丝时要保持强唤醒状态，情绪要饱满，积极与粉丝沟通，并时刻提醒粉丝与自己的关系，强化粉丝的认知，同时积极回复粉丝的问题，做好售后工作。

2. 低频消费粉丝

粉丝消费频率较低的原因有很多，如没有看到自己喜欢的商品、近期消费额度已经超过预期、不太了解商品等。但对于主播来说，他们之所以消费频率低，在很大程度上是因为想降低前期的试错成本，毕竟他们还不太信任主播。再加上主播未对这些粉丝进行有效的引导，或者尚未重视这些粉丝。例如，直播间弹幕太多、滚动太快时，主播没能及时看到这些粉丝的问题，导致这些粉丝感觉自己不被重视，产生了与主播的隔阂。

对于这类粉丝，主播要做到以下几点。

（1）提升SKU的丰富度。主播要丰富直播间商品的SKU，提高粉丝看到满意商品的概率，这有利于满足粉丝对商品的需求，从而增加粉丝对主播的好感。

（2）详细介绍商品。主播要用专业的态度和知识介绍商品的特征和优势，语言要简洁明了，快速地让粉丝明白自己是否需要该商品，从而决定是否购买。

（3）提供新粉丝专属福利。主播可以为新粉丝提供专属福利，如赠送商品、价格减免等，使新粉丝感受到主播的诚意。

3. 其他电商主播的粉丝

这类粉丝对其关注的主播是有认知和信任的，大多会按既定时间到其关注的主播的直播间观看和购物，但不可能只看其关注的主播，也有可能看平台推荐的其他主播。例如，他们喜欢的主播今天没有直播，就会到直播广场中的某个直播间逛逛。这时，这类粉丝对新遇到的主播尚未建立认知和信任，对该主播推荐的商品质量、商品种类丰富度和售后服务等情况都处于观望状态。

对于这类粉丝，主播要做到以下几点。

（1）低价引导。主播介绍的商品价格要足够低，最好比其他主播的商品价格还要低一些，这样可以刺激这些粉丝的价格敏感心理，让他们产生购买欲望。同时，主播要及时引导这些粉丝关注自己，并向其承诺关注自己后会获得什么利益。

（2）提供新粉丝专属福利。主播可以为这些新粉丝提供专属福利，如赠送商品、价格减免等，使其感受到自己的诚意。

4. 平台新手粉丝

直播电商平台的一些新手粉丝还是习惯通过搜索商品进行购物，对直播电商购物的认知还不够，对直播电商的信任度也不高。同时，他们对直播电商平台的操作规则也不了解，即使想购买商品，也不懂得如何购买。他们可能是因为主播的非电商相关特点如颜值、搞笑等进入直播间的，也有可能是因为不了解平台的功能而误入了直播间。

对于这类粉丝，主播要做到以下几点。

（1）展现专业度。主播要想给粉丝留下良好的印象，展现专业度是有效的方法之一。专业的知识、真诚的态度、强大的气场、优雅的谈吐，都可以增加粉丝对主播的信任。

（2）加强消费引导。这类粉丝进入直播间的购买目的性比较弱，所以主播要加强消费引导，强调购买商品带给粉丝的利益，或者利用优惠券、红包、抽奖等活动形式来吸引粉丝购买商品。

（3）积极与粉丝互动。与粉丝互动除了能加强消费引导外，还可以拉近与粉丝之间的心理距离，增加粉丝对自己的信任，提高购买转化率。

8.7.2 增强粉丝黏性

在传统电商中，运营的核心是商品，粉丝是否继续关注店铺或复购，首先要看的是自己对商品满意度的高低。而直播电商除了要注重商品品质外，还要坚持以人为本，要直接与粉丝进行一对一或一对多互动。这是留住粉丝并加深粉丝信任的有效方式。

明确粉丝运营的核心后，主播在进行粉丝运营时，可以通过以下策略来增强粉丝的黏性。

1. 引导粉丝加入粉丝团

用户加入主播的粉丝团，不仅可以在直播间享受粉丝权益，还可以通过粉丝团任务提升自己和主播之间的亲密度。

用户加入主播粉丝团的主要目的是得到主播的关注，让自己在直播间有更多的存在感和归属感。加入主播粉丝团的粉丝拥有粉丝团成员的专属粉丝徽章，且在直播间聊天时可以展示特殊的昵称颜色，还可以发送特殊样式的弹幕，拥有特殊的进场特效，这让其更容易获得主播的关注，以及与主播互动的机会。另外，加入粉丝团的粉丝还可以获得粉丝团专属福利，参与粉丝福利购，以最低的价格买到合适自己的商品，而且提出的问题也会被主播优先解答。

主播要时刻记得提醒用户关注自己，并加入粉丝团。以抖音直播为例，用户只要关注主播，就会发现头像右侧的"加入粉丝团"提示变成了另一个图形标志，如图8-43所示。用户点击"加入粉丝团"后，即可看到粉丝特权，支付1抖币后即可加入粉丝团，如图8-44所示。

2. 打造人格化IP

主播要想成功地打造人格化IP，就要把粉丝"引流"到私域流量池。引流一般是通过引导粉丝加微信或粉丝群的方式来完成。

在运营自己的私域流量时，主播要为粉丝树立正面的形象，打造差异化人格，并不断强化人格属性，如展示自己的真实生活，进行自我包装等。

人格化IP通常更容易让粉丝产生亲近感和崇拜感，有利于加强粉丝对主播的信任和依赖，使其自愿为主播进行口碑宣传。这大概是成本最低、最有效的宣传方式了。

3. 创作优质内容

粉丝进入主播的私域流量池后，其实并不希望一直看到主播刷屏卖东西，所以主播要转换思路，用优质内容代替刷屏销售。创作优质内容是指给粉丝持续性地提供有价值的内容。例如，某主播主营美妆，其目标用户为在校学生，他每天都在社群内定时发布一些与平价美妆相关的知识，时间一长就让粉丝形成了观看习惯，同时增加了对自己的信任。

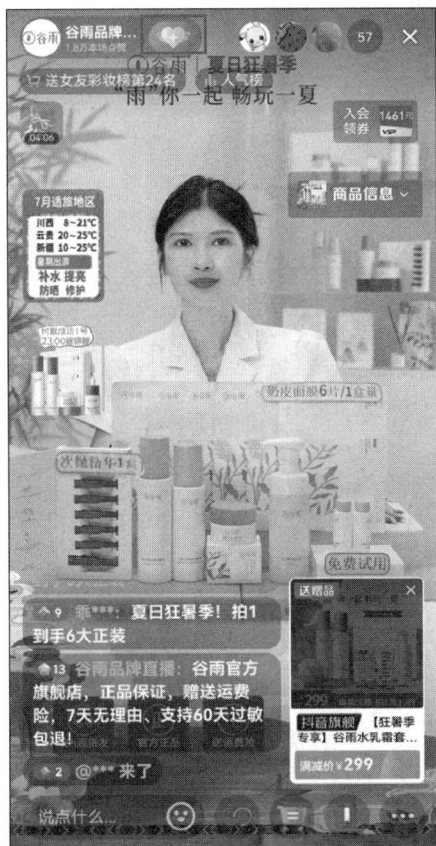

图8-43 "加入粉丝团"图形标志

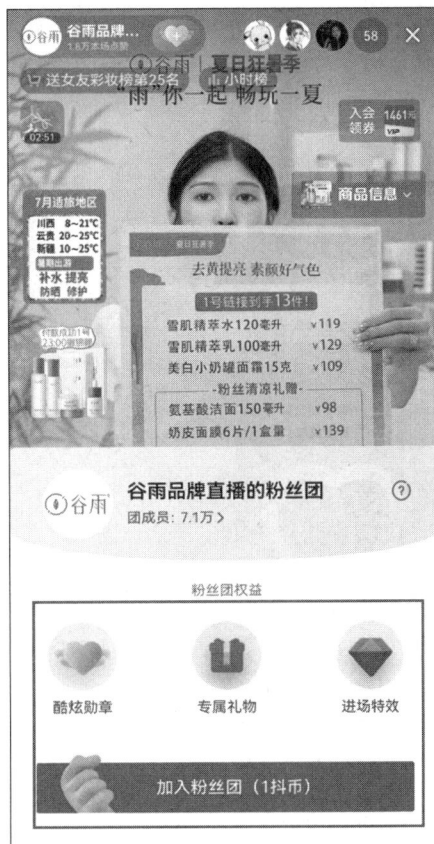

图8-44 支付抖币加入粉丝团

除了创作优质内容外，主播还要学会对粉丝进行分层运营，也就是对粉丝进行分类，根据粉丝的购买习惯和特征给粉丝做标签，为不同标签的粉丝分发适合其阅读和观看的内容。

4. 高效互动

不管是在直播中还是在直播结束后，主播与粉丝之间的互动都很重要。主播在直播中与粉丝互动，是为了延长粉丝的停留时间，提高购买转化率；在直播结束后与粉丝互动是为了让粉丝成为忠实粉丝。因此，主播把粉丝"引流"到私域流量池后，要经常与其进行互动。

互动的方法有以下几种。

（1）发起话题

主播可以发起容易引起讨论、使人产生共鸣的话题，如情感和热点事件等，以使粉丝热烈讨论，从而增加对主播的认知。

（2）抽奖

主播可以时不时在社群里进行抽奖。这种玩法虽然简单、直接，但往往十分有效，因为抽奖可以让粉丝一直有一种期待感和参与感。

（3）举办粉丝活动

主播可以定期举办一些粉丝活动，包括线上活动和线下活动，提高粉丝的参与感。定期举办粉丝活动会形成自己的特色，为品牌推广赋能。

课后习题

一、填空题

1. 直播预热可以运用 _____ 场景和 _____ 场景相结合的方式。

2. 直播预热的发布时间最好选择在 _____，这样可以给用户更多的反应时间和转发时间。

3. 口令红包多采用 _____ 形式，即用户收到红包后，必须购买指定商品才能使用红包，否则这个红包就没有任何意义。

4. 淘宝直播超级推荐的优势在于 _____。

二、选择题

1. 在设置直播封面图时，下列做法错误的是（　　）。

A. 保持干净、整洁、清晰　　　　　　B. 使用白色背景

C. 契合直播主题　　　　　　　　　　D. 规范打标

2. （　　）所占用时间可以占到整场直播时间的 80%，但只介绍 20% 的商品。

A. 剧透互动预热　　　　　　　　　　B. "宠粉款"开局

C. 利润款打造高潮　　　　　　　　　D. 福利款制造高场观

3. 下列促销形式属于纪念日促销的是（　　）。

A. 会员日活动　　　　　　　　　　　B. VIP 特价

C. 每周二上新　　　　　　　　　　　D. 生日特惠

三、简答题

1. 简述抽奖环节的具体设置形式。

2. 对于高频消费粉丝，主播要如何做?

第9章

数据分析：数据复盘，优化直播流程

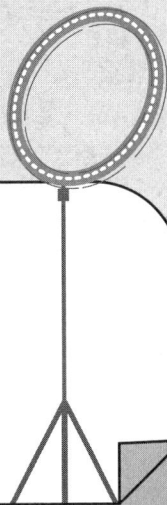

知识目标

➤ 掌握直播间数据分析基本思路。

➤ 掌握直播间数据分析常用指标。

能力目标

➤ 能够获取直播数据并进行数据处理和分析。

➤ 能够使用第三方数据分析工具分析直播间数据指标。

➤ 能够根据数据复盘对直播流程提出优化措施。

素养目标

➤ 培养数据分析观念，善于挖掘数据、分析数据、运用数据。

➤ 树立复盘思维，主动发现问题并解决问题。

　　直播数据复盘是直播运营的一个重要维度，因为主播不能只盯着直播销量，还要通过数据的变化情况进行总结与反思。数据分析是直播运营中一个非常关键的环节。主播通过数据复盘回顾并不断优化直播的整个流程，总结出直播中的各种不足，然后在下一场直播中进行改进，以获得更好的直播效果。

9.1 直播间数据分析基本思路

数据分析是直播运营中不可或缺的一部分。要想优化直播运营效果，提高直播带货的转化率，主播就要学会深耕数据。直播间数据分析的基本思路为：第一步，确定数据分析目标；第二步，获取数据；第三步，处理数据；第四步，分析数据。

9.1.1 确定数据分析目标

要进行数据分析，首先要确定数据分析目标。通常来说，确定数据分析目标主要有以下3种。

（1）寻找直播间数据发生波动的原因，数据上升或下降都属于数据波动。

（2）寻找优化直播内容、优化直播效果的方案。

（3）推测平台算法，然后从算法出发对直播进行优化。

9.1.2 获取数据

进行数据分析首先要有足够多的有效数据。主播可以通过账号后台、平台提供的数据分析工具，以及第三方数据分析工具来获取数据。

1. 账号后台

通常在主播账号后台会有直播数据统计，主播可以在直播过程中或直播结束后通过账号后台获取直播数据。

以淘宝直播为例，主播可以通过 PC 端直播中控台、"淘宝主播" App 两个渠道获得直播数据。

（1）通过 PC 端直播中控台查看数据

若要查看实时直播数据，主播可以在 PC 端直播中控台首页中依次选择"直播管理""直播详情"选项，如图 9-1 所示。

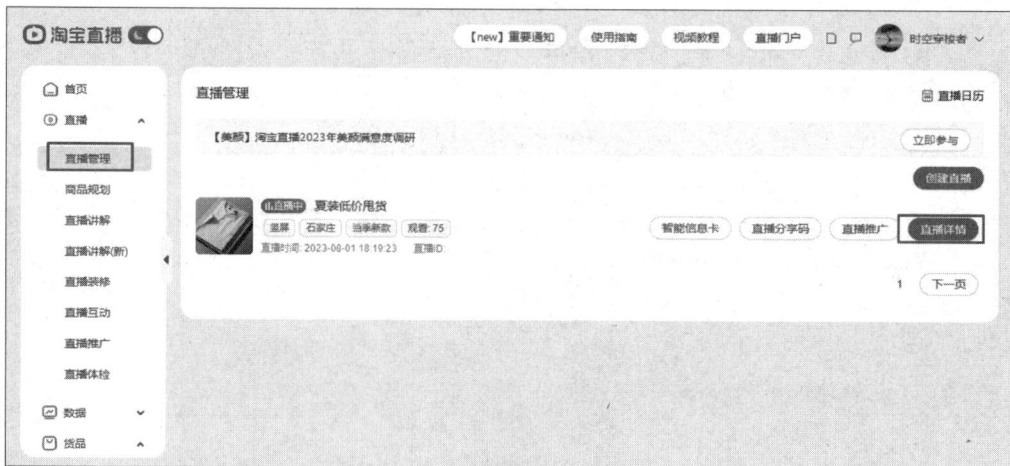

图9-1　PC端直播中控台页面

若要查看已经结束的直播的数据，主播可以在PC端直播中控台中依次选择"直播管理""数据详情"选项（见图9-2），打开本场直播的数据详情分析页面，如图9-3所示。在数据详情分析页面中，主播可以在"全程趋势""核心数据""实时趋势"等模块中查看不同维度的数据，从而全面掌握直播情况。

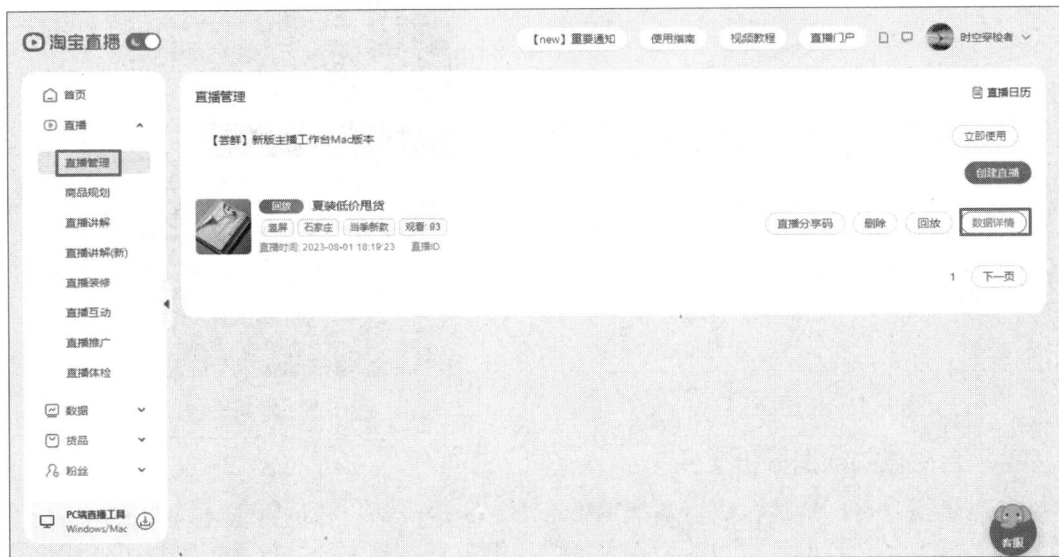

图9-2　选择"数据详情"选项

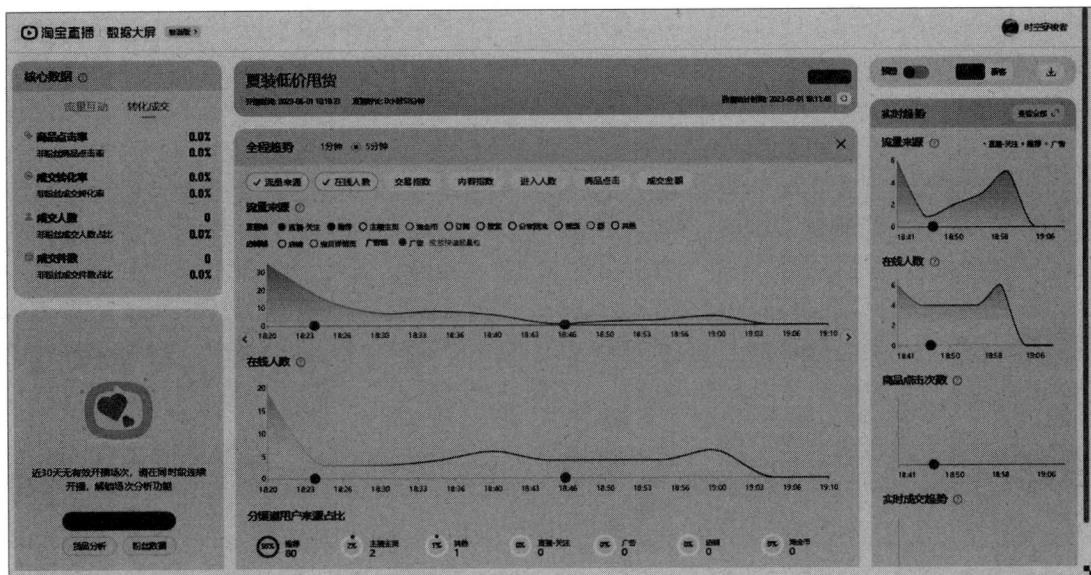

图9-3　直播数据详情分析页面

（2）通过"淘宝主播"App查看数据

对于正在进行的直播，主播向右滑动直播推流页面，就可查看直播实时数据。对于已经结束的直播，主播登录"淘宝主播"App账号，在"直播列表"中找到想要查看的直播，点击图标☺（见图9-4）后，即可进入本场直播的数据分析页面查看数据，如图9-5所示。

图9-4　点击图标⊗

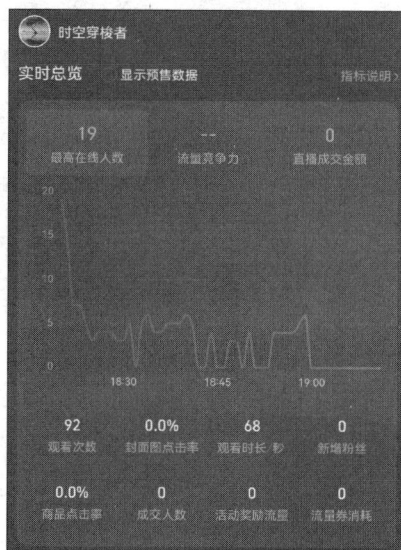

图9-5　数据分析页面

2. 平台提供的数据分析工具

为了帮助卖家更好地运营店铺，淘宝平台为卖家提供了一些运营工具，如数据银行、生意参谋、达摩盘等。这些工具也能为卖家提供与淘宝直播相关的数据。卖家可以使用这些工具了解自己店铺的直播情况。

3. 第三方数据分析工具

市场上有很多专门为用户提供直播数据分析的第三方数据分析工具，主播可以利用这些工具搜集自己需要的数据。下面主要介绍"蝉妈妈"这款数据分析工具。

"蝉妈妈"基于强大的数据分析、品牌营销及服务能力，致力于帮助国内众多直播达人、机构和商家提高效率，实现精准营销。"蝉妈妈"提供短视频、直播全网大数据开发平台，依托专业的数据挖掘与分析能力，构建多维数据算法模型，通过数据查询、商品分析、舆情洞察、用户画像研究、视频监控、数据研究、短视频小工具管理等服务，为直播达人、MCN 机构提供电商带货一站式解决方案。

"蝉妈妈"能够提供精准的直播间数据详情，包含直播间人数和人气趋势、送礼人数、商品销售额与销量等。"蝉妈妈"直播榜单上有今日带货榜、官方人气榜、带货小时榜、官方小时榜、红人看板、直播风车榜等信息，如图 9-6 所示。

图9-6　"蝉妈妈"直播榜单

带货主播可以重点参考今日带货榜、官方人气榜和带货小时榜。主播根据榜单上的详细数据能够清楚地知道在什么时间、选择什么商品可以更有效地触达潜在用户。

今日带货榜可以实时统计全平台直播间的销量、销售额、热度等数据，帮助主播快速查找头部直播达人及行业新星，如图9-7所示。主播可以选择自己所属的达人类型、带货分类，查看这一分类下的直播排行榜，还可以按照直播销售额、直播销量、带货热度、人气峰值、粉丝数等维度与同类主播进行对比，找到自己的不足和可改进之处。

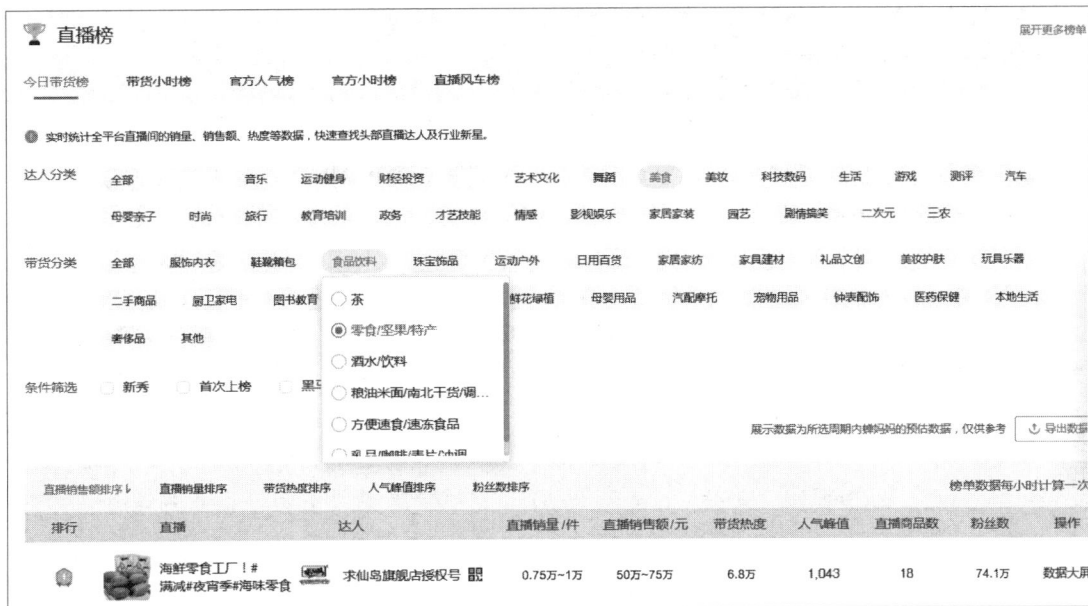

图9-7　今日带货榜

官方人气榜反映的是正在直播的直播间的观看数据，可以帮助主播快速找到正在直播的高人气直播达人，如图9-8所示。

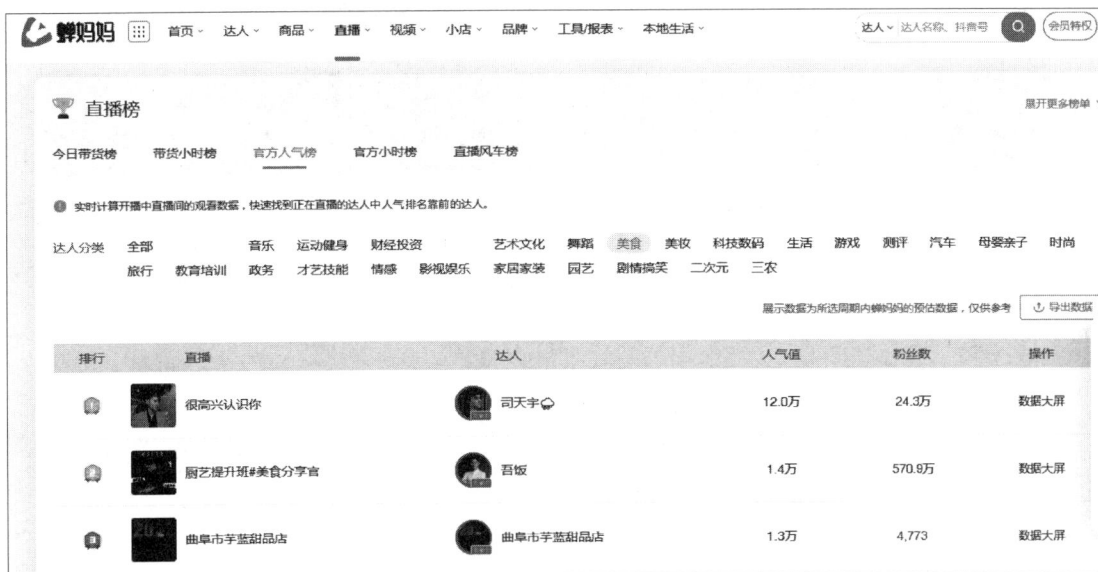

图9-8　官方人气榜

带货小时榜主要是按小时统计平台直播的销量、销售额、带货热度数据，为主播提供实时直播带货动态，如图9-9所示。主播可以选择当天的某个时间段，查看自己所属领域某特色主题下的直播排行榜。

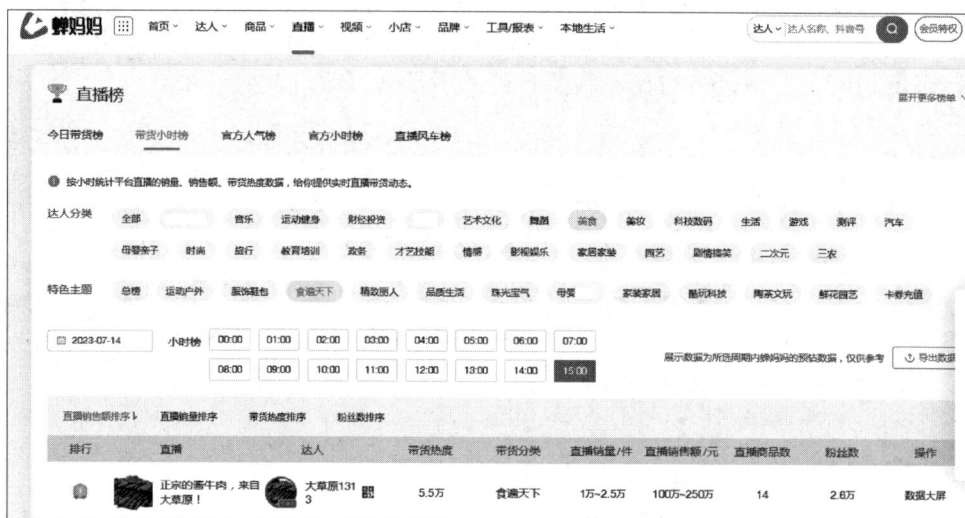

图9-9　带货小时榜

直播电商数据分析要以"带货"为核心展开，这就带来了以下两个重要的问题。

问题一：商品适合在什么类型的直播间推广？

同一款商品在不同的直播间会有不同的转化率。要想知道同一款商品在哪些直播间更好卖，在哪些直播间不好卖，主播就可以在"蝉妈妈"的"直播"菜单中搜索具体的商品细分品类，如"口红"（见图9-10），查看有哪些直播间在推广这类商品，并在直播详情页中查看这些直播间的推广策略、主推商品、推广效果等，最后做一个总结。

图9-10　在"直播"菜单中搜索"口红"

问题二：主播应该推广什么类型的商品？

通常情况下，美妆、穿搭类主播的推广方向很明确，大多是美妆、服装、时尚商品，而搞笑、音乐、教育类主播在直播间推广什么商品比较合适呢？这时，主播可以结合账号的用户画像和商品的用户画像进行选品，也可以查看近期哪些商品在直播间有较好的推广效果，还可以参考同类型主播在直播间推广商品的品类，从而找到可以满足粉丝需求的商品。

数据分析是直播电商运营的重要工作之一，主播可以运用"蝉妈妈"等数据平台，根据数据分析、预测用户的购买需求变化，在激烈的直播带货竞争中快速、精准地抓住用户的注意力，提升其购买欲，从而构建自己的核心竞争力。

9.1.3　处理数据

处理数据是指将搜集来的数据进行排查、修正和加工，以便进行后续分析。通常来说，处理数据包括两个环节，第一个环节是修正数据，第二个环节是计算数据。

1. 修正数据

无论是从主播账号后台抓取的数据、利用第三方数据分析工具下载的数据，还是人工统计的数据，都有可能出现失误，所以主播首先需要对搜集来的数据进行排查，发现异常数据后要对其进行修正，以保证数据的准确性和有效性，从而保证数据分析结果的科学性和可参考性。

例如，在搜集的原始数据中，某一天某款商品的直播销量为"0"，而通过查看店铺销售记录证实当天该款商品在直播中是有销量的，所以"0"就是一个错误值，需要主播对其进行修正。

2. 计算数据

通过修正数据确保数据具有准确性后，主播可以根据数据分析的目标对数据进行计算，以获得更丰富的数据信息，激发更多的改进思路。计算数据包括数据求和、平均数计算、比例计算、趋势分析等。为了提高工作效率，主播可以使用Excel的相关功能对数据进行计算。

9.1.4　分析数据

完成数据的获取与处理工作后，主播就要对数据进行分析。目前常用的分析数据的方法是对比分析法和特殊事件法。

1. 对比分析法

对比分析法，又称比较分析法，是指将两个或两个以上的数据进行对比，并分析数据之间的差异，从而揭示其背后隐藏的规律。对比分析，又包括同比分析、环比分析和定基比分析。

（1）同比分析：一般是指今年第 n 月销售数据与去年第 n 月销售数据之比。

（2）环比分析：指报告期水平与其前一期水平之比。

（3）定基比分析：指报告期水平与某一固定时期水平之比。

通过对比分析，主播可以找出异常数据。异常数据并非表现差的数据，而是指偏离平均值较大的数据。例如，某主播每场直播的新增用户数大致在 $50 \sim 100$ 人，但某一场直播的新增用户数达到了 200 人，新增用户数与之前相比偏差较大，因此属于异常数据，主播需要对此数据进行仔细分析，找出原因。

2. 特殊事件分析法

直播数据出现异常很可能与某个特殊事件有关，如淘宝直播首页或频道改版、主播变更直播标签、主播变更开播时间段等，所以主播在记录日常数据的同时，也要注意记录这些特殊事件，以便在直播数据出现异常时能够及时找到数据变化与特殊事件之间的关系。

经过数据分析，主播应找到需要提升的要点。

（1）流量差

流量差的原因可能是私域流量少，公域流量权重较低，终端传达页面信息不精准。主播要把主要精力花在"引流"上，"引流"方式包括付费推广、借助免费私域流量、依靠主播的 IP 流量及站外流量。

（2）成交量少

成交量少在一定程度上意味着用户对主播缺乏信任，这就需要主播增强用户黏性，并坚持直播，逐渐让用户养成在直播间消费的习惯。

直播间人气很高，但成交量少，说明直播间的转化率较差，原因可能是选品不当、价格不合适、需求度较低、流量不精准、卖点形容不突出等。主播要查看商品的用户画像与账号的用户画像是否一致，或者查看客单价或性价比是否有问题，或者尝试更新商品活动等。

（3）互动率低

如果直播间的互动率低，主播就要加强用户引导。例如，通过增加福袋的数量提高用户在直播间的互动积极性，同时延长用户在直播间的平均停留时间。

（4）用户停留时间过短

用户停留时间过短，即完播率低，原因可能是多方面的，如直播内容趣味性弱、主播状态不佳、直播节奏过慢、同类型竞品达人主播在同一时间段直播等。主播要避开直播高峰期，或者提高直播话术水平，加快直播节奏，以饱满的情绪进行商品讲解，或者通过改善直播间场景布置来增加直播间的吸引力。

9.2　直播间数据分析常用指标

在直播数据复盘的过程中，主播必须进行数据分析，在回顾直播流程时用数据量化总结直播表现。直播间的后续操作有很大一部分要通过数据指引方向，主播可以分析数据来制定相应的执行方案并进行测试，以优化直播数据。

以抖音直播为例，直播间数据分析的常用指标包括用户画像数据指标、流量数据指标、互动数据指标、转化数据指标四大类。下面以第三方数据分析工具"蝉妈妈"为例来介绍抖音直播间数据分析的常用指标。

9.2.1　用户画像数据指标

用户画像数据指标包括用户的性别分布、年龄分布、地域分布等。图 9-11 所示为抖音某主播的用户性别分布、年龄分布分析。

通过图 9-11 可以看出，在该主播的直播间用户中，女性占多数；18 ～ 23 岁的用户和24 ～ 30 岁的用户占比较高（他们的消费能力普遍较高，消费意愿也较强）。

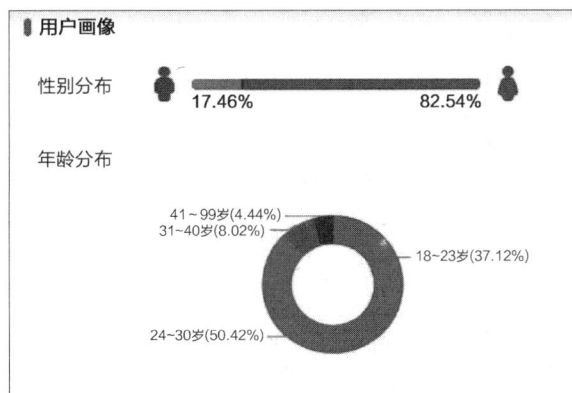

图9-11　用户性别分布、年龄分布分析

9.2.2　流量数据指标

流量数据指标主要包括人气数据、在线流量分析和粉丝团分析等3项指标。

1. 人气数据

人气数据包括观看人次、人气峰值、平均在线人数、发送弹幕数、累计点赞数、"涨粉"人数、"转粉率"。其中，"转粉率"可以根据公式"'转粉率'='涨粉'人数÷观看人数"得出。图9-12所示为某直播间的人气数据。

图9-12　人气数据

2. 在线流量分析

在线流量分析包括累计观看人次、人气峰值、平均停留时长，以及在线人数、进场人数、离场人数的时间分布折线图，如图9-13所示。

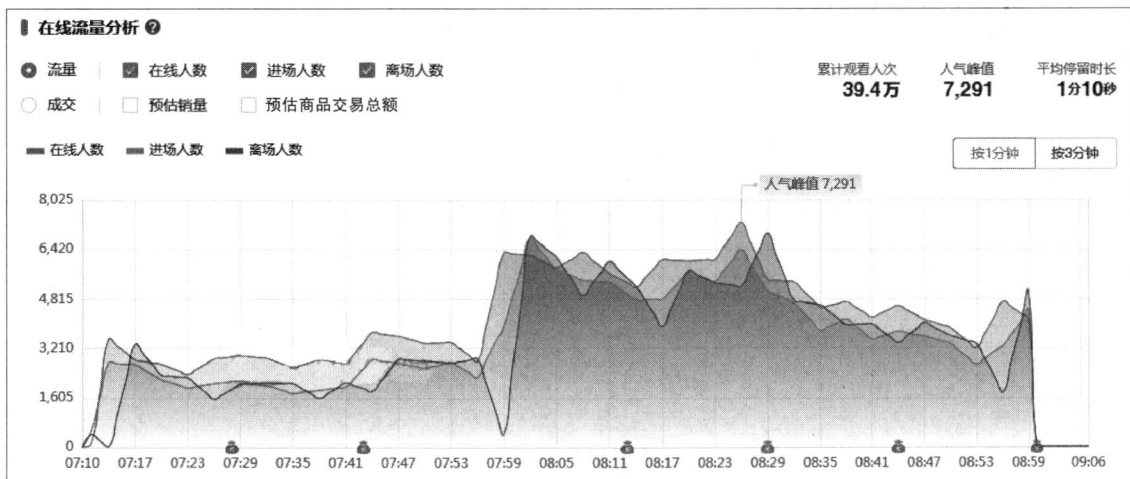

图9-13 在线流量分析

3. 粉丝团分析

粉丝团分析包括本场新增粉丝团数、粉丝团增量峰值和峰值时间，如图9-14所示。

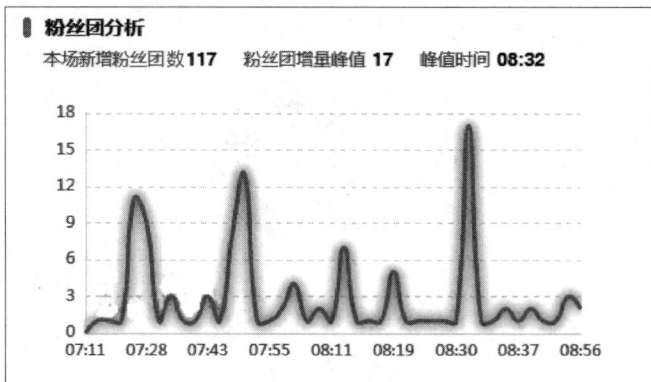

图9-14　粉丝团分析

主播可以巧妙地运用优化技巧来增加直播间的流量，方法举例如下。

（1）更新玩法，多上架一些"引流"款商品。

（2）主播在推荐商品时，要提高自己的引导力、感染力和亲和力。

（3）商品的类目、性价比、价格要与目标用户相匹配。

（4）改变直播间的布景，提高用户的观看体验。

9.2.3　互动数据指标

互动数据指标主要是指弹幕热词。弹幕热词，又称弹幕词云，词云是指通过形成关键词云层或关键词渲染，对在网络中出现频率较高的关键词进行视觉上的突出。它过滤掉了大量文本信息，使浏览者可以一眼看到文本主旨。

在直播带货过程中，用户使用次数最多的关键词会突出显示在弹幕热词中，主播可以直观地看到这些内容，并据此做出相应的调整。

弹幕热词数据包括弹幕总数和互动率，如图9-15所示。互动率可以根据公式"互动率 = 弹幕总数 ÷ 观看人次"得出。

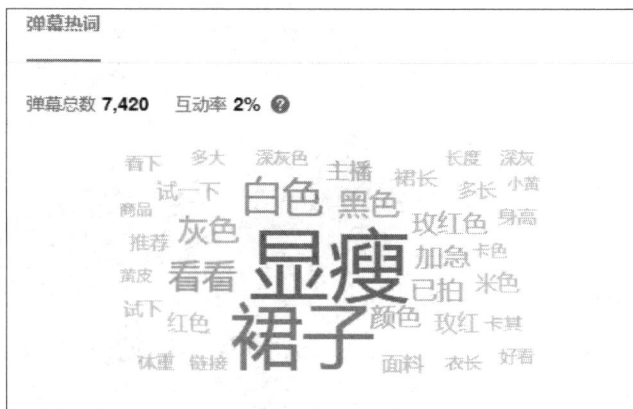

图9-15　弹幕热词

除了弹幕热词，累计点赞数、累计评论数等也能反映直播的互动情况，如图 9-16 所示。

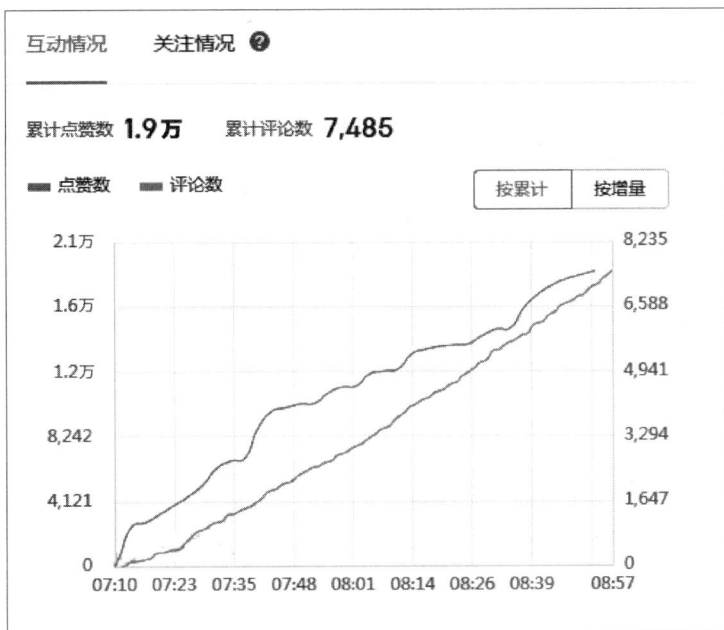

图9-16　互动情况

9.2.4　转化数据指标

转化数据指标主要包括带货数据、带货小时榜和转化漏斗。

1. 带货数据

带货数据包括本场直播销售额、销量、客单价、上架商品、带货转化率、UV 价值，如图 9-17 所示。其中，UV 价值 = 本场直播销售额 ÷ 访问人数。

图9-17　带货数据

2. 带货小时榜

带货小时榜可以反映主播在某个小时内直播带货数据在总榜上的排名变化，可以显示最高排名，如图 9-18 所示。主播可以结合同一时间段的互动情况分析互动数据对带货数据的影响，进而做出改善。

3. 转化漏斗

转化漏斗需要通过累计观看人次、商品点击次数和商品销量等数据进行计算，其中，累计观看人次 ÷ 商品点击次数 = 观看 / 点击转化率，商品点击次数 ÷ 商品销量 = 点击 / 购买转化率，而整体转化率 =（观看 / 点击转化率）×（点击 / 购买转化率）。图 9-19 所示为某场直播的转化漏斗，整体转化率为 1.98%。

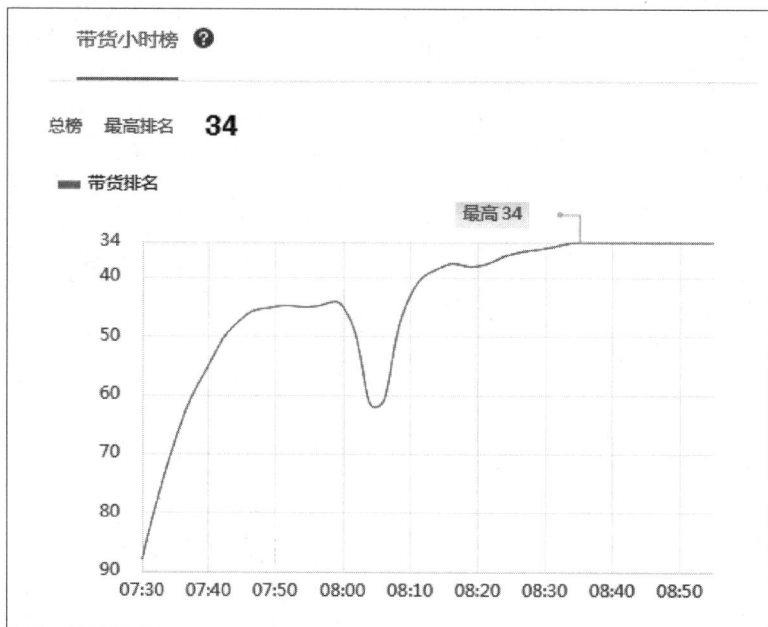

图9-18　带货小时榜

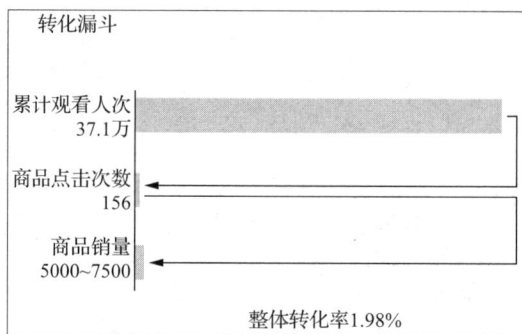

图9-19　转化漏斗

一般来说，抖音直播间的转化率分布范围及其数据优秀程度如下。

（1）低于 1%：转化率不够合格。这种数据一般出现在刚开播不久的直播间，粉丝数量不多，主播经验不足，观看直播后下单的用户较少。

（2）1% ~ 3%（不含）:转化率刚刚合格，但系统分配的流量较少，利润可能不够人员开销。

（3）3% ~ 5%（不含）：转化率处于比较合理的区间，奠定了可以长期开直播的基础，也拥有了固定粉丝和固定收益。

（4）5% ~ 20%：优秀的转化率数据。只要能在这一区间保持一段时间，直播间就可以在平台上获得更多的流量，发展前景一片光明。

（5）高于 20%:处于这一水平的一般是规模比较大的直播间，拥有数量庞大的粉丝群体，利润可观。

由此可见，图 9-19 中直播间的转化率属于刚刚合格，提升空间很大。主播要想增加直播间的商品点击数，提高商品转化数据，可以按照以下方法来运作。

（1）丰富产品 SKU，给用户更多选择的空间。

（2）多强调商品的优势，如价格低、有促销活动等。

（3）从浏览商品详情页到下单的过程是由用户自己做决策的，所以主播要尽量缩短下单链条。

课后习题

一、填空题

1. 直播间的数据上升或下降都属于 _____。

2. 数据处理包括两个环节，第一个环节是 _____，第二个环节是 _____。

3. 抖音直播间的转化率为 _____ 时，表示其处于比较合理的区间，奠定了可以长期开直播的基础，也拥有了固定粉丝和固定收益。

二、选择题

1. 在淘宝直播时，获取直播数据的途径不包括（　　）。

A. PC 端直播中控台　　　　　　　B. "淘宝主播" App

C. 巨量千川　　　　　　　　　　　D. 第三方数据分析工具

2. 使用对比分析法分析直播数据时，一般不采用（　　）。

A. 同比分析　　　　　　　　　　　B. 环比分析

C. 定基比分析　　　　　　　　　　D. 横比分析

3. 下列指标不属于互动数据指标的是（　　）。

A. 弹幕热词　　　　　　　　　　　B. 转化漏斗

C. 累计点赞数　　　　　　　　　　D. 累计评论数

三、简答题

1. 简述什么是对比分析法。

2. 直播间数据分析的常用指标有哪些？

第10章

淘宝直播实战：联动营销引爆高效转化

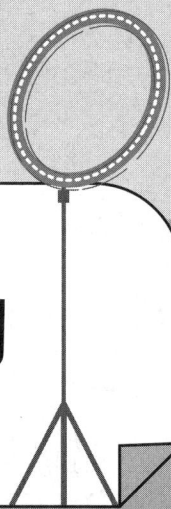

知识目标

➢ 了解淘宝直播的生态特征。

➢ 了解淘宝直播流量分配规则。

➢ 了解淘宝直播的发展趋势。

能力目标

➢ 能够在淘宝直播中添加带货商品。

➢ 能够创建淘宝直播预告。

➢ 能够在移动端和 PC 端管理淘宝直播。

素养目标

➢ 紧跟时代发展趋势，在直播行业发展潮流中抓住机遇。

➢ 树立新时代的职业意识，正视直播行业和主播职业。

淘宝直播是阿里巴巴推出的生活类消费直播平台，也是新零售时代体量巨大、消费量与日俱增的新型购物场景，还是千万商家进行店铺运营的利器。随着商家、主播、消费者全方位拥抱淘宝直播，直播电商内外部发展条件逐渐成熟，淘宝直播会推动电商经济持续增长。

案例导入

多种策略蓄势，成就淘宝"黑马"主播

2022 年"6·18"期间，"小田 Tia"成为淘宝主播中的"黑马"主播。但是，她的成功不是一蹴而就的。一开始，她是一个名不见经传的美妆主播，经历长达八九个月直播没有起色的灰暗时光后，她决定转行做服装主播。

"小田 Tia"的淘宝直播具有以下特征。

（1）保证选品充足

在直播时，库存不足是十分让人担忧的问题。在日常的时间节点，"小田 Tia"直播间每个品类一般只备 300 ～ 500 件现货，但遇到"6·18"这样的大型促销节点，这些库存就不够了。

针对这个问题，"小田 Tia"决定将现有的供应商进行整合，梳理出其擅长的类目，以此为核心规划出后续订单的去向，以提高效率。同时，"小田 Tia"选择用品牌小专场的方式解决库存问题，增加品牌的数量，而不拘泥于单一品牌，用更多的库存来硬扛整个"6·18"。

（2）布局多元直播矩阵

打造直播矩阵，实现主账号与矩阵号相互联动，可以辐射到更多粉丝。同时，直播矩阵能承担拓展品类的任务。对于头部账号来说，单个垂类账号推荐的品类相对有限，拓展品类容易稀释原有粉丝；对于综合类账号来说，对垂类品类的挖掘深度尚有空间，而直播矩阵弥补了这些问题。因此，"填补时长空白＋拓展选品的深度＋辐射更大的粉丝圈层"成为直播矩阵搭建的核心诉求。

正是基于这个动机，"小田 Tia"打造了"甜甜圈 Tia"账号，填补自身在直播时段和选品上的空白。两个账号在风格、选品和垂类专业度等方面有所差异。"小田 Tia"主要在晚上直播，推荐的大多是甜美风的商品，整体受众偏年轻；"甜甜圈 Tia"则在下午直播，推荐的服装与主账号相比偏成熟一些，而且母婴类商品也更加丰富。

（3）采用抽奖送福利的方式吸引和激励"新粉"

面对"新粉"，主播会采用抽奖送福利的方式来吸引更多关注。例如，"甜甜圈 Tia"在首播当天设置了远超平时开播的抽奖次数，而且当粉丝在直播间的停留时长、分享等数据达标后，还会进行抽奖等福利放送，这在一定程度上激励了"路人粉"的转化。

（4）以极高的商品性价比吸引用户

在转做服装主播的前期，"小田 Tia"遭遇了十分激烈的竞争，这让她下决心："我宁愿不要提成，也要把价格做到更低。"为了拿到更低的价格，"小田 Tia"选择了与她认可的商家达成独家合作，因为在直播中如果有一两个单品可以"卖爆"，那么其他品类的表现也会随之上涨。"小田 Tia"决定，在保证商家利润的前提下，她可以不拿被"卖爆"商品的提成。另外，在 6 ～ 8 月的服装淡季，她还会组织一些活动来维持粉丝的活跃度，以增加销量。

案例启示：

直播带货时，选品是重中之重，没有足够的商品数量和类目，即使流量再大也无法接住；选品要与主播人设相一致；打造直播矩阵适合实力较强的直播账号，这样既能让矩阵账号之间相互引流，又能弥补选品差异和直播时段的空白，从而面向更多的用户群体；直播带货吸引人的一点是高性价比，低价和福利是必不可少的，向用户让利，一方面可以激发用户在直播间互动的热情，另一方面可以扩大目标用户群体。

10.1 淘宝直播认知

早在 2016 年，阿里巴巴就推出了淘宝直播。依托阿里巴巴强大的供应链资源，淘宝直播获得了飞速发展，淘宝直播的核心用户数量持续增长。经过这些年的快速发展，拥有诸多头部和腰部主播以及优质供应链的淘宝直播仍是直播行业的头部平台。

10.1.1 淘宝直播的生态特征

淘宝直播有多个入口，一是 PC 端淘宝网首页入口（见图 10-1），二是"淘宝"App 的"淘宝直播"入口（见图 10-2），三是"点淘"App。"点淘"App 是阿里巴巴专门为电商直播打造的独立客户端，它组建了全新的直播生态，且与短视频融合。用户登录"点淘"App 后，可以在"点淘"App 内部完成所有的成交，无须跳转至淘宝网。图 10-3 所示为"点淘"App首页。

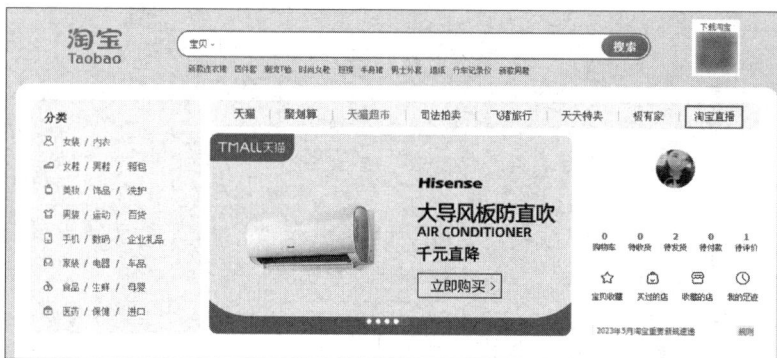

图10-1　PC端淘宝网直播入口

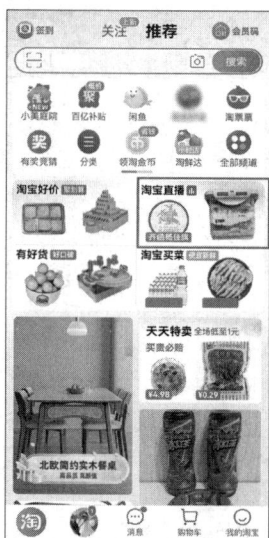

图10-2　"淘宝"App的"淘宝直播"入口

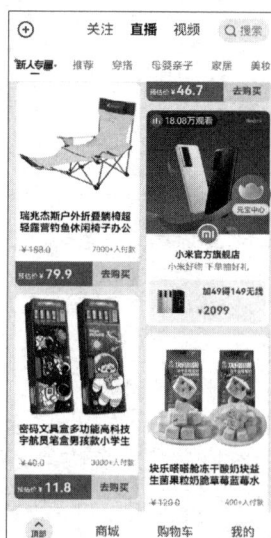

图10-3　"点淘"App首页

阿里巴巴强大的供应链体系为淘宝直播的飞速发展奠定了坚实的基础。淘宝直播的生态特征如表 10-1 所示。

表 10-1　淘宝直播的生态特征

项目	说明
平台属性	电子商务平台，具有完善的供应链和运营体系
用户属性	基于淘宝生态圈，用户的购物属性强
流量来源	平台公域流量来源："手机淘宝"App 首页、独立的"点淘"App 私域流量来源：关注页、店铺首页等 站外流量来源：微博、微信公众号等
主要供应链	淘宝、天猫
带货商品属性	强体验性商品、消耗品受益较大； 服饰鞋包、美妆洗护、食品、生活日用品是淘宝直播带货的主要品类，主要原因在于这些商品价位较低，使用频率高
带货 KOL 属性	头部主播高度集中
带货模式	商家自播和达人导购

10.1.2　淘宝直播流量分配规则

不管是对于传统电商，还是对于直播电商，流量都是绕不开的话题，淘宝直播也不例外。因此，运营淘宝直播，了解淘宝直播的流量分配规则是非常必要的。

淘宝直播流量分配主要有以下 4 个原则。

1. 标签竞争

淘宝直播标签是阿里巴巴推出的一款快捷的导购推广服务。主播和商家可以为自己的商品添加各种能够吸引用户的标签，以此获得更加精准的流量，提高直播的转化率。

主播为直播打上标签，其实是在精准定位自己的直播属性，淘宝直播官方会根据主播所选择的标签为其匹配对应的流量，如图 10-4 所示。从淘宝直播官方的角度来说，同一个标签使用的人多了，在分配流量时可以选择的范围也就多了。在流量总量不变的情况下，同一标签下每个主播能分到的流量就会变少，因此主播在标签维度下需要与竞争对手进行流量的争夺。

2. 主播等级竞争

淘宝直播的主播等级反映了主播的影响力，主播的等级越高，能获得的直播权益也就越多，被淘宝直播官方、用户看到的机会也就越大，自然而然也就能获得更多官方流量的支持。

3. 活动排名

淘宝直播官方会举办各种主题的直播活动、排位赛等，主播在这些活动中表现得越优秀，排名就越靠前，就越能证明自己的实力。对于淘宝直播官方来说，这样的主播没有浪费官方为其提供的流量，在他们身上获得的投资回报率较高，所以在分配流量时会更加偏爱这些主播。

4. 直播内容建设

直播内容也是淘宝直播官方分配流量的参考因素之一。淘宝直播官方评判直播内容的主要依据有 5 个，如表 10-2 所示。

图10-4　淘宝直播标签

表 10-2　淘宝直播官方评判直播内容的主要依据

评判依据	释　义	考查的内容
内容能见度	直播内容能覆盖用户的广度主要是通过直播间浮现权重和关注页触达的人群来评判的。直播内容覆盖的用户人群越广，内容能被看见的概率就越大	直播间的"引流"推广能力
内容吸引力	单位时间内用户在直播间里停留的时长，是否产生购买行为，是否做出互动动作（评论、点赞、分享等）	直播间商品的构成、直播氛围和主播的吸引力
内容引导力	把用户留在直播间，并引导其进入店铺主动了解商品的能力	主播的控场能力和引导用户下单的能力
内容获客力	引导用户进入店铺并产生购买行为的能力	直播间商品性价比和主播直播话术对用户的吸引力
内容转粉力	将只是短暂停留在直播间的用户变成有目的、停留时间长的粉丝的能力	直播间商品的性价比，以及主播持续输出内容的能力和直播能力

因此，合理地运用直播标签、提高自身等级、在官方活动中表现优秀、做好直播内容建设是淘宝主播赢得流量的核心策略。

10.1.3　淘宝直播的发展趋势

随着互联网技术的不断发展，直播电商行业也呈现出不断变化的趋势。淘宝直播在当前的市场环境中仍然具有巨大的市场潜力，其发展趋势主要体现在以下几个方面。

1. 逐步发力内容直播

2023 年"6·18"期间，淘宝直播上线"捧场购"，大力支持内容直播。"捧场购"需要直播间的用户在右下角"宝贝口袋"中挑选商品直接下单，之后用户会收到与其实付金额相对应的不同级别的免费礼物。用户将这些礼物送给主播后，主播就能获得"助力值"，在榜单上拥有更高的排名。

淘宝直播的"捧场购"将内容直播和电商生态进行了融合，目的是让自己生态内的流量更多，从而为新引来的流量创造更大的商业价值。在淘系平台内容化趋势下，会有更多的流量和资源向直播和短视频倾斜。商家能通过优质内容的发布挖掘这部分增量，将用户从淘系公域引至店铺私域，从而将生意底盘稳固在淘系平台。

2. 直播电商与短视频优势互补

目前短视频用户渗透各个代际，在"内容为王"的时代，直播电商与短视频融合互补势不可挡。这种新业态越发地被品牌和主播整合应用，而短视频"种草"、直播转化的模式也被越来越多的用户所熟知。

短视频与直播电商的优势互补如表10-3所示。

表10-3 短视频与直播电商优势互补

短视频优势	直播电商优势	优势互补
发布时间不受限	实时互动	短视频发布时间不受限，结合直播实时互动，可覆盖更多的人群
有力拉新	建立信任	短视频多样化的内容迎合多样人群需求，为品牌和主播有力拉新，直播可助力主播获得用户信任
内容传播	承接流量	短视频主打内容传播，直播承接流量，"内容＋转化"助力品牌"品效合一"

如今，淘宝的内容"种草"主要以图文和短视频构成内容场，其中短视频为"逛逛"，其转化能力更强，而且是淘宝的内容主阵地，是从消费购物到生活方式的升级。"逛逛"通过对用户兴趣的挖掘，推荐不同类型的内容，可以提升用户活跃度、增加用户黏性，并为淘宝直播引流。

3. 助力直播行业规范化、专业化

随着直播电商的发展，监管规范与促进发展并重，直播行业日益规范化、专业化。在此背景下，淘宝直播成为首个组织互联网营销师认证考试的直播电商平台，而且率先推出商品预检、脚本预检等服务，帮助无专业团队的主播低成本地进行自我风险防控。

为了加强主播的合规意识，淘宝直播还建立了信用评价体系"合规安全码"，通过绿码、黄码、红码、灰码4种不同码色直观地展示主播信用评价情况。合规安全等级越高的主播，所获取的权益越全面，这也有利于激励主播合规发展。

4. 站外达人入驻，淘宝直播获得新鲜血液

淘宝直播在引入新人上不遗余力，重点扶持本身在专业领域有稳定内容输出、具备一定粉丝基础的站外达人。推动新主播的引入、为品牌提供更多优质主播合作资源，是淘宝直播的重要发展方向之一。这背后是淘宝直播在不断丰富自己的专业内容场。

5. 腰部商家自播渗透率提升较快

做淘宝直播的商家，无论大小，都正在从淘宝直播的发展趋势中受益，其中腰部商家渗透率较高，提升较快，这说明了提升的普遍性和机会的普适性。头部、腰部和尾部商家的直播增长趋势不同，为橄榄型结构，是稳定发展的生态结构。

6. 应用新科技，为直播的用户体验锦上添花

随着技术的进步，淘宝直播逐渐应用了 3D、5G、VR、AR、AI 等技术，提升了用户的观看体验，为品牌提供了更多创新营销的想象力。

10.2 淘宝直播运营实战

商家通过淘宝直播卖货的方式主要包括三种，自播、代播和达播。自播即商家建立自播团队运营直播间；代播即商家找专业的代播服务商进行直播；达播即达人直播，指商家通过与达人主播合作进行直播。下面以达播为例，介绍淘宝直播运营的实战方法。

10.2.1 添加带货商品

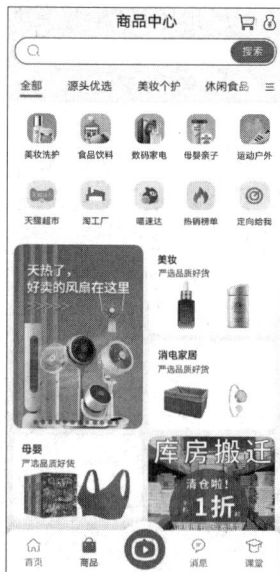

达人主播主要是通过热浪联盟进行选品，通过直播带货赚取佣金。添加带货商品的方法如下。

步骤 ⓵ 打开"淘宝主播"App，在下方点击"商品"按钮🛍️，进入"商品中心"界面，如图 10-5 所示。

步骤 ⓶ 点击"美妆洗护"图标🧴，在打开的界面中浏览商品，点击想要添加的商品旁边的"加入带货车"按钮🛒，即可将商品添加到带货车，如图 10-6 所示。

步骤 ⓷ 主播也可以在商品中心搜索要添加的商品，如图 10-7 所示。

添加带货商品

图10-5　点击"商品"按钮　　图10-6　点击"加入带货车"按钮　　图10-7　搜索商品

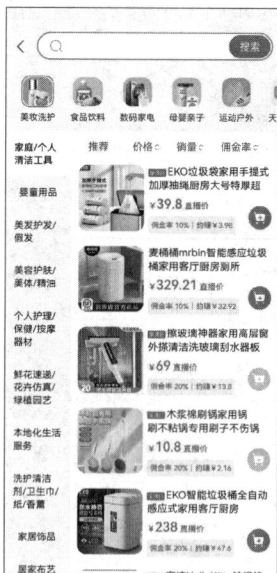

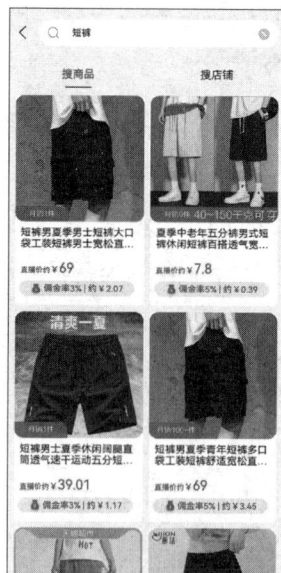

步骤 ⓸ 点击商品，进入"商品详情"界面，查看商品详情，如图 10-8 所示。

步骤 ⓹ 在"淘宝主播"App下方点击"首页"按钮🏠，可以看到系统给新手主播提供的"开单爆品"，如图 10-9 所示。

步骤 ⑥ 点击"开单爆品"，在打开的界面中会看到系统自动为新手主播选择的爆款商品，点击"加入带货车"按钮即可将其添加到带货车，如图10-10所示。

图10-8　商品详情界面　　　图10-9　点击"开单爆品"　　　图10-10　点击"加入带货车"按钮

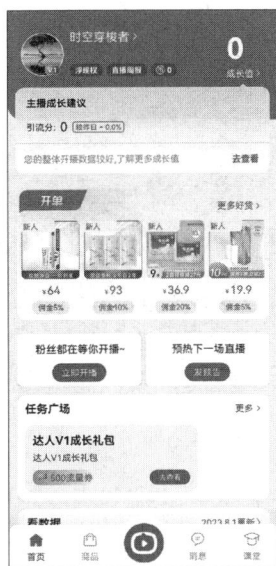

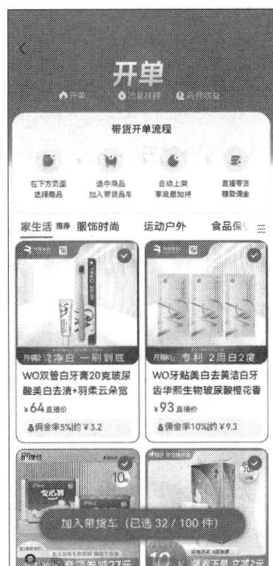

步骤 ⑦ 在"全部工具"选项区中点击"商品管理"图标 📦，如图10-11所示。

步骤 ⑧ 在打开的界面中点击"带货宝"图标 ◎，如图10-12所示。

步骤 ⑨ 在打开的界面中可以查看带货车中的商品，根据规划对不需要的商品进行删除，如图10-13所示。

图10-11　点击"商品管理"图标　　　图10-12　点击"带货宝"图标　　　图10-13　删除商品

步骤 ⑩ 主播也可以在 PC 端打开"热浪引擎"页面，单击上方的"热浪联盟"按钮，然后在左侧选择"商品库"选项，根据需要筛选商品。将鼠标指针置于商品图片上，单击"加入带货车"按钮，即可将商品添加到带货车中，如图10-14所示。

图10-14　在PC端添加商品

步骤⑪ 在左侧选择"带货车"选项，查看添加的商品，对商品进行批量管理，如对商品进行标签管理，如图10-15所示。

图10-15　管理带货商品

10.2.2　创建淘宝直播预告

创建直播预告可以让用户提前了解直播内容，同时便于系统选择优质直播内容进行包装推广，以及在直播广场扶优。创建淘宝直播预告的方法如下。

步骤① 在"淘宝主播"App下方点击按钮◎，进入"开直播"界面，在下方点击"发预告"选项卡，添加直播封面或预告视频，然后设置直播标题、直播时间、内容介绍、频道栏目等，如图10-16所示。

步骤② 点击"添加宝贝"选项，在打开的界面中点击按钮，如图10-17所示。

步骤③ 打开"直播商品"界面，点击"带货车"选项，然后选中要添加的商品，点击"确认"按钮，如图10-18所示。

创建淘宝直播预告

图10-16 设置预告信息

图10-17 点击按钮

图10-18 添加商品

步骤 04 勾选"开播时自动把预告商品发布到直播间"，然后点击"发布预告"按钮，即可发布直播预告，如图 10-19 所示。

步骤 05 在"淘宝主播"App 首页的"全部工具"选项区中点击"我的直播"图标，如图 10-20 所示。

步骤 06 打开"直播列表"界面，可以看到创建的直播预告，根据需要对直播预告进行编辑、分享、删除等操作，如图 10-21 所示。

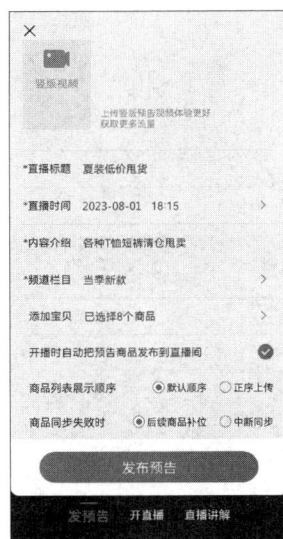

图10-19 点击"发布预告"按钮

图10-20 点击"我的直播"图标

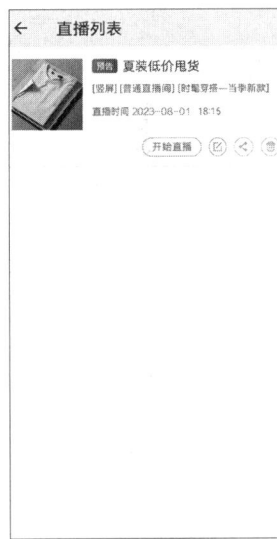

图10-21 查看直播预告

10.2.3 在移动端进行淘宝直播

在开始直播前，主播应确保手机连接了稳定的网络，允许"淘宝"App 有使用话筒的权限。在移动端进行淘宝直播的方法如下。

步骤 01 进入"开直播"界面，如图 10-22 所示。

步骤 02 点击"开始直播"按钮，即可进入淘宝直播间，如图 10-23 所示。

步骤 03 点击"宝贝"图标，在弹出的界面中可以查看直播商品列表，点击右上方的"+商品"按钮，如图 10-24 所示。

步骤 04 打开"商品上架"界面，在左侧选择"带货车"选项，在右侧选中要上架的商品，然后点击"推送到口袋"按钮，如图 10-25 所示。

在移动端进行淘宝直播

图10-22 "开直播"界面

图10-23 进入淘宝直播间

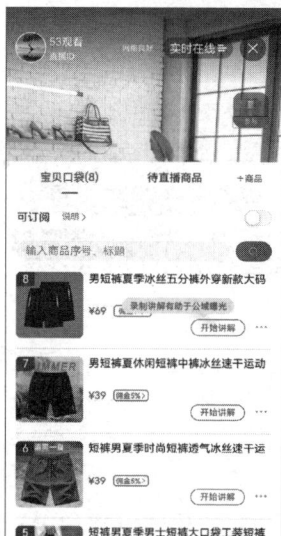

图10-24 点击"+商品"按钮

步骤 05 在打开的界面中调整商品顺序，然后点击"确认"按钮，如图 10-26 所示。商品此时已被添加到直播间。

步骤 06 点击商品右下方的按钮，在弹出的界面中可以对商品进行"添加券""编辑利益点""爆品置顶""下架"等操作，如图 10-27 所示，在此选择"爆品置顶"选项。

图10-25 选中商品

图10-26 调整商品顺序

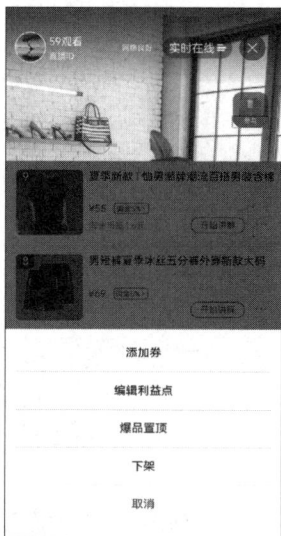

图10-27 点击按钮

步骤 07 在弹出的提示信息框中点击"确认"按钮，如图 10-28 所示。

步骤 08 此时 7 号商品已被设置为爆品并置顶显示，如图 10-29 所示。

步骤 09 点击"开始讲解"按钮，系统即会开始自动录制讲解，如图 10-30 所示，讲解完毕后要点击"结束讲解"按钮。

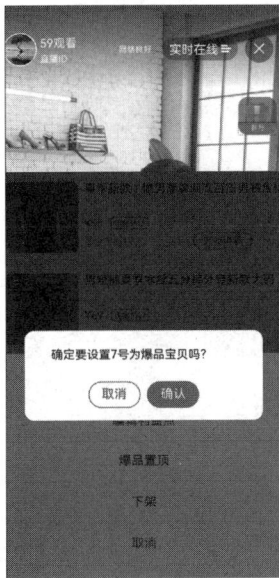

图10-28 点击"确认"按钮　　图10-29 设置商品置顶　　图10-30 讲解商品

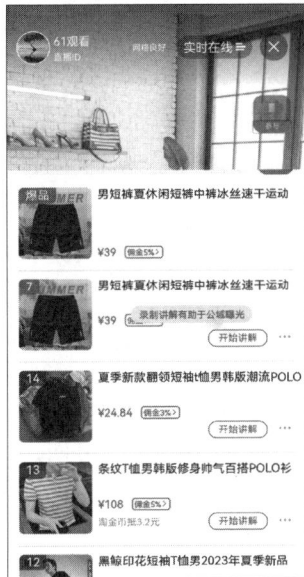

步骤 10 在直播间下方点击"讲解"按钮，就可以看到直播间商品浮现层，左右滑动选择商品，点击"开始讲解"按钮，即可开始对该商品进行讲解。系统会在讲解的时间点自动生成一个讲解视频，方便用户在直播间商品口袋里查看该商品的讲解回放，如图 10-31 所示。

步骤 11 收到直播间用户的连麦请求后，可以在下方点击"互动"按钮 🎛️，在弹出的界面中点击"粉丝连麦"图标 👥，如图 10-32 所示。

步骤 12 在弹出的界面中查看连麦请求，点击"连麦"按钮，如图 10-33 所示。

图10-31 显示商品浮现层　　图10-32 点击"粉丝连麦"图标　　图10-33 点击"连麦"按钮

步骤 ⑬ 此时即可与用户进行视频连麦，如图 10-34 所示。连麦结束时，点击"关闭"按钮，即可断开连麦。

步骤 ⑭ 在直播间下方点击"更多"按钮，在弹出的界面中可以对直播间进行更多操作，如图 10-35 所示在此点击"推广"图标。

步骤 ⑮ 在弹出的界面中点击"分享直播间"图标，如图 10-36 所示。

图10-34　开始连麦　　　　图10-35　点击"推广"图标　　　图10-36　点击"分享直播间"图标

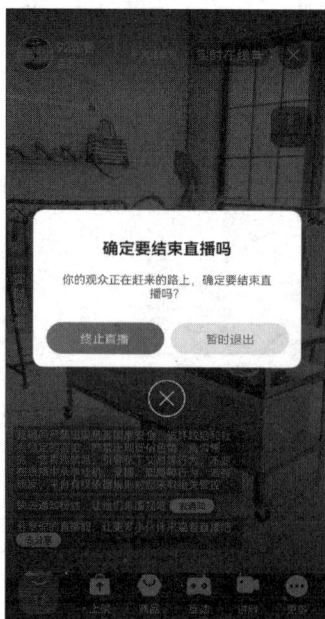

步骤 ⑯ 在弹出的界面中选择将直播间分享到微信、QQ 或支付宝，如图 10-37 所示。

步骤 ⑰ 想结束直播时，可以点击直播间右上方的"关闭"按钮，在弹出的提示信息框中点击"终止直播"按钮，即可结束直播，如图 10-38 所示。

图10-37　分享直播间　　　　　　　图10-38　结束直播

10.2.4 在PC端管理淘宝直播

在 PC 端通过淘宝直播中控台可以对直播进行快捷管理，具体操作方法如下。

步骤 01 在 PC 端打开淘宝直播界面并登录淘宝账号，在左侧选择"直播管理"选项后，可以看到正在进行的直播，单击"直播详情"按钮，如图 10-39 所示。

步骤 02 在打开的页面中可以看到淘宝直播画面和实时数据。如果想在"宝贝列表"中添加商品，就单击"+商品"按钮，如图 10-40 所示。

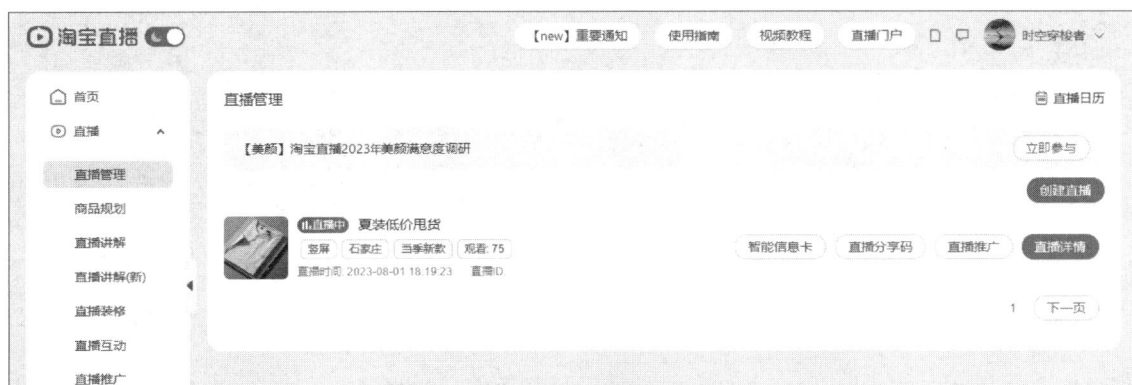

在 PC 端管理淘宝直播

图10-39 单击"直播详情"按钮

图10-40 单击"+商品"按钮

步骤 03 在打开的页面左侧选择"带货车"选项，然后选中要添加的商品，单击"下一步"按钮，如图 10-41 所示。

图10-41　选中商品

步骤 04 在打开的页面中单击"推送到宝贝口袋"按钮，如图 10-42 所示。

图10-42　单击"推送到宝贝口袋"按钮

步骤 05 此时即可在直播间中添加新的商品，如图 10-43 所示。

步骤 06 在"互动中心"选项区中可以对直播间进行更多操作，如发布公告、推送关注卡片、发放优惠券红包等，如图 10-44 所示，在此单击"福利抽奖"图标🎁。

图10-43 添加新的商品

图10-44 单击"福利抽奖"图标

步骤 07 在弹出的对话框中设置福利抽奖相关选项，单击"开始抽奖"按钮，如图 10-45 所示，即可在直播间发起福利抽奖。

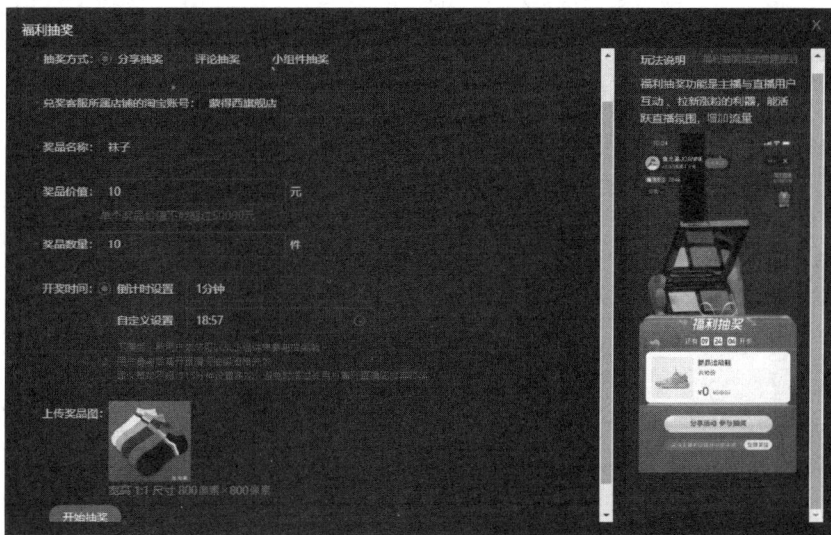

图10-45 设置福利抽奖

步骤 08 如果想将淘宝直播间同步到微博，可以在页面右上方单击账号下拉按钮，在弹出的列表中选择"绑定微博"选项（见图 10-46），然后在弹出的界面中绑定微博。

图10-46 选择"绑定微博"选项

课后习题

一、填空题

1. 淘宝直播的私域流量来源包括 _____ 和店铺首页。

2. 淘宝直播的带货 KOL 属性为 _____ 高度集中。

3. 商家通过淘宝直播卖货的方式主要包括三种：_____、_____ 和达播。

二、选择题

1. 下列不属于淘宝直播流量分配原则的是（　　　）。

A. 标签竞争 　　　　　　　　　B. 主播等级竞争

C. 活动排名 　　　　　　　　　D. 传播力度

2. 在得益于淘宝直播发展趋势的商家中，渗透率较高、提升较快的是（　　）商家。

A. 腰部 　　　　B. 尾部 　　　　C. 头部 　　　　D. 中腰部

3. 淘宝直播的达人主播添加带货商品主要是通过（　　）进行选品。

A. 巨量千川 　　　B. 热浪联盟 　　　C. 魔筷星选 　　　D. 视界选品

三、简答题

1. 简述淘宝直播官方评判直播内容的主要依据。

2. 简述短视频与直播电商优势互补的表现。

第11章
抖音直播实战：打通热点营销直播链路

知识目标

➤ 了解抖音平台的特点。

➤ 了解抖音直播电商生态特征和抖音直播的发展趋势。

➤ 掌握抖音直播的流程与方法。

能力目标

➤ 能够在抖音直播间添加商品并进行商品管理。

➤ 能够在抖音直播间进行连线与互动。

➤ 能够在抖音直播间开展各种直播活动。

素养目标

➤ 在直播中勇于承担责任，敢于担当，在挑战中不断磨炼自己。

➤ 倡导网络文明，文明互动，理性表达，合理消费。

2023年上半年，抖音电商的带货方式以直播为主，达播为主要带货渠道，自播带货成长速度较快。从2023年上半年各自流量的同比增速来看，观众看播总时长高于商家直播总时长，这意味着直播电商的竞争环境更加友好。要想提升抖音直播的运营效果，主播就要掌握抖音直播运营的实战策略。

案例导入

"声量销量"双爆发，珀莱雅抖音直播的成功秘诀

珀莱雅产品覆盖护肤、彩妆、洗护、香薰等领域，是一家集化妆品研发、生产、销售于一体的大型集团化公司，其凭借鲜明的品牌形象、精准的市场定位，以及创新的营销策略在国内化妆品终端品牌名列前茅。

2022年7月13日～19日，珀莱雅联合抖音打造了"珀莱雅抖音超品日"。活动期间，珀莱雅通过知名人士直播互动、抖音互动话题引流等方式不断扩大品牌曝光度。在这场活动中，珀莱雅"声量销量"双爆发，打造了美妆品牌在抖音域内营销的完美案例。

珀莱雅在抖音平台上的优秀表现离不开品牌自播，自播已经成为珀莱雅的重要销售利器。珀莱雅抖音直播的主要特征体现在以下方面。

（1）直播时段

珀莱雅的直播时间为每天早上7:00至次日00:00。

（2）知名人士助力直播间

在"珀莱雅抖音超品日"期间，珀莱雅邀请品牌大使章××亮相"珀莱雅官方旗舰店"直播间，和大家一起分享台前台后护肤的秘诀，并通过各种挑战活动与用户互动，有效地增加了直播间的曝光量，助力品牌粉丝增长、品牌资产有效沉淀。

（3）合理选择直播场地，打造沉浸式直播间

直播间的搭建可以在很大程度上影响直播间的流量，因此品牌应该充分利用自己的特色。在"珀莱雅抖音超品日"期间，珀莱雅将直播地点定在最具有象征意义的珀莱雅总部，可以让用户在看直播时感受大厦的内部环境。这样做不仅展示了珀莱雅公司的人文特色，还拉近了用户和品牌之间的距离。

（4）打造自播矩阵，采用双账号直播的形式

在"珀莱雅抖音超品日"期间，珀莱雅采用了双账号直播的形式，即"珀莱雅旗舰店""珀莱雅官方旗舰店"同时直播。打造自播矩阵，采用双账号直播的形式，可以利用不同的货品策略服务不同细分市场的用户群体，从而获得新的流量。

（5）采用合理的促销话术

关于主播的促销话术，珀莱雅做了精细的安排，以3分钟为一轮，过品节奏分别包括提出肌肤问题、分享"爆品"销售的过往战绩、介绍商品的成分与使用效果、介绍购物保障服务、催单等。主播讲到关键信息时，助播（多达3位）会与主播互动；主播讲完商品后，助播会在镜头前指导用户如何下单并上架商品链接。然后，主播继续引导用户在评论区互动，呼吁用户关注自己，补充和强调赠品信息，并强调库存的有限性，制造直播购物的紧张感，促进下单转化。

（6）线上线下联动

珀莱雅积极尝试新玩法，成功实现线上线下同时发力，通过在全国范围内大规模投放户外广告，包括成都太古里大屏、杭州文三路颐高大屏，以及全国各地电梯广告，将大量用户精准地吸引到直播间。而且成都、杭州的户外广告是由现场航拍，加上科技风后期特效制作的短片，帮助珀莱雅吸引了大量用户的关注，进一步扩大了整场直播活动的影响力。

案例启示：

抖音直播间的运营需要从多个方面入手，包括确定直播主题和内容、选择合适的直播方式、维护用户关系、合理规划直播时间、引入流量和曝光、提高主播素质等。只有这样，才能不断提高直播间的质量和用户体验，吸引更多的用户关注直播间。

11.1 抖音平台认知

抖音是一款音乐创意短视频社交软件，用户可以通过这款软件选择歌曲，拍摄音乐短视频，创造自己的作品。抖音娱乐属性明显，具有流量大和用户活跃度高的优势。

11.1.1 抖音平台的特点

在上线初期，抖音的标签是"潮""酷""时尚"，这奠定了抖音"年轻、时尚"的调性。这个定位让抖音在开始发力时占据了先发优势，并吸引了大量一、二线城市的年轻人。随着用户群体的不断壮大，抖音的定位也发生了变化，抖音的目标用户从追求"潮""酷"的年轻人变为普通大众。

后来，抖音开始进军电商领域，其经营的核心基础是"好内容 + 好商品 + 好服务"。2022 年，抖音电商将兴趣电商升级到全域兴趣电商，大力投入货架电商建设，通过短视频和直播的内容场景与抖音商城、搜索、店铺等货架场景协同互通，推动商家生意获得"飞轮增长"。

抖音平台主要具有以下特点。

1. 泛娱乐化

受抖音前期"潮""酷""时尚"定位的影响，音乐、舞蹈、搞笑段子等泛娱乐化内容在抖音平台上比较受欢迎，这也促使创作者在创作短视频时更倾向于轻松、娱乐。

2. 个性化推荐

在抖音平台上，用户是在"全屏"模式下浏览视频，可以通过向上、向下滑动手机屏幕切换短视频，这就是抖音首创的"单屏浏览模式"。进入抖音首页后，用户无须按照主题选择短视频的类型，而是以平台推送的顺序进行观看。

抖音平台会根据用户观看短视频的停留时长、点赞、评论等行为为用户优化短视频推荐。在这种个性化的推荐机制下，用户观看的短视频都是由抖音平台决定的，但用户可以关注某些抖音账号，然后在自己账号的"关注"板块中观看自己感兴趣的短视频。

3. 流量叠加支持

创作者将短视频上传到抖音后，抖音平台会对短视频进行审核，检查短视频是否存在违规内容。短视频如果存在违规内容，就无法在抖音平台上发布。

对于通过审核的短视频，抖音平台会将其放进一个较小的流量池，在小范围内测试该短视频的潜力。例如，抖音平台先将某短视频推荐给 5 万个同城用户，再对该短视频的完播率、点赞量、评论量、转发量等指标进行统计和分析，最后决定是否继续给其流量支持。如果该短视频在这些数据上表现良好，抖音平台就会将其放进一个更大的流量池，为其提供更大的流量支持。如果在第二波推荐中该短视频的数据表现依然良好，抖音平台就会给予下一波更大的流量支持……如此层层递进，不断增加对该短视频的流量支持。可见，抖音平台更看重的是短视频内容的质量。这样大大提高了优质短视频的传播效率，弱化了短视频创作者的身份门槛。

抖音直播电商也使用了这个流量推荐逻辑。潜在兴趣用户是系统做推荐的初次筛选的门槛，系统会将用户的喜好简单地量化为用户在这个直播间的数据表现，如停留时间更长、有更多的互动和转化效率更高等。系统认为用户对某个直播内容有持续的兴趣时，就会向用户推荐相似的直播间。

　　用户进入新直播间后的所有感受和行为都需要用很多指标去衡量，系统将其总结为内容、转化和体验3个主要的模块，又在主要模块下设置了小模块，如内容模块下有停留率、互动率、点击率等指标。将这些指标进行综合计算后，系统可以得出直播间的竞争力，并按照一定的顺序将其展现在用户面前。竞争力越强的直播间能得到越靠前的展现位置，获得更大的曝光。

4. 内容为王

　　抖音会对原创、有创意的内容给予更大的流量支持，所以创作者只有持续地生产优质内容，才能获得抖音平台更多的流量推荐，才能让自己的作品展现在更多的用户面前，并获得用户的认可。

11.1.2　抖音直播电商生态特征

　　抖音聚焦年轻人时尚、个性的生活态度，以内容"种草"为核心。具体来说，抖音直播电商生态特征如表11-1所示。

表 11-1　抖音直播电商生态特征

项目	说明
平台类型	短视频平台
平台特性	大众娱乐属性强，流量智能分发
流量来源	以平台公域流量为主
主要供应链	抖店
带货商品属性	以爆品为主，一场优秀的直播带货，80% 以上的销售额是凭借 20% 的爆品获得的；爆品往往以低价的形式高频率出现，外观靓丽或具备新奇性，很容易促使用户产生消费欲望
带货 KOL 属性	头部主播相对集中，这是因为流量智能分发模式容易使头部主播的商品爆红
带货模式	主播通过短视频积累粉丝，然后通过短视频或直播带货实现变现

11.1.3　抖音直播的发展趋势

　　当前，抖音直播呈现出以下发展趋势。

　　（1）专业化。随着平台上的竞争日益加剧，越来越多的主播开始专注于某个特定领域，如美妆、服装、美食等。这种专业化可以帮助主播更好地了解自己的目标用户，提高销售能力。

　　（2）技术升级速度加快。抖音直播平台一直非常重视技术升级，并一直通过技术升级提升直播的画质、音质和互动效果。例如，抖音直播计划在未来会展现更多的虚拟互动元素等。

　　（3）直播带货普遍化。如今越来越多的用户接受了直播带货这一营销方式，未来抖音直播带货的现象会更加普遍，形式也会更加多样。

　　（4）与线下商业深度融合。未来，抖音直播会与线下商业更加深度融合。例如，通过线下门店、加速配送等方式，为用户提供更加便捷的购物体验。

　　（5）商业化的深入推进。随着抖音直播平台影响力的扩大，越来越多的商家、知名品牌和电商入驻抖音直播，通过直播的形式进行品牌推广和销售。未来，抖音直播将继续深入推进商业化，加大对电商和品牌的支持力度，更好地满足用户和商家的需求。

　　对于用户来说，抖音直播会成为一种更便捷、有趣和实用的购物方式。

11.2 抖音直播运营实战

抖音直播可以分为商家自播和达人直播。无论哪一种直播，要想获得高人气、高收益、高互动，都需要掌握基本的抖音直播运营操作知识，做好商品管理，营造积极的互动氛围。下面以达人直播为例介绍如何通过抖音直播进行带货营销。

11.2.1 开通抖音直播带货功能

主播要利用抖音直播带货，需要申请开通商品橱窗功能，并缴纳一定的保证金，具体操作方法如下。

步骤 01 打开抖音 App，在下方点击"我"按钮，然后点击右上方的按钮 ☰，如图 11-1 所示。

步骤 02 选择"抖音创作者中心"选项，如图 11-2 所示。

步骤 03 在打开的界面中点击"全部"按钮,在弹出的界面中可以看到"电商带货"为浅色状态，如图 11-3 所示。

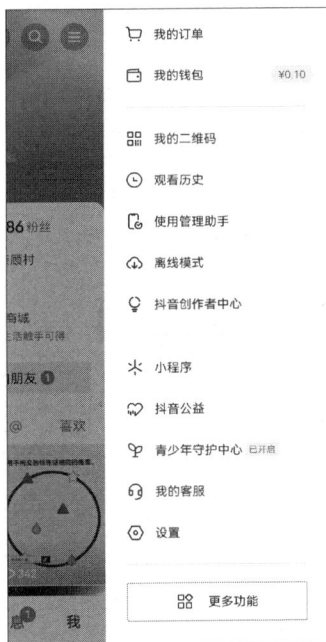

开通抖音直播带货功能

图11-1 点击按钮☰　　图11-2 选择"抖音创作者中心"选项　　图11-3 点击"全部"按钮

步骤 04 点击"电商带货"图标，在打开的"抖音电商"界面可以看到主播要开通电商带货的条件:公开发布视频数 ≥ 10 条，抖音账号粉丝量 ≥ 1000 并进行实名认证，如图 11-4 所示。满足这些要求后，则可单击"立即加入电商带货"按钮，开通商品橱窗。

步骤 05 开通商品橱窗后，绑定自己的收款账号，并向抖音平台缴纳 500 元的保证金，即可开通抖音直播带货功能，如图 11-5 所示。创作者想关闭商品橱窗功能时，可向抖音平台申请退回保证金。

图11-4　查看开通电商带货的条件

图11-5　缴纳保证金

个人、个体工商户或企业要通过抖音销售自己的商品，则可以开通抖店进行带货。具体操作方法如下。

步骤 01 在"抖音创作者中心"界面点击"全部"按钮后，点击"开通小店"图标，如图11-6所示。

步骤 02 在打开的界面中选中"已阅读并同意《账号绑定服务协议》"选项，点击"入驻抖音电商"按钮，如图11-7所示。

步骤 03 在打开的界面中可以看到3种认证类型，即个人身份、个体工商户和企业/公司，如图11-8所示，选择所需的认证类型进行认证。在此点击"个人身份"选项中的"立即入驻"按钮。

图11-6　点击"开通小店"图标

图11-7　点击"入驻抖音电商"按钮

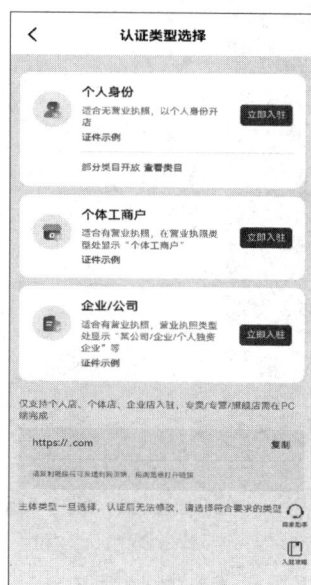

图11-8　选择所需的认证类型

步骤 ④ 在"入驻抖音电商"界面上传身份证照片并进行人脸识别认证，然后选择"属于零星小额交易活动"选项，点击"下一步"按钮，如图11-9所示。

步骤 ⑤ 在打开的界面中设置店铺信息，包括店铺名称、经营地址、经营类目等，然后点击"提交审核"按钮，如图11-10所示。

步骤 ⑥ 在打开的界面中可以预览审核信息，如图11-11所示。通过抖音审核后，在PC端登录抖店，设置开通支付方式，并根据需要绑定抖音账号即可。

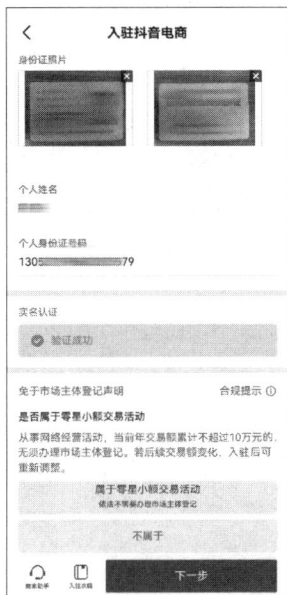

图11-9 填写资质信息　　　图11-10 填写店铺信息　　　图11-11 等待平台审核

11.2.2 添加橱窗商品

开通商品橱窗后，即可将商品添加到橱窗中。主播可以在橱窗中添加抖音精选联盟中的商品进行推广，以赚取佣金。

1. 通过"一键添品"功能添加商品

使用"一键添品"功能向橱窗添加商品的具体操作方法如下。

通过"一键添品"功能添加商品

步骤 ① 进入"商品橱窗"界面，点击"橱窗管理"图标，如图11-12所示。

步骤 ② 进入"商品"界面，可以看到当前橱窗中已有的商品，点击"一键添品"按钮，如图11-13所示。

步骤 ③ 在打开的界面中可以看到系统根据账号情况自动筛选出的50种商品，根据需要选择商品进行添加即可。若这些商品不是自己想要添加的商品，可以点击右上方的"编辑添品条件"按钮，如图11-14所示。

步骤 ④ 在弹出的界面中选择添品数量、商品类型、售价区间、佣金率等条件，然后点击"确定"按钮，如图11-15所示。

步骤 ⑤ 查看商品筛选结果，点击"一键加橱窗20"按钮，如图11-16所示。

步骤 ⑥ 即可将所选商品成功地添加到橱窗中，如图11-17所示。

图11-12　点击"橱窗
管理"图标

图11-13　点击"一键
添品"按钮

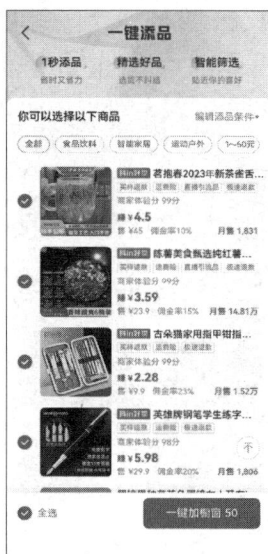

图11-14　点击"编辑添品
条件"按钮

图11-15　编辑添品条件

图11-16　点击"一键加
橱窗20"按钮

图11-17　添加商品成功

2. 通过"选品广场"添加商品

通过"选品广场"向橱窗添加商品的具体操作方法如下。

步骤 01 进入"商品橱窗"界面，点击"选品广场"图标🛒，如图11-18所示。

步骤 02 在打开的界面中，按照商品分类浏览商品，如图11-19所示。

步骤 03 点击商品，在打开的界面中点击"详情"按钮，可以查看商品详情信息，如图11-20所示。

步骤 04 向下滚动页面，查看该商品近30天的推广数据，点击"加选品车"按钮，即可将商品添加到选品车中，如图11-21所示。

通过"选品广场"
添加商品

步骤 05 在"精选联盟"首页点击"橱窗好品"图标，如图 11-22 所示。

步骤 06 在打开的界面中浏览"橱窗爆款"中的商品，然后点击商品右下方的"加选品车"按钮，即可将商品加入选品车，如图 11-23 所示。

图11-18 点击"选品广场"图标

图11-19 浏览商品

图11-20 点击"详情"按钮

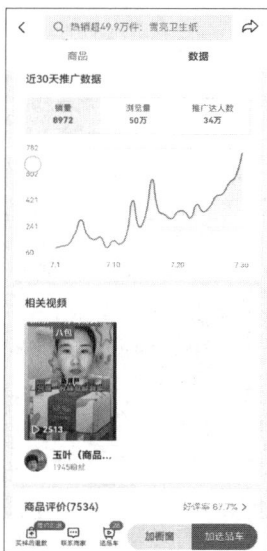

图11-21 查看商品推广数据

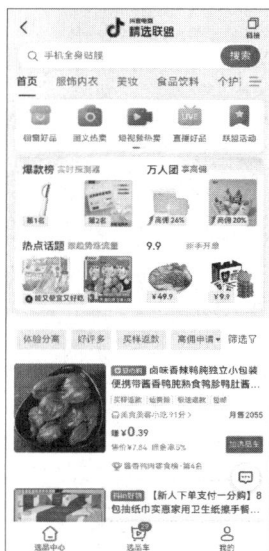

图11-22 点击"橱窗好品"图标

图11-23 添加"橱窗爆款"中的商品

步骤 07 此外，还可以在"精选联盟"中搜索商品，在搜索框中输入搜索关键词，找到要添加的商品，然后点击"加选品车"按钮，如图 11-24 所示。

步骤 08 在界面下方点击"选品车"按钮，打开"选品车"界面，选中要添加到橱窗中的商品，然后点击右下方的"批量带货"按钮，如图 11-25 所示。

步骤 09 在弹出的界面中选择"上架橱窗"选项，即可将所选商品添加到橱窗中，如图 11-26 所示。

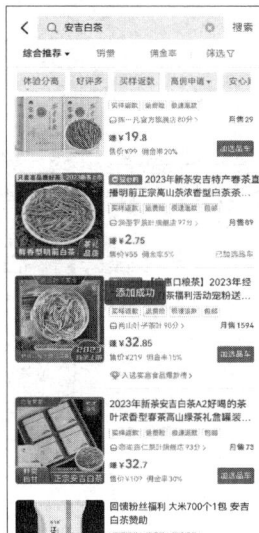

图11-24　搜索商品　　　图11-25　点击"批量带货"按钮　图11-26　选择"上架橱窗"选项

11.2.3　商品橱窗管理

　　把商品添加到橱窗中后，主播可以根据需要对商品进行移除、置顶或分类等管理操作，具体操作方法如下。

步骤 01 进入"商品橱窗"界面，点击"橱窗管理"图标 ⊟，如图 11-27 所示。

步骤 02 进入"商品"界面，可以看到橱窗中的商品，点击"管理"按钮，如图 11-28 所示。

步骤 03 选中要从橱窗删除的商品，点击"删除"按钮，在弹出的提示信息框中点击"确认"按钮，即可批量删除商品，如图 11-29 所示。

商品橱窗管理

图11-27　点击"橱窗管理"图标　　图11-28　点击"管理"按钮　　图11-29　删除橱窗商品

步骤 04 点击商品右下方的按钮 ···，在弹出的界面中可以设置"置顶商品""分享商品""编辑推广信息""关联'种草'视频""删除商品"等，如图 11-30 所示。

步骤 05 选择"编辑推广信息"选项，在打开的界面中输入商品橱窗推荐语和直播间推广卖点，然后点击"确定"按钮，如图 11-31 所示。

步骤 06 选择"关联'种草'视频"选项，在打开的界面中添加视频或直播讲解回放，点击"确定"按钮，如图 11-32 所示，然后编辑"种草"内容，点击"发布"按钮。

图11-30　点击按钮•••　　　图11-31　编辑推广信息　　　图11-32　编辑并发布"种草"内容

步骤 07 点击"主体清单"选项中的按钮＋，选中"清单"选项，然后点击"下一步"按钮，如图 11-33 所示。

步骤 08 输入与组品主体相关的标题及清单亮点，然后添加相关商品，点击"确定并发布"按钮，如图 11-34 所示。

步骤 09 点击"福利品专区"选项中的按钮＋，配置福利品专区，如图 11-35 所示。

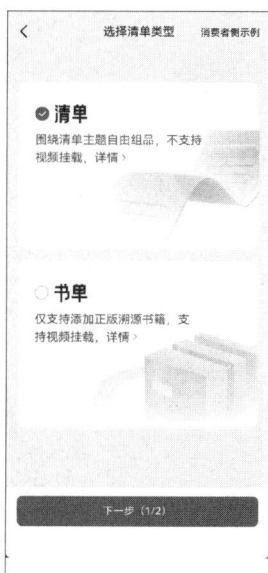

图11-33　选中"清单"选项　　　图11-34　创建清单　　　图11-35　点击按钮＋

步骤⑩ 在打开的界面中点击"立即配置商品"按钮，如图 11-36 所示。

步骤⑪ 选择要添加到福利品专区的商品，然后点击"确认"按钮，如图 11-37 所示。

步骤⑫ 在"福利专区"界面，点击"专区设置"按钮，可以编辑专区名称或下架专区；点击"管理商品"按钮，可以对商品进行排序或删除操作，如图 11-38 所示。

图11-36 点击"立即配置商品"按钮　　图11-37 添加商品　　图11-38 管理福利专区

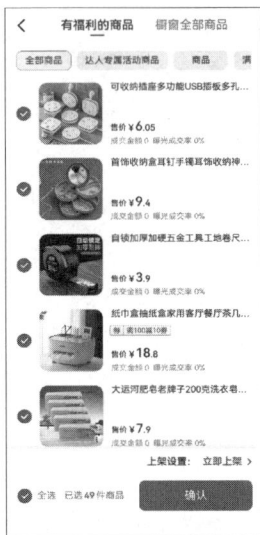

步骤⑬ 点击界面右上方的按钮 •••，在弹出的列表中寻找"预览橱窗"选项，如图 11-39 所示。

步骤⑭ 点击"预览橱窗"选项，即可预览商品橱窗效果，如图 11-40 所示。

步骤⑮ 在弹出的列表中选择"设置"选项，进入"橱窗设置"界面，设置开启相关模块，如图 11-41 所示。

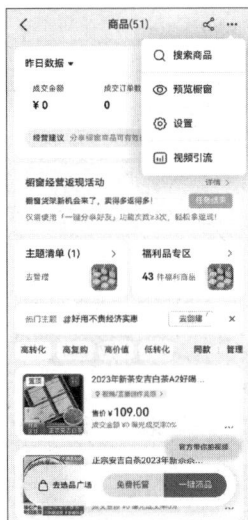

图11-39 选择"预览橱窗"选项　　图11-40 预览橱窗　　图11-41 橱窗设置

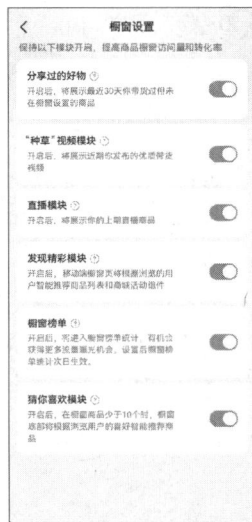

步骤⑯ 除了在"抖音"App 上管理橱窗商品外，还可以在 PC 端使用抖音账号登录巨量百应网站，在上方单击"直播管理"按钮，在左侧"橱窗管理"组中选择"橱窗商品管理"选项，进行橱窗商品管理，如图 11-42 所示。

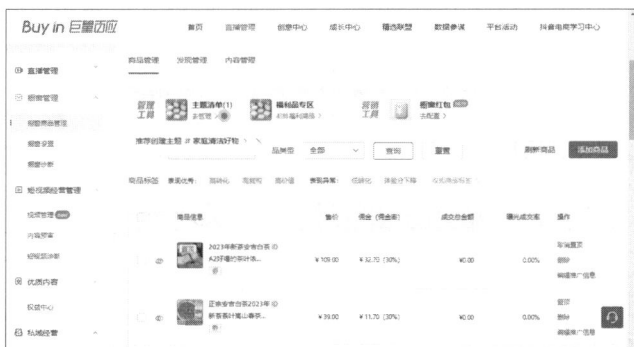

图11-42 在PC端管理商品橱窗

11.2.4 直播前设置

开启抖音直播前，除了需要发布直播预告短视频进行直播预热外，还需要提前设置相关直播选项，如选择直播内容、添加直播商品、设置直播间介绍、设置直播预告、设置直播回放与高光、设置直播发言权限等，具体操作方法如下。

直播前设置

步骤 01 在"抖音"App 中点击下方的按钮⊕，进入抖音拍摄界面，在下方点击"开直播"按钮，进入"开直播"界面，如图 11-43 所示。

步骤 02 根据需要设置直播封面，编辑直播标题，点击"选择直播内容"按钮，在弹出的界面中选择所需的类别，在此选择"其他"分类中的"购物/电商"，如图 11-44 所示。

步骤 03 点击"美化"按钮❷，在弹出的界面中进行人物美化，如美颜、风格妆、滤镜、美体等。选择一个美化选项后，拖动选项上方的滑块调整强度，如图 11-45 所示。

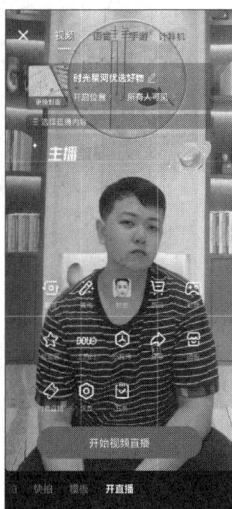

图11-43 "开直播"界面

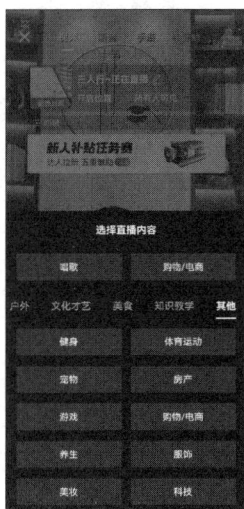

图11-44 选择直播内容

图11-45 美化人物

步骤 04 点击"商品"按钮🛒，打开"直播商品"界面，点击"添加"按钮，如图 11-46 所示。

步骤 05 在弹出的界面中点击"我的橱窗"选项，然后选中要添加到直播间的商品，点击"添加"按钮，如图 11-47 所示。

步骤 06 在"直播商品"界面中点击"设置"按钮，进入"设置"界面，如图 11-48 所示，选择"主推商品设置"选项。

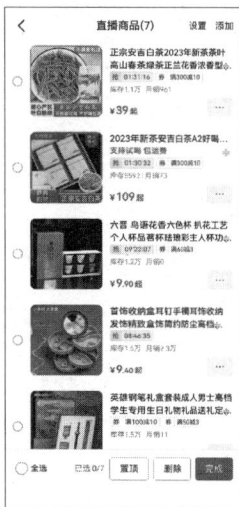

图11-46 点击"添加"按钮　　　　图11-47 添加商品　　　　图11-48 选择"主推商品设置"选项

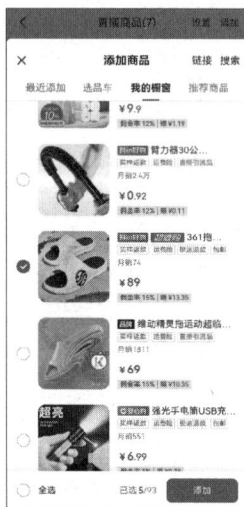

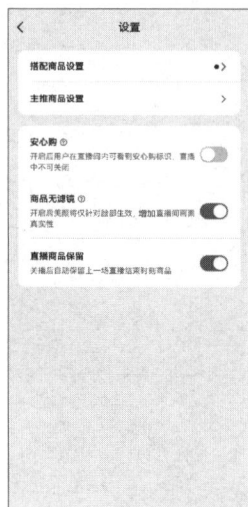

步骤 07 选中要设置为主推商品的商品，在下方点击"已选 3 个，设为主推"按钮，如图 11-49 所示。

步骤 08 在"开直播"界面中点击"设置"按钮 ⚙，在弹出的界面中选择"直播间介绍"选项，如图 11-50 所示。

步骤 09 在弹出的界面中启用直播间介绍，并编辑相关内容，然后点击"保存并修改"按钮，如图 11-51 所示。

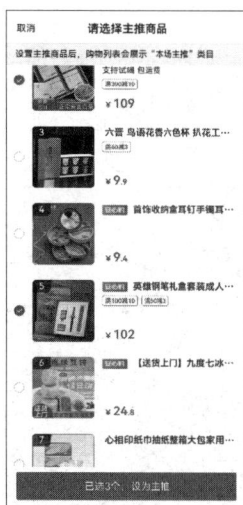

图11-49 选择主推商品　　　　图11-50 选择"直播间介绍"选项　　　　图11-51 设置直播间介绍

步骤 10 在"设置"界面中选择"公屏设置"选项，在弹出的界面中设置公屏高度和字号，点击"完成"按钮，如图 11-52 所示。

步骤 11 在"设置"界面中选择"直播预告"选项，在弹出的界面中启用直播预告，点击"开播时间"选项，如图 11-53 所示。

步骤 ⑫ 在弹出的界面中设置预告开播时间，然后点击"保存"按钮，如图 11-54 所示。

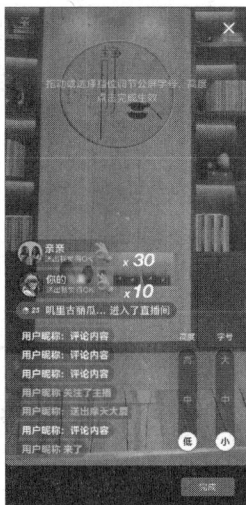

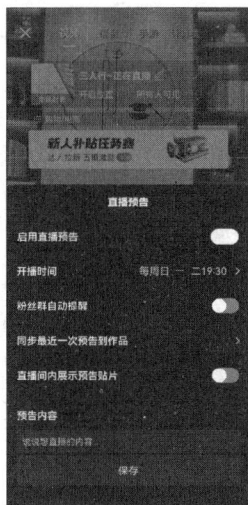

图11-52　公屏设置　　　　图11-53　点击"开播时间"选项　　　图11-54　设置预告开播时间

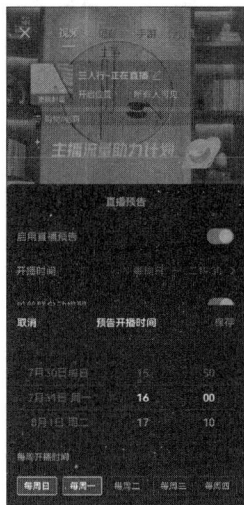

步骤 ⑬ 启用"粉丝群自动提醒"选项，并设置开播提醒时间，如图 11-55 所示。

步骤 ⑭ 设置同步最近一次预告的作品，启用"直播间展示预告贴片"，并编辑预告内容，点击"保存并修改"按钮，如图 11-56 所示。

步骤 ⑮ 在"设置"界面的"功能权限"组中选择"直播回放与高光"选项，如图 11-57 所示。

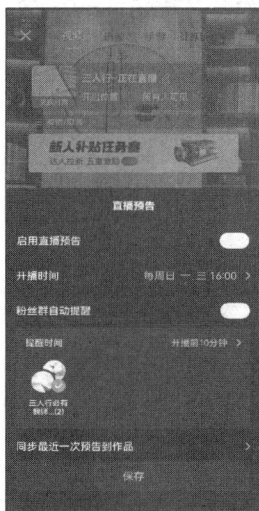

图11-55　设置粉丝群自动提醒　　　图11-56　编辑预告内容　　　图11-57　选择"直播回放与高光"选项

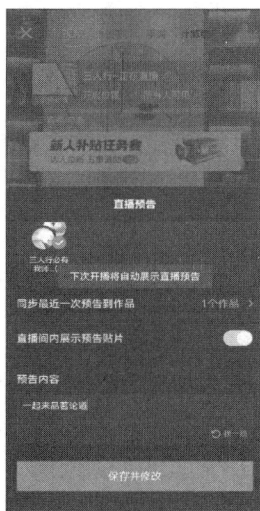

步骤 ⑯ 在弹出的界面中启用"录制回放与高光"功能，如图 11-58 所示。

步骤 ⑰ 在"设置"界面中选择"直播发言权限"选项，在弹出的界面中设置评论、语音、视频、特权弹幕等权限，如图 11-59 所示。设置完成后，点击"开始视频直播"按钮，即可开始抖音直播。

步骤 ⑱ 直播设置完成后退出"开直播"界面，在"抖音"App 下方点击"我"按钮，在"直播动态"选项中可以查看直播预告时间，点击"直播动态"按钮⏱，如图 11-60 所示。

图11-58　启用"录制回放与高光"　图11-59　设置"直播发言权限"　图11-60　点击"直播动态"按钮

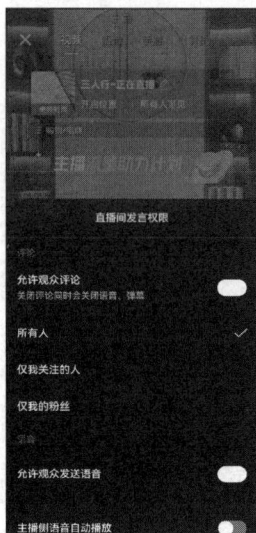

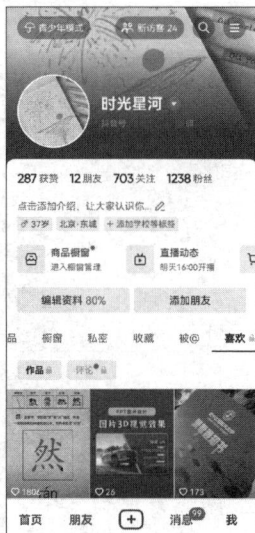

步骤⑲ 进入"直播动态"界面，在"直播公告"选项右侧点击"编辑"按钮，可以重新设置直播预告选项，点击"发布"按钮即可发布预告视频，如图11-61所示。

步骤⑳ 在"历史回顾"列表中查看直播历史记录，如图11-62所示。

步骤㉑ 点击"直播高光"按钮，可以看到系统自动录制的直播高光片段，如图11-63所示。

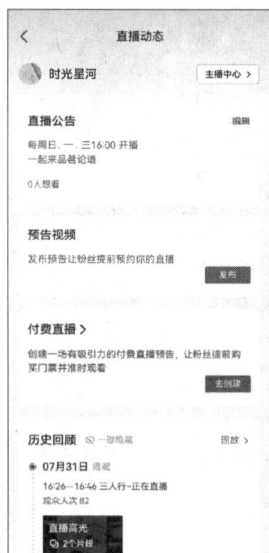

图11-61　"直播动态"界面　　图11-62　查看直播历史记录　　图11-63　查看直播高光片段

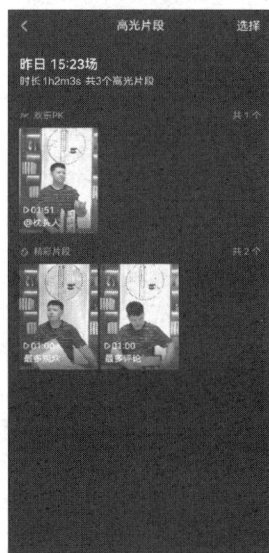

11.2.5　直播间商品管理

在抖音直播过程中，经常需要对购物车的商品进行讲解和管理，具体操作方法如下。

步骤① 在"开直播"界面中点击"开始视频直播"按钮，进入直播间，在下方点击"电商"按钮，如图11-64所示。

步骤 02 在弹出的"直播商品"界面中查看直播间添加的商品列表，点击"添加"按钮⊕后可以添加新商品，如图 11-65 所示。

步骤 03 在弹出的界面中点击"我的橱窗"选项，然后选中要添加到直播间的商品，点击"添加"按钮，如图 11-66 所示。

步骤 04 在"直播商品"界面中点击"设置"按钮⚙，在弹出的界面中选择"查看主推商品"选项，如图 11-67 所示。

直播间商品管理

图11-64　点击"电商"按钮　　图11-65　点击"添加"按钮　　图11-66　添加直播商品

步骤 05 在弹出的界面中查看当前的主推商品，点击"去编辑"按钮，如图 11-68 所示。

步骤 06 在弹出的界面中选中主推商品，然后点击"已选 4 个，设为主推"按钮，如图 11-69 所示。

图11-67　选择"查看主推商品"选项　　图11-68　点击"去编辑"按钮　　图11-69　选择主推商品

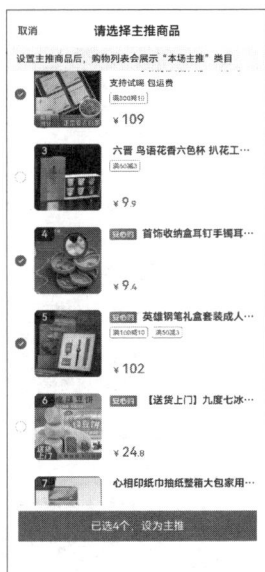

步骤 07 在"直播商品"界面中单击商品下方的"讲解"按钮，此时该商品显示"讲解中"，表示主播正在讲解该商品，如图 11-70 所示。此时，用户看到的直播画面如图 11-71 所示。

步骤 08 在"直播商品"界面中单击商品下方的按钮…，可以在弹出的界面中进行"设置卖点""置顶商品""删除商品"等操作，如图 11-72 所示。

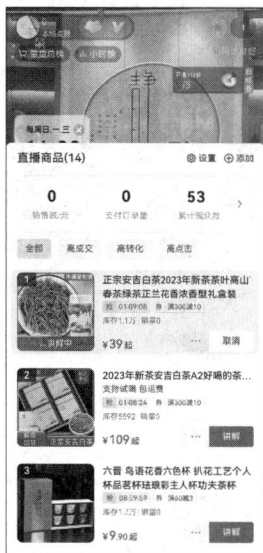

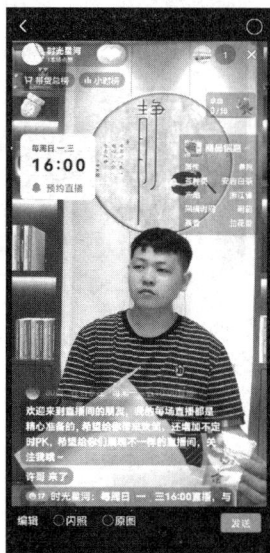

图11-70　讲解商品　　　图11-71　看播端讲解商品效果　　　图11-72　商品更多操作

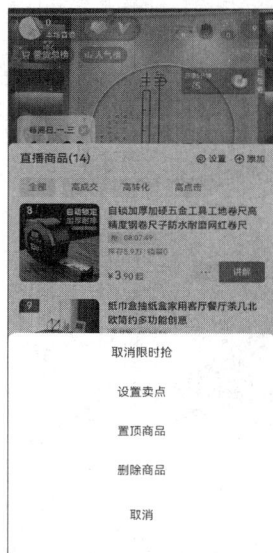

步骤 09 除了在直播间管理商品外，主播还可以使用移动端或 PC 端的直播中控台管理直播商品。使用主播的抖音账号在另一个移动端登录"抖音"App，进入"商品橱窗"界面，点击"直播中控"图标📹，如图 11-73 所示。

步骤 10 进入"直播中控"界面，查看直播实时数据，对直播商品进行管理，如调整商品顺序、设置卖点、设置提词、添加商品等，如图 11-74 所示。

图11-73　点击"直播中控"图标　　　图11-74　管理直播商品

步骤 ⑪ 在 PC 端使用抖音账号登录巨量百应网站，在上方单击"直播管理"按钮，在左侧"直播管理"组中选择"直播中控台"选项，在右侧管理直播商品，如图 11-75 所示。

图11-75　在PC端管理直播间商品

11.2.6　直播间PK与连线

在直播间与其他主播连线 PK，或者邀请观众进行连线互动，都可以提升直播间的氛围，具体操作方法如下。

直播间 PK 与连线

步骤 ⑪ 在直播间界面下方点击按钮 PK，如图 11-76 所示。

步骤 ⑫ 在弹出的"发起 PK"界面中选择正在直播的主播，点击"邀请PK"按钮，如图 11-77 所示。

步骤 ⑬ 对方同意后，直播间会显示双方的直播窗口，如图 11-78 所示。

图11-76　点击按钮 PK

图11-77　点击"邀请PK"按钮

图11-78　开始直播PK

步骤 ④ 等待 PK 倒计时结束，或者点击按钮 ⟳ 结束 PK，如图 11-79 所示。

步骤 ⑤ 在直播间界面下方点击"连线"按钮 🖥，如图 11-80 所示。

步骤 ⑥ 在弹出的界面中选择"观众连线"选项，如图 11-81 所示。

图11-79　结束PK　　　　　图11-80　点击"连线"按钮　　　图11-81　选择"观众连线"选项

步骤 ⑦ 在弹出的界面中点击要连线观众右侧的"邀请"按钮，如图 11-82 所示。

步骤 ⑧ 对方同意连线后，双方即可进行语音沟通，如图 11-83 所示。

步骤 ⑨ 想停止连线时，可以点击正在连线的观众头像，在弹出的界面中点击"断开连线"按钮 🔗，如图 11-84 所示。

图11-82　点击"邀请"按钮　　　图11-83　开始直播连线　　　图11-84　点击"断开连线"按钮

11.2.7 直播间更多互动玩法

除了 PK 和连线外，抖音直播间还有很多玩法，能使主播与观众进行充分的互动。下面以"评论"和"福袋"功能为例进行介绍，具体操作方法如下。

步骤 01 在直播间界面下方点击"互动"按钮◎，如图 11-85 所示。

步骤 02 在弹出的界面中选择一种互动玩法，点击"评论"按钮☺，如图 11-86 所示。

步骤 03 打开"弹"选项，输入评论内容，然后点击"发送"按钮，如图 11-87 所示。

直播间更多互动玩法

图11-85 点击"互动"按钮　　图11-86 点击"评论"按钮　　图11-87 输入评论

步骤 04 此时，直播间中就会滚动出现此条评论，如图 11-88 所示。

步骤 05 在"互动"界面中点击"福袋"按钮◎，在打开的界面中设置抖币数量、可中奖人数、参与对象、参与方式、倒计时等选项，然后点击"发起福袋（10抖币）"按钮，如图 11-89 所示。

步骤 06 此时，直播间的观众点击左上方的福袋，并发送设置的评论口令，即可参与抢福袋活动，如图 11-90 所示。倒计时结束后，观众可以看到幸运观众名单。

图11-88 出现评论　　图11-89 设置福袋　　图11-90 发起抢福袋活动

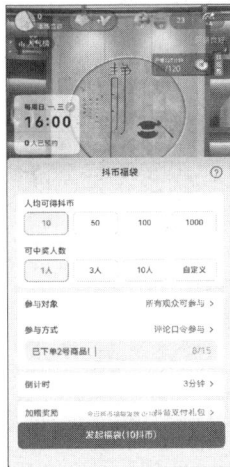

11.2.8 直播间更多设置

除了前面介绍的操作和玩法外，抖音直播带货常用的设置还有设置屏蔽词、设置管理员及购买"DOU+"推广投放等，具体操作方法如下。

步骤 01 点击直播间界面右下方的"更多"按钮 •••，在打开的界面中可以看到更多的功能选项，点击"直播管理"按钮 ，如图 11-91 所示。

步骤 02 在打开的界面中设置屏蔽词，如图 11-92 所示。

步骤 03 点击直播间界面右下方的"更多"按钮 •••，点击"上热门"选项 ，在弹出的界面中选择下单金额，设置直播间"加热"方式，点击"支付"按钮，如图 11-93 所示。付款成功后，即可为直播间"引流"。

图11-91　点击"直播管理"按钮　　图11-92　设置屏蔽词　　图11-93　"DOU+直播上热门"

步骤 04 点击直播间界面右上方的观众头像，在弹出的列表中选择观众，如图 11-94 所示。

步骤 05 在弹出的界面中点击"管理"按钮，如图 11-95 所示。

步骤 06 在弹出的菜单中选择"设为管理员"选项，即可将该用户设置为直播间管理员，如图 11-96 所示。

图11-94　选择观众　　图11-95　点击"管理"按钮　　图11-96　选择"设为管理员"选项

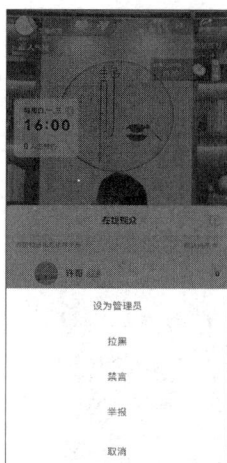

课后习题

一、填空题

1. 关于抖音直播电商的流量推荐逻辑，_____是系统做推荐的初次筛选的门槛，系统会将用户的喜好简单地量化为用户在这个直播间的数据表现。

2. 抖音聚焦年轻人时尚、个性的生活态度，以_____为核心。

3. 抖音主播可以在橱窗中添加_____中的商品进行推广，以赚取佣金。

二、选择题

1. 下列属于抖音主播开通电商带货的条件的是（　　　）。

A. 公开发布视频数≥5 条　　　　　　　B. 抖音账号粉丝量≥100

C. 实名认证　　　　　　　　　　　　　D. 绑定商家店铺

2. 开启抖音直播前，需要提前设置的相关直播选项不包括（　　　）。

A. 发布直播预告短视频进行直播预热

B. 添加直播商品

C. 选择直播内容

D. 选择合适的主播

3. 在抖音直播间，常用的互动玩法不包括（　　　）。

A. 连线　　　　　　B. 发福袋　　　　C. 发评论　　　　D. 讲解商品

三、简答题

1. 简述抖音平台的特点。

2. 简述抖音直播的发展趋势。

第12章

视频号直播实战：公域与私域联动精准营销

知识目标

➢ 了解视频号平台的特点。

➢ 了解视频号直播流量分配规则。

➢ 了解视频号直播电商生态特征和视频号直播的发展趋势。

➢ 掌握视频号直播的流程与方法。

能力目标

➢ 能够开通视频号直播并添加商品。

➢ 能够创建视频号直播预告并管理直播间商品。

➢ 能够在视频号直播间进行各种功能设置。

素养目标

➢ 树立正确的流量观，营造风清气正的健康网络生态环境。

➢ 增强社会责任感，为经济社会发展和文明社会建设添砖加瓦。

背靠微信的巨大流量，视频号已经成为各大品牌借势"出圈"的重要竞技场。2023年，视频号直播的标杆案例陆续涌现。微信公开课数据显示，2022年视频号直播带货销售额同比增长超8倍，可谓"风口之上，气势如虹"。视频号正通过直播逐步切入直播电商领域，未来发展空间很大。

案例导入

个人IP带货，"形象搭配师乔教主"视频号直播的非凡打法

"形象搭配师乔教主"（以下简称"乔教主"）在 2021 年 3 月就开始在视频号进行直播，一年后就成为单月带货 800 万的带货达人。2022 年年底，"乔教主"新建了一个名为"乔教主 de 时髦晶"的视频号账号，其人设为"乔教主"的联合创始人，仍聚焦于形象搭配领域，产品定位更年轻，客单价稍低。

正式入驻视频号前，"乔教主"已经深耕形象搭配领域十余年，获得了诸多专业认证，同时在线下经营着三家口碑不错的中高端服装店。

"乔教主"对粉丝团的重视和运营也是她在视频号直播中能够获得成功的重要因素。具体来说，"乔教主"会教用户如何加入粉丝团；借助常驻贴片介绍粉丝团福利，如灯牌满 5 级时就赠送用户精美茶具；通过设置主播心愿引导用户赠送粉丝灯牌。

在直播过程中，"乔教主"一般会不间断地发放福袋，要求用户发送指定话术如"好货一眼看得见""主播太宠粉了"等。这样既能提高互动率，也能借助内容活跃评论区的气氛，还能延长用户停留时间。

"乔教主"会在视频号更新短视频为直播导流，并在视频号主页设置直播预告（见图 12-1）。在 2022 年以前，"乔教主"的短视频内容以分享穿搭技巧为主，少有点赞数过百的情况。

2022 年，"乔教主"的短视频内容转换了风格，除了分享"乔教主"为粉丝准备的礼物、商品，都是心灵鸡汤语录，风格优雅。评论区也有很多留言表示出对这类风格视频的认可，如图 12-2 所示。

图12-1　在视频号主页设置直播预告

图12-2　心灵鸡汤语录短视频及评论

大多数用户在观看短视频时处于一种轻松、愉悦的状态，所以比起生硬的产品介绍，心灵鸡汤语录更容易触动用户，吸引用户停留下来。此时，视频号再通过出镜时的服装搭配激发用户对产品的兴趣，可促使其主动问询。

案例启示：

在视频号进行直播前，主播要做好定位，强调自己的人设和IP属性，并找到适合自己的短视频选题，从而吸引用户关注，为直播引流。视频号直播的起量和成功离不开主播的话术，但直播道具的使用和福利的释放也是至关重要的。使用直播道具可以起到吸引用户注意力和指导用户参与直播互动的作用，而释放福利是促使用户加大互动力度的利益驱动因素。

12.1 视频号平台认知

视频号，即微信视频号，是腾讯公司开发的短视频与直播平台，于2020年1月正式开启内测。不同于订阅号、服务号，视频号是一个全新的内容记录与创作平台，也是一个了解他人、了解世界的窗口。视频号位于"微信"App的发现页内，即朋友圈入口的下方。

视频号的内容以图片和视频为主，可以发布时长小于1分钟的短视频，也可以发布时长为1～30分钟的长视频，发布的图片不能超过9张。在视频号上用户可以添加文字和公众号文章链接。视频号上的内容不需要在PC端后台操作，可以直接在手机上发布。视频号支持点赞、评论、转发。

12.1.1 视频号平台的特点

随着视频号的日益火爆，越来越多的个人、品牌或企业开始布局视频号。视频号平台主要具有以下特点。

（1）自带流量。视频号的用户有朋友圈做基础保证，不需要像在抖音、快手等平台那样从零做起，这更容易提高视频号创作者的积极性。

（2）公域与私域相衔接。视频号可以无缝结合，把公众号、腾讯会议、QQ音乐、朋友圈、微信群等产品贯穿起来，做到从公域到私域的衔接。

（3）指向性强。对于一些输出专业内容的创作者来说，微信通讯录和朋友圈内有大量潜在用户，与抖音和快手相比，视频号更便于挖掘自身原有社交资源的深层价值。

（4）独特的好友推荐机制。微信作为国内网络社交基础设施级别的App，拥有极强的社交裂变能力。视频号作为依附在微信生态中的视频内容平台，采用好友推荐机制就变得顺理成章。从内容传播角度来看，用户及其好友很有可能拥有相同的兴趣点，这时只需一个点赞就能达到精准传播的效果。

（5）私域留存链路极其顺畅。私域流量是指无须成本、可无限次使用、可直接触达的流量。视频号扎根微信，所以通过内容实现私域留存具有天然优势，目前视频号的私域留存主要是通过企业微信和个人微信。私域留存链路的顺畅对重视私域流量的垂直行业来说是一大利好。

（6）视频号直播风格与其他平台不同。视频号并不提倡快节奏和喊麦式的直播，使用这些直播方式的直播间甚至不会得到流量扶持。视频号更希望主播真诚地对用户说清楚商品的核心价值，引导用户理性消费。

（7）视频号电商正处于初期红利期。在抖音、快手电商逐渐走向饱和的当下，视频号电商正处于初期红利期。无论什么类目，视频号电商之间的竞争整体上都没有抖音和快手电商的竞争激烈，流量红利、竞争小是视频号现阶段突出的优势之一。对于一些新的品牌或商家而言，找一个新的平台入驻，与平台一同成长是具有一定优势的。

12.1.2　视频号直播流量分配规则

下面主要探讨视频号直播的流量来源和决定单场直播免费流量的关键指标。掌握这两个因素后，品牌或商家可以更好地做出直播规划，获取更多的视频号直播免费流量。

1. 视频号直播的流量来源

进入视频号直播的流量主要由3类渠道构成，即公域流量、私域流量和短视频在播标识。

（1）公域流量

公域流量主要有两大渠道，即短视频流直播卡片和直播广场，前者要求用户通过微信发现页的视频号入口进入，后者则要求用户从微信发现页的直播入口进入，如图12-3所示。

品牌或商家要想获得这两个渠道的公域流量，就要通过"好内容＋好商品＋好服务"来提高直播间内容消费水平和单位流量的转化价值，进而撬动该渠道的流量，也可以通过做爆品迅速起号。

（2）私域流量

目前，可导入视频号直播间的私域流量渠道主要包括预约直播服务通知、订阅服务通知、订阅号提醒和转发分享。

公域流量和私域流量的联动是视频号直播运营的重点策略，视频号平台鼓励品牌或商家将自己的私域用户引入直播间，并以此撬动平台的流量杠杆，获得更多的用户和成交量。这意味着导入直播间的私域用户占比越高，平台匹配的公域流量越精准，这有利于提高直播的独立访客数据，而公域流量进入直播间后可以实现留存转化，形成正向循环。

图12-3　微信发现页的"视频号"入口和"直播"入口

（3）短视频在播标识

短视频在播标识是公域流量和私域流量之外的新渠道，将短视频与直播进行了结合。用户一旦刷到平台推荐的短视频，就可以通过点击短视频页面进入相应的直播间。品牌或商家可以在开播前1～2小时发布与直播内容相关的短视频，从而增加主播在该渠道获取自然流量的可能性。对于粉丝量较大的主播和商家来说，短视频内容与直播的高匹配度可以提高商品在该渠道的转化率和复购率。

2. 决定单场直播免费流量的关键指标

根据视频号直播的流量规则，视频号上的每场直播能拿到的自然流量主要受内容消费、电商转化和售后体验3个方面的影响。也就是说，用户爱看、爱买且售后体验较好的直播间会获得较多的自然流量。因此，品牌或商家要同时提供好内容、好商品和好服务。

（1）好内容

好内容可以吸引和留住用户，这是直播带货的基础。视频号对好内容有 3 个考核指标，分别是内容曝光点击率、有效观看占比和人均观看时长。这 3 项指标越高，直播间获得的自然流量就越多。

内容曝光点击率 = 点击进入直播间 PV/ 直播间外层曝光 PV= 点击进入直播间 UV/ 直播间外层曝光 UV

有效观看占比 = 进入直播间停留时长达到 30 秒的 UV/ 直播间场观 UV

人均观看时长 = 直播间总停留时长 / 直播间场观 UV

其中，PV 是 Page Views，页面浏览量；UV 是 Unique Visitor，独立访客；直播间场观 UV 是指在一定时间内，观看某场直播的人数；直播间外层曝光 PV 是指未进入直播间时的页面总浏览次数；直播间外层曝光 UV 是指未进入直播间时的页面总浏览人数。

要想做出好内容，品牌或商家可以运用以下策略。

● 通过优化直播间封面图、设置合适的主题文案释放关键信息，吸引用户进入直播间，提高曝光点击率。

● 通过优化主播形象、直播间布景、主播话术，设置大量福利，选择吸引力更高的商品，配合恰当的直播节奏设计等吸引用户停留互动，延长直播间停留时间。

（2）好商品

好商品的考核指标包括商品气泡点击率、支付转化率、直播间开播期间窗口期成交金额。

商品气泡点击率 = 点击直播间商品气泡进入商品详情页的 PV/ 直播间商品气泡曝光 PV

支付转化率 = 直播间支付成功的 UV/ 直播间场观 UV

直播间开播期间窗口期成交金额 = 直播间开播期间窗口期支付 UV × 客单价

其中，商品气泡是指视频号直播页面中弹出的商品链接卡片，商品气泡点击率反映的是用户对商品的兴趣程度；直播间商品气泡曝光 PV 是指商品气泡在整场直播期间被看到的人次；直播间开播期间窗口期支付 UV 是指在整个直播期间，销售处于最佳态势的某个时间段的支付人数。

要想利用商品提高销售转化率，就要做好以下两个方面。

● 根据用户画像、内容主题、供应链情况，为不同标签用户提供差异化的商品定款、定量、定价、优惠策略，制定合理的货盘组合。

● 多渠道做好直播内容预热和引流，在直播期间的不同阶段合理掌控"引流"款、福利款、利润款的上架节奏。例如，通过"引流"款吸引用户进入直播间并进行有效维护，促使流量持续增加，待流量积累到一定程度后就安排福利款，促成短时间高密度下单，拉高直播间同时在线人数，引爆流量，然后利用利润款增加收益。

（3）好服务

好服务的考核指标是网店动态评分（Detail Seller Rating，DSR）。DSR 分为店铺评分和带货评分，由服务体验、商品体验和物流体验构成，是用于考核经营门槛、工具门槛、营销活动和特殊权益等的指标。平台会通过 DSR 识别商家的服务能力，DSR 评分较上期的正向和负向表现会影响到未来直播自然流量的获取。

12.1.3 视频号直播电商生态特征

虽然视频号在直播电商市场看似名声不显，但作为腾讯"全场的希望"，视频号一直在直播电商领域悄然发力。视频号成立了直播电商团队，细分了运营部门、安全部门、技术部门，并通过进一步规范其经营资质、履约能力、商品质量等，搭建了完整的电商基础设施。视频号直播电商的商业化路径日渐清晰。具体来说，视频号直播电商的生态特征如表 12-1 所示。

表 12-1 视频号直播电商的生态特征

项目	说明
平台类型	短视频平台
平台特性	社交属性强，好友推荐机制助力直播实现社交裂变分发 投放模式包含两种：一种是微信豆投放，主要触达关注主播或看过直播间的用户，吸引用户进入直播间复购；另一种是腾讯广告投放平台投放，主要基于用户画像在全平台寻找精准用户，触达范围更广，目的是拉新
流量来源	公域与私域相结合
主要供应链	自有电商平台：视频号小店 第三方电商平台：京东、有赞、魔筷星选、拼多多、当当、唯品会
带货商品属性	以服饰、食品、美妆、珠宝等商品为主 商品客单价较高，品牌商品居多
带货 KOL 属性	没有独当一面的头部主播，主要是腰部主播和从其他平台过来入驻的大主播
带货模式	品牌自播、达人直播

12.1.4 视频号直播的发展趋势

截至 2022 年 6 月，视频号的月活跃用户数已经突破 8 亿，预计未来几年，视频号将不断完善直播的基建与生态，极大地改变目前直播电商的行业格局。视频号直播的发展趋势如下。

（1）继续加大流量激励的投入

如今视频号直播已经融入用户社会生活的方方面面。2022 年，视频号直播看播规模增长 300%，看播时长增长 156%，优质开播增长 614%，开播时长增加 83%。2023 年，视频号持续帮助新主播增加开播时的流量，重点扶持让用户持续观看直播的主播，并完善主播成长体系，分领域推出运营扶持计划，促进主播成长；完善变现工具和激励政策，提高主播的收益。

（2）继续强调公私域联动

2022 年，视频号直播带货的整体规模继续保持高速增长，公域转化率提升超过 100%，客单价超过 200 元。在过去的几年里，视频号不断打通微信生态内的各个渠道入口，鼓励商家经营自己的私域流量池。

在 2023 年的微信公开课上，视频号团队又强调了公域购买力的提升，这就意味着公私域联动、私域的沉淀转化会是视频号未来的主基调之一，可以帮助商家持续稳定地获得经营收入。视频号团队同时表示，视频号未来会不断完善与直播相关的功能，完善直播投流、"加热"等工具，帮助商家获得更多的公域流量。

（3）深化直播价值多元探索

2022 年，视频号直播产生了诸多成功案例，如付费直播、演唱会直播等，这激发了直播价值的多元探索，文娱演出、影视点映、体育赛事、课程教学均可通过付费、冠名、售卖周边商品等方式获得商业回报。品牌或商家在未来可以通过慢直播、快闪直播、主题直播等形式探索与用户建立深层关系的可能性。随着视频号公域流量引入能力的跃升和私域流量流转效率的提高，品牌或商家可以获得更多的工具和流量，提升用户体验，增强用户黏性。

12.2 视频号直播运营实战

下面将详细介绍如何通过视频号直播进行带货。主播在开直播前需要先开通视频号带货功能，并添加带货商品。

12.2.1 开通视频号直播带货功能

下面介绍如何开通视频号直播橱窗带货功能，具体操作方法如下。

步骤 01 打开"微信"App，在界面下方点击"发现"按钮，进入"发现"界面，点击"视频号"选项，如图12-4所示。

步骤 02 进入微信视频号界面，点击右上方的图标，如图12-5所示。

步骤 03 进入视频号管理界面，点击"发起直播"按钮，如图12-6所示。

步骤 04 进入直播开始界面，点击"商品"按钮，如图12-7所示。

开通视频号直播带货功能

图12-4 点击"视频号"选项　　图12-5 点击图标　　图12-6 点击"发起直播"按钮

步骤 05 在弹出的界面中会看到"开通视频号推广带货能力需缴纳足额保证金"的提示，根据操作向导支付橱窗保证金，然后点击"商家资质"按钮，如图12-8所示。

步骤 06 在打开的界面中完成"商家资质认证"，如图12-9所示。

图12-7　点击"商品"按钮　　　图12-8　缴纳保证金　　　图12-9　商家资质认证

12.2.2　管理商品橱窗

要使用视频号直播带货，需要先将商品添加到橱窗。主播可以按照以下具体操作步骤将商品添加到橱窗。

步骤 01 进入视频号管理界面，点击"创作者中心"选项，如图12-10所示。

步骤 02 在"创作者服务"选项区中点击"带货中心"图标，如图12-11所示。

步骤 03 在"带货中心"界面点击"去选品"图标，如图12-12所示。若要自己开店带货，可以点击"入驻视频号带货，联动公私域"选项右侧的"了解详情"按钮，然后申请入驻视频号小店。

管理商品橱窗

图12-10　点击"创作者中心"选项　　图12-11　点击"带货中心"图标　　图12-12　点击"去选品"图标

步骤 04 进入"选品中心"界面，在上方选择选品分类，然后点击商品右侧的"加橱窗"按钮，即可将商品添加到橱窗，此时商品右侧显示"已添加"，如图 12-13 所示。

步骤 05 在"选品中心"界面也可以通过搜索相关商品进行"加橱窗"操作，如图 12-14 所示。

步骤 06 返回"带货中心"界面，点击"橱窗管理"选项，如图 12-15 所示。

图12-13　将商品添加到橱窗　　　　图12-14　搜索商品　　　　图12-15　点击"橱窗管理"选项

步骤 07 进入"橱窗管理"界面，可以看到添加的商品，如图 12-16 所示，点击"管理"按钮 ≡。

步骤 08 选中要管理的商品，根据需要对其进行置顶、显示、隐藏、移除等操作，在此点击"置顶"，如图 12-17 所示。操作完成后，点击"完成"按钮。

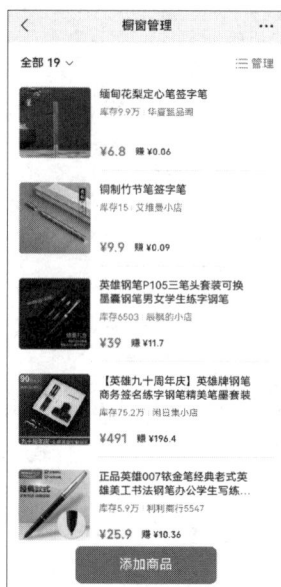

图12-16　点击"管理"按钮　　　　图12-17　点击"置顶"

步骤 09 点击"橱窗管理"界面右上方的按钮 ⋯，选择"查看橱窗"选项，在打开的界面中可以查看视频号橱窗效果，如图12-18所示。

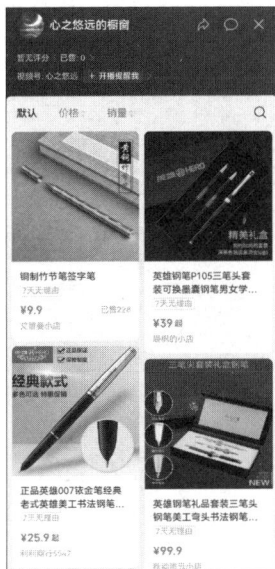

图12-18　查看橱窗

12.2.3　创建直播预告

策划好一场直播后，在开播前可以通过创建直播预告让更多的用户清楚直播时间和直播主题，以及预约直播，也能吸引与直播内容相匹配的公域流量进入直播间。其具体操作方法如下。

步骤 01 进入视频号管理界面，点击"发起直播"按钮 ◉，选择"创建预告"选项，如图12-19所示。

创建直播预告

图12-19　选择"创建预告"选项

步骤 02 在打开的界面中设置开播时间，并输入开播主题，点击"创建预告"按钮，如图 12-20 所示。

步骤 03 此时可以看到如图 12-21 所示的界面。点击"转发给朋友"按钮 ↗，可以将直播预告分享到朋友圈，或者转发给微信好友，对方通过扫码即可预约直播，或者在直播开始后直接进入直播间。

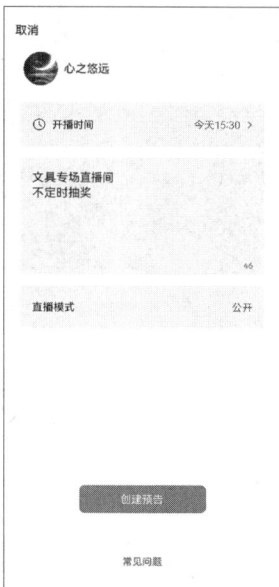

图12-20　设置直播预告

图12-21　转发给朋友

步骤 04 点击界面右上方的按钮 •••，在打开的界面中可以设置"置顶预告"或"撤销预告"，如图 12-22 所示。

步骤 05 在视频号管理界面中点击"发起直播"按钮 ⊙，选择"查看预告"选项，如图 12-23 所示。

图12-22　点击按钮 •••

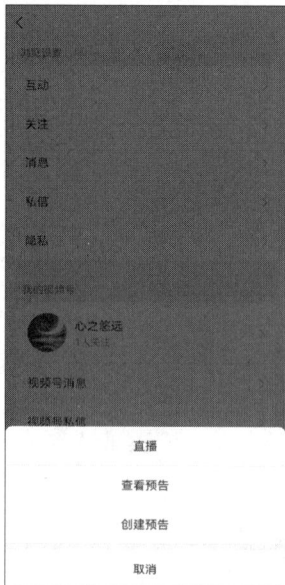

图12-23　选择"查看预告"选项

步骤 06 进入个人视频号主页，可以查看创建的直播预告，如图 12-24 所示。其他人也可以通过此界面预约直播。

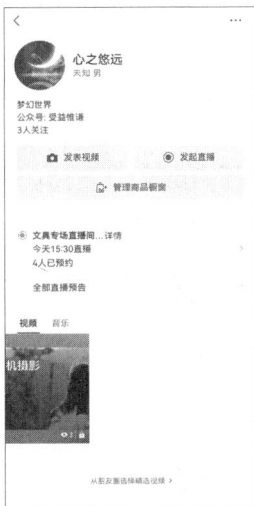

图12-24　查看创建的直播预告

12.2.4　管理直播间商品

下面介绍如何使用手机进行视频号直播，并管理直播间中的商品，具体操作方法如下。

步骤 01 进入视频号管理界面，点击"发起直播"按钮◉，选择"直播"选项，进入直播开始界面，在弹出的提示框中点击"使用预告开播"按钮，如图 12-25 所示。

步骤 02 设置直播基础信息，如选择直播分类、标记所在位置等，如图 12-26 所示。

管理直播间商品

图12-25　点击"使用预告开播"按钮

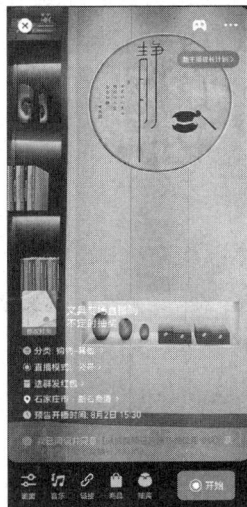

图12-26　设置直播基础信息

步骤 03 点击"画面"按钮🔄，然后点击"配饰"图标♡，在弹出的界面中为主播选择配饰，如图 12-27 所示。

步骤 04 点击"商品"按钮🛍️，在弹出的界面中选中要添加到直播间的商品，然后点击"完成"按钮，如图 12-28 所示。

步骤 05 点击"开始"按钮⭕，开始正式开播，如图 12-29 所示，在视频号直播间点击"商品"按钮🛍️。

图12-27　选择配饰　　　　图12-28　添加商品　　　　图12-29　进入直播间

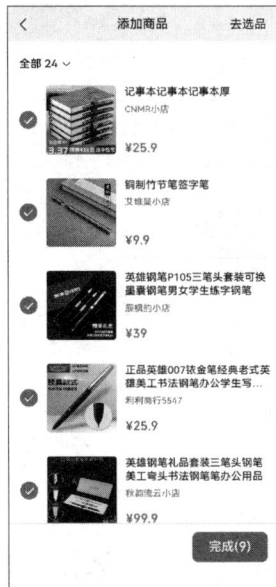

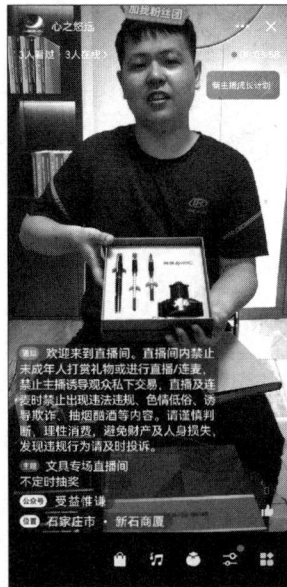

步骤 06 在弹出的界面中点击"管理"按钮☰，如图 12-30 所示。

步骤 07 打开"商品管理"界面，调整商品排列顺序，然后选择商品，点击"置顶"按钮，将所选商品置顶显示，如图 12-31 所示。

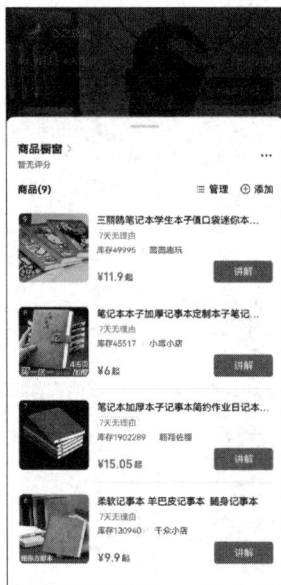

图12-30　点击"管理"按钮　　　　图12-31　点击"置顶"按钮

步骤 08 点击"添加商品"按钮，进入商品橱窗，选中要添加到直播间的商品，然后点击"完成"按钮，如图 12-32 所示。

步骤 09 在"直播商品"界面点击右上方的按钮 ⋯ ，在弹出的"设置"界面中进行相关设置，如选择"自动录制""置顶新增商品"，如图 12-33 所示。

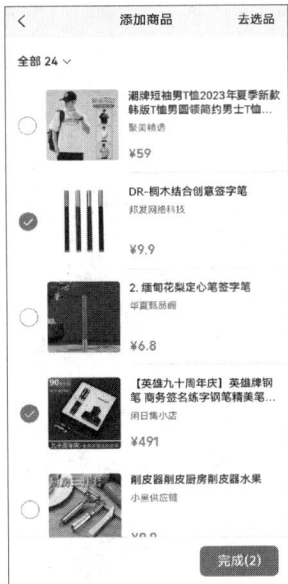

图12-32 添加直播商品

图12-33 进行相关设置

步骤 10 在直播商品界面中点击商品下方的"讲解"按钮，即可开始讲解商品；系统会自动录制讲解内容，还会在直播界面显示正在讲解的商品卡片，如图 12-34 所示。

步骤 11 商品讲解完毕后，点击"结束讲解"按钮，如图 12-35 所示。

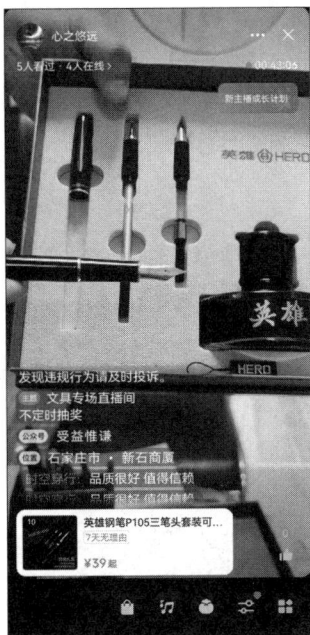

图12-34 显示商品卡片

图12-35 点击"结束讲解"按钮

209

12.2.5 直播间更多功能设置

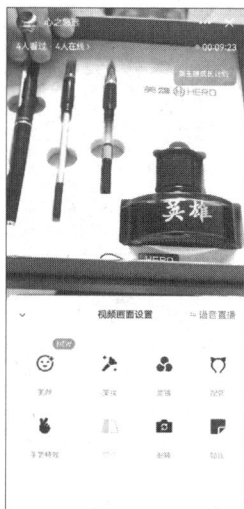

下面介绍直播间更多功能的设置，如设置视频画面、发起抽奖活动、演示图片/文档、发起链接、添加音乐、直播"加热"等，具体操作方法如下。

步骤 01 在直播间下方点击"画面"按钮 🔗，在弹出的界面中点击"贴图"图标 📌，如图 12-36 所示。

步骤 02 在弹出的界面中选择"贴文字"选项，如图 12-37 所示。

直播间更多功能设置

图12-36 点击"贴图"图标

图12-37 选择"贴文字"选项

步骤 03 输入文字并设置文字颜色，调整文字的位置，然后点击"完成"按钮，即可让文字显示在直播间中，如图 12-38 所示。

步骤 04 点击"抽奖"按钮 🎁，在弹出的"发起抽奖"界面选择相关抽奖选项，点击"开始抽奖"，如图 12-39 所示。

图12-38 添加文字

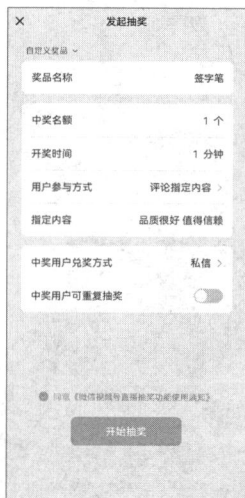

图12-39 设置抽奖选项

步骤 05 此时直播间里的观众可以通过界面点击左上方的图标 ▓ 并发送评论内容参与抽奖，如图 12-40 所示。

步骤 06 抽奖结束后，弹出的界面中会显示中奖信息，如图 12-41 所示。

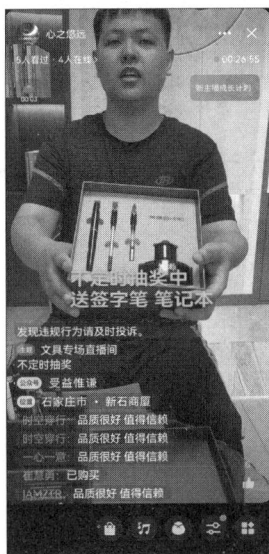

图12-40 发起抽奖

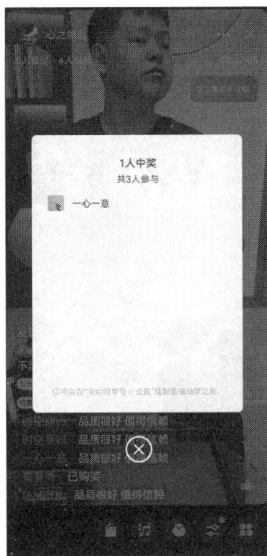

图12-41 显示中奖信息

步骤 07 在界面下方点击"更多"按钮 ▦，在弹出的界面中点击"文件演示"图标 ▭，如图 12-42 所示。

步骤 08 在弹出的界面中可以选择"选择演示文档""选择演示图片""选择我的公众号文章"，在此选择"选择演示图片"选项，如图 12-43 所示。

步骤 09 从手机相册中选中图片后，即可将其全屏显示在直播间中，如图 12-44 所示。演示完成后再次点击"文件演示"图标 ▭，选择"结束演示"选项。

图12-42 点击"文件演示"图标

图12-43 选择"选择演示图片"

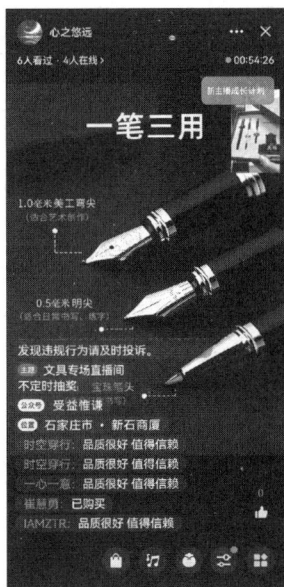

图12-44 演示图片

211

步骤⑩ 在更多功能界面中点击"链接"图标⊘，在弹出的界面中点击"添加"按钮，如图 12-45 所示。

步骤⑪ 在弹出的界面中选择"直播预告"选项，如图 12-46 所示。

步骤⑫ 在弹出的界面中选择直播预告，然后点击"添加"按钮，如图 12-47 所示。

图12-45 点击"添加"按钮 　图12-46 选择"直播预告"选项 　图12-47 选择直播预告

步骤⑬ 选中直播预告，点击"推送"按钮，如图 12-48 所示。

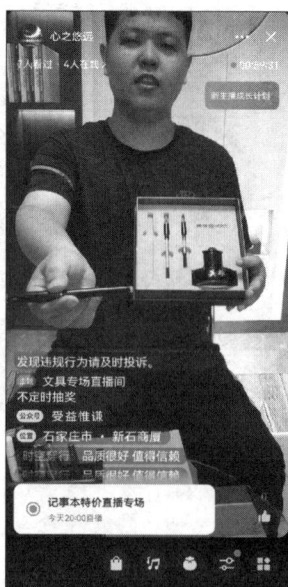

步骤⑭ 此时直播间中会显示直播预告卡片，方便观众预约下一场直播，如图 12-49 所示。

步骤⑮ 在直播间界面下方点击"音乐"按钮，在弹出的界面中可以搜索并添加音乐，以渲染直播间气氛，如图 12-50 所示。

图12-48 点击"推送"按钮 　图12-49 显示直播预告卡片 　图12-50 添加音乐

步骤 16 点击直播间右上方的按钮 🔘，在弹出的界面中可以对直播间进行更多功能的设置。例如，要为直播间引流，可点击"直播加热"图标 📈，如图 12-51 所示。

步骤 17 在弹出的界面中设置"加热"目标、下单金额、"加热"方式、观众类型、"加热"时长等选项，然后进行支付，如图 12-52 所示。

步骤 18 点击直播间右上方的"关闭"按钮 ❌，结束本场视频号直播。此时会看到系统生成的直播数据，点击"生成"按钮，可以生成会显示在个人主页的直播回放，如图 12-53 所示。

图12-51　点击"直播加热"图标	图12-52　设置直播加热	图12-53　系统生成的直播数据

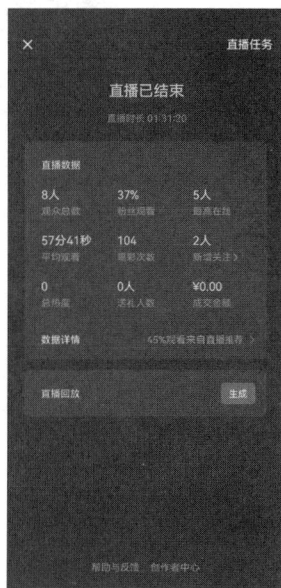

12.2.6　在PC端管理视频号直播

主播可以在 PC 端通过视频号助手对直播进行管理，具体操作方法如下。

步骤 01 在 PC 端打开并登录视频号助手页面，在左侧选择"直播管理"选项，在右侧单击"进入直播间"按钮，如图 12-54 所示。

在 PC 端管理
视频号直播

图12-54　单击"进入直播间"按钮

213

步骤 02 在打开的页面中可以对直播间进行查看与管理，如预览直播画面、查看实时数据、发表与管理评论、设置敏感词、结束直播等，如图 12-55 所示。

图12-55 查看与管理直播间

步骤 03 在左侧选择"直播商品管理"选项，在右侧可以对直播间商品进行添加、移除、调序、讲解等操作，如图 12-56 所示。

图12-56 管理直播间商品

步骤 04 在左侧"数据中心"组中选择"直播数据"选项，可以查看全部直播数据及单场直播数据详情，如图 12-57 所示。

步骤 05 在左侧"设置"组中选择"人员设置"选项，可以"绑定运营者"，如图 12-58 所示。运营者可以在直播间进行福袋抽奖、评论"上墙"、查看用户名片、回复评论、用户禁言等操作。

图12-57 查看直播数据

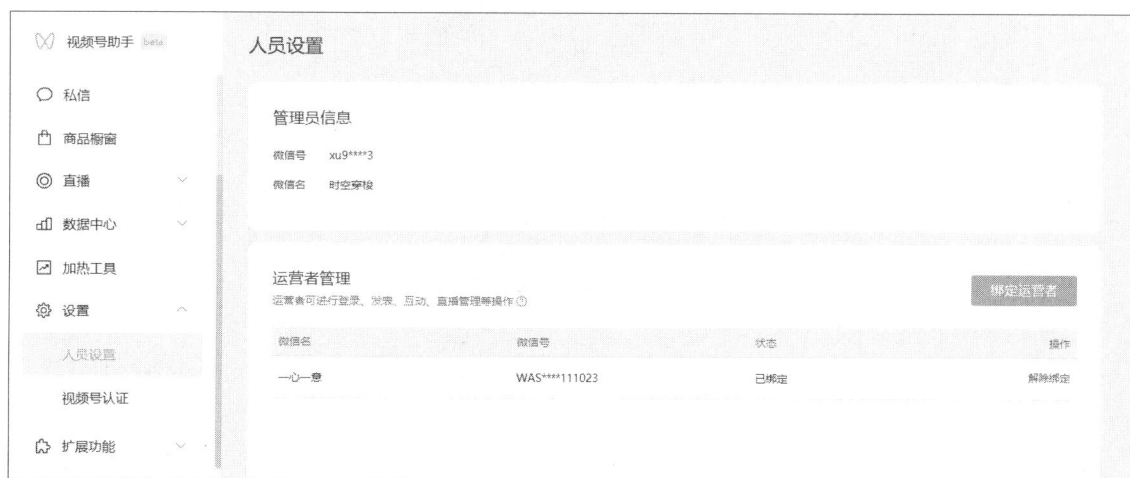

图12-58 绑定运营者

课后习题

一、填空题

1. 视频号的用户有_____做基础保证，不需要像在抖音、快手等平台那样从零做起，这更容易提高视频号创作者的积极性。

2. _____是指无须成本、可无限次使用、可直接触达的流量。

3. _____是公域流量和私域流量之外的新渠道，将短视频与直播进行了结合。用户一旦刷到平台推荐的短视频，就可以通过点击短视频页面进入相应的直播间。

二、选择题

1. 目前，视频号的私域留存主要是通过（　　　）。

A. 企业官方网站　　　　　　　　B. 企业官方微博

C. 企业微信和个人微信　　　　　D. 企业黄页

2. 目前，可导入视频号直播间的私域流量渠道不包括（　　　）。

A. 预约直播服务通知 　　　　　B. 订阅服务通知

C. 订阅号提醒 　　　　　　　　D. 微信消息提醒

3. 下列选项中不属于视频号直播供应链的是（　　　）。

A. 淘宝 　　　　　　　　　　　B. 京东

C. 有赞 　　　　　　　　　　　D. 当当

三、简答题

1. 简述视频号直播"好服务"的考核指标。

2. 简述视频号直播的发展趋势。